中西对话
汪琪 主编

从利玛窦到海德格尔

沈清松 著

华东师范大学出版社

目 录

丛书序 …………………………………… 1
导读 ……………………………………… 1
序 ………………………………………… 1

第一讲
引言 ……………………………………… 1

第二讲
中西互译运动的开端:亚里士多德著作的译介与改写
………………………………………… 40

第三讲
西学中译选样解析:从耶稣会士译述亚里士多德《灵魂论》到中国士人夏大常的《性说》 ……… 74

第四讲
中国经典西译与西方近代哲学家的回应：理性主义者与启蒙运动的初兴 ………………………………… 101

第五讲
清初中国士人的响应与初融中西的尝试 ………… 148

第六讲
批判中国哲学：黑格尔与马克思 ………………… 180

第七讲
欲近还远：马丁·布伯与马丁·海德格尔 ………… 204

第八讲
结语 ………………………………………………… 250

丛书序

清末民初的百年间西学东渐，中国的思想与学术在一场惊天动地的典范转变后，逐渐陷入一个历史学家余英时所谓的"双重边缘化"困境。在理论知识上忠实追随西方，不仅使我们在国际学术版图上沦为边缘，研究对本土社会文化发展的贡献也颇为有限。华人社会在人文社会科学研究上年复一年投入庞大的人力与资源，追求国际竞争力，但我们是否真正了解"全球化"与"本土化"的意义？在二十一世纪的今天，我们如何看待自己、看待西方、重建"主体性"，又如何在学术上与西方对话？

许多人急于提出"本土理论"，然而理论知识的产生必须由更根本处着手。无论是对西方论述的回应或评论、由现代学术的观点诠释传统、检视中西思想交流，或直接面对本土学术议题，系列丛书的目的都在以一种较一般"本土化"论述视野更为宽广的思维，来推展本土学术可长可久的发展。

导读

刘千美　多伦多大学东亚系教授

如果说二十一世纪的后现代,是越过西欧近现代主体宰制文化之后,处于跨文化、跨界域、多元杂糅、差异并置的世代,而且东方、西方似乎不再是差异对立的两极,而是文化之间相互观照、容受、吸纳的普世共存的互为增补因素;那么,回顾近现代以来东西方思想家,如何经由相互差异的传统经典的相互迻译、阅读与诠释,逐渐跨越文化差异的框架,形成东西方文化在认知体系、伦理价值、生命或宗教信念等方面的知性、感性交错互动、相互理解,是当代思想史研究不可忽略的一环。

《从利玛窦到海德格尔》一书,便是一本有关中西文化在近代思想史的脉络中,如何跨越文化差异进而彼此互动、交谈与相互丰富的论述著作。在这本书中,作者沈清松从跨文化的角度,解读中西学者、思想家,自十六、十七世纪之交的欧洲和明末清初的中国之跨越文化差异的相遇以来,经由经典文本的翻译与解读,在相互往来的文化思想中,所隐含的导向后现代、全球化、跨文化的基本因素,包括朝向多元他者、传输文明的慷慨、相互外推等思想动力的正向能量。

概言之,本书是作者沈清松透过从利玛窦到海德格尔的中西文化交流的行动、事件与思想,在跨文化脉络下来进行哲学思索的成果。他认为人是历史性的,因此应该要透过历史中发生的事件和思想,来进行哲学思索;而且,更由于哲学是起自文化,而众生平等,文化也各有长短,必须以彼之长济己之短,以彼之短来省思此文化的限度与可能,并要在跨文化脉络下来思考,希望透过相互外推,达致相互丰富。

因此,在跨文化历史脉络下,作者一方面解说自十六世纪末以降,远自西欧来华的耶稣会士包括罗明坚、利玛窦、艾儒略等,如何本着传扬宗教信仰的热诚,和传输文明的慷慨,把当时西欧先进的科学技术,以及文艺复兴所诠解的古典的伦理道德、艺术文学、哲学思想与基督宗教引入中国,开启了中华文化走向近现代性的理论思维,为中西文化间的宗教交谈提供理性的反省基础,因而开启中西文化深层交流的契机。另一方面,他也阐述西方文化在走向东方之际,中国传统思想经由旅华人士透过经典的翻译与诠释,回传至西欧后,如何在西欧知识分子、学者、思想家之间引起对中华文化思想的响应、论述、接受、批判与超越,其影响从马勒布朗士、莱布尼兹、沃尔夫、黑格尔对中国思想的想象、理解与批判,到马丁·布伯与海德格尔对中国思想尤其是道家思想的接受、诠释、吸收与内化,并间接启迪后现代思想家如德里达等的解构思想。可见,不仅近代文化的近现代性特质,成为后现代思想家不断回顾、探讨的议题之一;而且,尽管许多当代西方学者认为中国文化没有哲学,然而,借镜汉学思想的研究,仍是许多当代学者试图反思并超越承自希腊传统的本体思想论述体系的途径之一。只要思考当代思潮中有关去主体、非表象、讲理而非理性等后现代议题,便不难想象其中隐而未宣的东方思想,尤其是道家思想的因素。

不过,一如作者所指出,本书论述中西双方思想的交流的意义,并不在于透过比较的方法,罗列两种文化之间的同异,进而比评彼此的优劣,而是关切在今日文化跨界域、全球化的时代,在不同文明之间的交谈下,跨文化哲学研究的含意、方法,与思想的可普化性问题。除了要在思想史的脉络下还原中西文化思想交流,自十六世纪明末相遇以来所发展的原初风景,更要厘清近代所着重的现代性思想的意义,以及跨文化研究所涉及的文本翻译问题、主体与多元他者等概念。简言之,本书涉及在中西文化思想交流论述的三项基本议题:跨文化研究的含意与方法,中华现代性的探讨以及近代思想史的重新思考。

在近代中西文化交流史中,虽然西学东渐、东学西传是常见的说辞,但多半是指从西到东或从东到西的单面向的文化传播。尤其在二十世纪清末民初,倡导文化革新的知识分子,普遍从实用科学或经世之学的角度来评断中西文化思想的价值,而且普遍认为西方强大而中国衰敝,在中西文化交流的研究上,基本上一直倾向以学习西方思想,尤其以西方近代启蒙运动以来的思维体系所提倡的现代化,作为文化革新的借镜典范。即使在哲学上,也是以近代西方哲学在研究法上优于中国思想的论述为主。二十世纪以来,虽然也大量翻译、研究西方哲学家的著作,但选择性地以近代西方思想逻辑、哲学用语来诠释传统经典、或论述传统的中国思想的同时,也一并承受了西方现代性文化的思维框架:理性、主体、表象与宰制。其不幸的结果是:儒家思想被批判为父权宰制思想的结果,却忽略儒家思想中强调尽己之性、尽人之性、尽物之性的尽性之道的开放思想。然而,儒家这种从自我走向万物的开放思维,反而被西方学者吸纳,内化为去主体的后现代思想特色之一。

事实上,近代西方文化的现代性的革新动力,也隐含在影响至今的平权思维里,如政治上的民主运动,或文艺美学的现代主义思潮中的平权运动,例如十八世纪的席勒或十九世纪的波特莱尔所论述的平民百姓的日常美感经验。正是现代性的此种平权的思想动力,促使西方文化不断走出宰制、走向世界、走向他者。我们也在利玛窦走向与中华文化交流的旅途中,看到这样的平等之心。在第一讲中,沈清松指出,利玛窦为中国读者写下的第一本书《交友论》便是引介西方思想大哲,如亚里士多德、西塞罗、奥古斯丁等关于人与人之间的平等思想的著作。作者认为利玛窦在《交友论》中阐述的这种强调平等、友善相待的想法,在中西跨文化的过程中,含蕴着一个根本的转移,意味着从帝国殖民的宰制转向文化之间平等的互动与交流。

此外,这种文化之间平等的互动与交流,尤其表现在经典互译的文化活动上。在第二讲《中西互译运动的开端》中,沈清松说:"利玛窦和耶稣会早期来华的会士们,了解到为了平等交流,应该把彼此最好的经典,拿出来翻译,以促成深刻的相互了解。换言之,所谓交流不只是表面上的互动,而必须是在深层文化与高层理念上的相知。"就此而言,欧洲与中国之间跨越文化差异的相遇,因而不只限于十六世纪以来海路商队日益频繁的往来所形成的物品、产品和商品的交换关系,以及随之而来利益冲突与权力竞争的对立关系,还在于科学知识、道德价值、文艺创作和宗教信念之理论思维平等的对话、交流与反省。而利玛窦所开启的这种平等的交流,仍是今天跨越文化差异的典范途径。当时为促进文明对话、宗教交谈而进行的翻译与著述,在科学、哲学、伦理、宗教思想上,对现代发展中华文化都有着不可磨灭的影响。不幸的是,自长期以来,人们一般多以传教策略的眼光视之,而忽略当时利玛窦跨越文化差异,而在文化传输上显示的慷慨与实践。而这也是本书论述跨文化所着重反思的要点之一。

利玛窦和后来的耶稣会士的翻译工作是双向的,他们不仅为中国读者翻译西方经典,也把中国的经典翻译传回西欧,尤其是孔门的思想和儒家的经典,如《四书》《五经》,尤其是《易经》。翻译虽然是跨文化的媒介之一,然而翻译的同时不仅涉及不同语言之间的翻译问题;更涉及阅读的理解与诠释的问题,包括翻译者的阅读与诠释,和读者对所阅读译本的理解。本书从第二讲起,从思想史的角度,详细讨论以亚里士多德为基础的士林哲学在中国近代的发展包括中西学者的相关论述,尤其是夏大常(第三讲、第五讲)与德沛(第五讲)的著作与论述。而这一部分内容却在中国近代学者对中国哲学史的论述中,包括冯友兰、陈荣捷等人著作中被略过,成为空缺。第四讲之后,作者铺陈西方学者对中国思想的响应、争论与批判,包括马勒布朗士在阅读传回西欧的关于中国思想的著作后写下的《和中国哲学家的对话》对朱熹的批评(第四讲),以及黑格尔如何按自己的思想体系想象中国处于非历史与非自然的历史前期的状态(第六讲)。第七讲分别阐述马丁·布伯和海德格尔对于道家思想的容受、吸纳与转化。至此,东方已然成为思想创造动力的因素,而不再是与西方对立的变项,因而跨文化哲学的问题才刚开始。

关于跨文化哲学的研究,在沈清松的思想论述中,至少有三点是值得提及的,一是作为"多元他者"中的主体性思维,二是思想的"可普性",三是以"相互外推"作为文明对话的方式。

首先,"多元他者"是沈清松针对现代性的主体思想与后现代的去主体与他者的概念所提出的原创概念,相应于中国思想的"万物"、"众生"思想。他认为无论是去主体或从主体到他者或互为主体的思想,都仍然假设了主体之间的对立关系。多元他者的概念并不否定主体性,而是在多元他者的关系中看待主体的开展,他说:"中国哲学无论儒、释、道,讲的都是多元他者,而不是抽象的、单纯的他者。当前在全球化过程中,我们所遭遇到都是多元他者。"

其次,对于跨文化之所以可能,他认为在于思想的可普性。他指出跨文化哲学在全球普世化的脉络中,并不意味跨出差异取得文化普遍性,成为另一种霸权。他认为应该区分"普遍性"和"可普性"。在人文历史发展过程中,哲学不可妄自宣称拥有普遍共相或普遍性。他说:"我认为,无论是中国哲学或西方哲学,都是一种追求可普性、甚至迈向更高可普性的努力。"

第三,"相互外推"源自沈清松在上世纪九十年代于维也纳推动建构实在论(constructive realism)时期所提出的外推思想。他所谓的外推,指的是每一个文化主体都应该走出自我、朝向差异的多元他者开放,包括三个层次:语言的外推、实践的外推、本体的外推。在全球化趋向的文明对话中,"从最低的相互承认到优化的相互丰富",所以他主张以相互外推作为跨文化哲学的方法的主要目的,也是本书的主要精神所在。

整体而言,这本书的意义,在于从跨文化的脉络,对中西思想交流史的重新思考。尤其在各章节中,重新阅读近代中西哲人的相关著作,审视中西思想家在不同的时间、事件与思想脉络下,为穿越文化差异界线所从事的思考和论述。尽管这些著作文本,无论是何种原因,在近代思想史的阅读中,曾经被曲解、被遗漏、被失落,然而,这些跨越文明差异的思想论述的相互丰富、相互增补的价值,却不因此而减损。从跨文化脉络来说,还原这些文本与思想在历史中的现身,解读其中隐含的哲学思想,因着文化差异而在语言概念上形成的争论、批判与理解,为读者勾勒近四百年来中西思想往来互动的图像,重写近代中西文化思想交流史,是《从利玛窦到海德格尔》这本书根本的阅读之道。

序

"用说话来写书？"当汪琪教授和我提起这个主意时，我难免有点狐疑。主要的原因，是因为我习于在稿纸和计算机上写作，现在若只是动口不动手，不知如何是好。尤其想到，文本与说话性质不同，应如何结合成书？然而，稍一动念，我就想到庄子《大宗师》曾说"副墨之子闻之于洛诵之孙"，意思是说书写的产物根源于口说。

于是乎，我就接受了汪教授的提议，开始了这样一个只动口、不动手的写作试验。在我2011年7月和2011年12月两次返台期间，由汪教授安排政大博士生刘育兆到我住处，由我口述，由育兆录音，然后键入，再由我修润而成。于是，完成了这本口述的哲学书。应该谦虚地说，这只是一本探讨自西方文艺复兴以来，西方哲学与中国哲学的跨文化互动的书而已。而这一点，当然也有先行者如在东方的利玛窦及其他耶稣会士，还有在西方的马勒布朗士、莱布尼兹和沃尔夫，尤其是莱布尼兹，他更是一位跨文化哲学大家。当然，此外也有限于当时的世界观，如亚里士多德、黑格尔等人所未曾想到的跨文化向度。甚至也有时代已至，然仍故步自封的海德格尔及其后的德里达、利科等人，他们仍以希腊为唯一的哲学传统。

所以，我的构想大体上是从跨文化哲学的观点，绍介并评价耶稣会士如何引进亚里士多德学说入中国，又如何介绍孔子与四书五经进入西欧，以及双方此后在思想上、哲学上的互动与演进。内容大概是这样子：

第一讲是引言，分别处理"中"与"西"概念的历史形成，与西方近代性兴起之前的中西互动，以及西方近代性的定性，和利玛窦来华的历史背景，并凸显出利玛窦设法摆脱西方文化殖民观点，转向友善平等交流的方向。

第二讲，讨论中西互译运动，是以亚里士多德发其端绪。本文将在耶稣会的教育章程中找到依据，并指出亚里士多德在当时西学与中学脉络中的地位，来评价亚里士多德著作的译介与改写。本章并且要从科学、道德乃至宗教层面，分别评述利玛窦等人所引西学入中与中学入欧的贡献。

第三讲，将分别以亚里士多德的《灵魂论》等书为例，分析西学在中译过程中的改写与翻译。本文所选的，包含艾儒略的《性学觕述》，以及一般认为是亚里士多德《灵魂论》中译的毕方济的《灵言蠡勺》，最后并选论接受西学，又综合中国哲学人性论的中国士人夏大常的《性说》，来论其影响与发展轨迹。

第四讲，将讨论中国经典西译与西方近代哲学家的响应。由于经验主义缺乏对其他文化的平等兴趣，本章主要集中于理性主义者，从笛卡尔开始，到马勒布朗士的《一个基督徒哲学家与一位中国哲学家的对话》，到莱布尼兹和沃尔夫与西欧启蒙运动的初兴。

第五讲，将集中讨论清初中国士人对西学的响应与初融中西的尝试。一方面选一位汉人士人夏大常，另一方面选一位最早进入天主教的满族亲王德沛，看他们表现在形上学、人性论以及实践论的中西初融的状况。此外,并且举夏大常为例,分析其中国宗教学的论述。

第六讲开始从欧洲人对中国的赞颂,返回以欧洲为主体对中国进行批判性的阅读。主要讨论黑格尔与马克思。黑格尔对中国哲学的看法,表现在对"道"、《易经》的思想和语法,乃至其对历史哲学和中国宗教的论断。关于马克思,虽然其哲学思想较少涉及中国,但他对于鸦片战争的中国遭遇甚表同情,甚至以中国人为坚持道德原则的半野蛮人,并认为从中终将兴起自由、平等、博爱的中华共和国。

第七讲已进入二十世纪,我将以马丁·布伯与马丁·海德格尔为例,来说明中西哲学互动在二十世纪的新境。这两位马丁,一位主张"我与你",愿意学习中国的"道之教",比较强调我此讲标题所言"欲近"的部分。另一位,虽曾试图了解并意译部分《老子》文本,引起中国学界兴奋喝彩,然而,探到底他还是主张只有希腊一脉的哲学,而且他用自己的思想强解并利用老子。

第八讲是结语。在此,我想针对跨文化哲学再做些探讨,除了检讨德里达和利科两人仍以古希腊以降的西方哲学为唯一的哲学传统,间或也对中国哲学做一些自省。跨文化哲学有一个假定,就是哲学是出自于文化的,也因此不同的文化会有不同的哲学,或至少各个文化皆有能力发展出具有自己特色的哲学,也因此没有哪一个传统的哲学可以霸占哲学论坛;相反的,不同的文化传统皆应明说自己的哲学,并透过相互外推,以便达到相互丰富。

以上是本书的梗概。本书的撰写,我一方面感受到口语的好处,例如说,比较自由,论述起来较不受限制;也比较能顺应听众,语法较为浅显易懂。不过,另方面,实际的执行的情形仍然远不如理想。口语总不如书写那般周到,或因限于记忆,或因限于材料的运用,总难免有挂一漏万的情形。加上我讲的题材,并非记录者所学或所长,所以难免在记录时会有所差错,以致必须费力修正。

  总之,最后的结果,希望口语的优长都能保留,而那些困难之处,终究都能克服了。读者可以看到,我在这本用口语写出来的书中,或许受到"从利玛窦到海德格尔"书名的影响,利玛窦和海德格尔两部分较多,中间略微缩小,看似哑铃一般。中间的部分有些讨论较多,有些较少。至于我的重点则是放在跨文化视野,并且从此角度来评价他们。我的目的是要在他们身上看出某种跨文化精神,以便劣者加以抛弃,优者加以保存和发扬,可以日后妥善进入全球化跨文化的时代。

沈清松序于多伦多大学

第一讲 引言

一、从比较哲学转向跨文化哲学

本书所关心的是中、西两方文明自从西方现代性开始形成以来,彼此核心思想的互动、互译和对谈;我主要是从跨文化哲学(intercultural philosophy)的角度来探讨,不同于过去所谓中西比较哲学,仅满足于比较中、西哲学的同与异,然后再判断何优、何劣。我认为处于今日全球化时代,我们不能再满足于比较哲学。我要追问:到底是为了什么而进行比较?

对我而言,之所以要进行比较,其实是为了进一步彼此互动、交谈,甚至进一步达到相互丰富,而不只是为比较而比较。由此可见,某种跨文化互动的意图,应优先于不同的文化/哲学/宗教比较研究。过去的比较研究,要不是在国家主义或国族主义(nationalism)的主导下,认为透过比较,可以显出自己比别人优越,这其实已经有了自我中心的预设观点;要不然,则是在殖民主义(colonialism)的主导下,不管是文化殖民或学术殖民,甚至产生了萨义德(Edward Said,1935—2003)所谓"东方主义"(orientalism)。过去西方研究近东、中东、远东,乃至中国的汉学,往往建构了一套让对方借以达成自我了解的学术眼镜,让对方带着这套眼镜来看自己，甚至了解自我。中国过去也曾遭受如此对待，而世界上许多国家也常在东方主义笼罩下，透过西方学者建构的观点，不论是英国、欧陆或美国学术的框架，来进行自我了解，甚至以此为荣。例如最近我在中国大陆曾遇到一些专研西方哲学的学者，只因为自己懂得外国语文，会讲论西方哲学，便有意无意的卑睨专研中国哲学的同事，使我惊觉某种自作自受的新东方主义的阴影。其实，如此崇洋媚外的态度已经不再合适于今日。今日我们应透过跨文化互动，既以多元他者之优点丰富自己，也以自己之长处丰富多元他者。

从另一角度看，我们也不能再沉溺于过去那种殖民主义压迫下的自恋式悲情，认为当今一切问题都是出自过去承受殖民压迫的结果。无论如何，总是带着多重悲情讨论问题。如今中国人民已经站立脚跟，且世界已然进入全球化时代，我们应避免再度任凭别人甚或自己组构新东方主义眼镜。如今，无论接受或进行学术殖民，都已不再是公正的学术行为。

由于前述国家主义与东方主义的残余影响所造成的阴影仍在，我们应该正式审视我们与多元他者的关系。我用"多元他者"（many others）这一概念来代替后现代主义所侈言的"他者"（the Other），尤其是法国后现代主义，像德勒兹（Gilles Deleuze，1925—1995）、列维纳斯（Emmanuel Levinas，1906—1995）、德里达（Jacques Derrida，1930—2004）这些人所强调的"他者"（L'autre，l'alterité）。对我而言，实际在人类生活中环绕着我们的，并不是一抽象的"他者"，而是实实在在的多元他者。所谓"他者"是哲学抽象的结果，而且多少隐含某种"自我"和"他者"之间的二元对立。这是"他者"概念无法避免的。我主张"多元他者"，这在中国哲学里也有其根源。无论道家讲的"万物"、佛家讲的"众生"，或是儒家讲的

"五伦",甚至还可增加到第六伦、第七伦、甚或第八伦等等,无论如何,中国哲学无论儒、释、道,讲的都是多元他者,而不是抽象的、单纯的他者。当前在全球化过程中,我们所遭遇到都是多元他者。

不过,若就"现代性"(modernity)的习取来讲,我们必须知道,现代性的形成有其历史参照点,那就是西方自从西欧文艺复兴以后逐渐形成的近代世界。虽然我们现在用"现代性"(modernities)这一语词已经是多数、多元意义的,而且世界各国因着不同的历史和文化资源,都可以有不同的资源进入现代性。也因此,我要从正面、积极观点来提倡"中华现代性"。① 但我们仍须以欧洲文艺复兴乃至启蒙运动以后逐渐形成的西方现代性为参考架构。因此,我虽然主张在全球化过程中进行与多元他者的互动,但事实上,大家仍面对着如何超越现代性困境的挑战。这也是中国近两百年历史所遭受的挑战,也就是现代性的冲击、习取以及超越的大问题。中国在被纳入西方现代性轨迹过程中,曾遭遇到种种问题。就现代性的追求、困境和超越这条主线来讲,西方的确是华人的"他者",虽然我们与这一"他者"并不一定要成为"对立"的,反而应该是"对话"的。

加拿大哲学家查尔斯·泰勒(Charles Taylor)曾主张"互认的政治"(politics of recognition),他的这一概念类似从黑格尔(F. W. G. Hegel,1770—1831)"主奴关系"转来的"互认关系"(Annerkennung),也就是超越主人对奴隶的宰制,转变为主体对主体的尊重。我认为泰勒本是研究黑格尔的,并由此发展出"互认的政治"概念,大体说来也只是"互为主体"(intersubjectivity)概念的延伸。然而,在我看来,"互为主体"概念仍

---

① 参见沈清松主编:《中华现代性的探索:检讨与展望》,台北:政大出版社,2013。

然只是近代"主体性"(subjectivity)概念进一步的延伸,由"主体"转为"互为主体",也就是:你是主体,我也是主体,我们相互承认主体的地位。如此的互认,我认为仅仅只是一最低限度的要求,其实仍然不足。因为我观察到当前许多民族之间的关系,尤其某些国家针对其原住民,主政或当道的民族虽然可以承认你,不过仍然任凭你自己主体的地位自生自灭;既不以我的文化丰富你,也不习取你的文化长处。例如,不习取原住民与自然相处的环保经验,也不教导原住民适宜的现代性精粹。原住民本来在田野里奔跑之时都是英雄,可是由于缺乏现代的知识与技能,在大都会里不易适应,甚或沦为无业游民。我要说的是,多元文化政策不能停止于承认他们,还要设法丰富他们,也以他们的质朴精神和与大地的亲和关系,丰富这日愈与自然疏离的都市文明。

所以,我主张从最低要求的"相互承认"迈向优化(optimal)的"相互丰富"。在全球化过程中,这才是真正的最佳态度。我的意思是:希望能超越主体哲学的弊端,迈向多元他者但仍不必放弃主体。为什么不像后现代所提倡的,干脆从"主体"转向"他者"呢?因为对我而言,近代哲学最大的遗产之一就是对主体性的肯定与开发。我也不愿自限于互为主体,只肯定自己的主体性也肯定别人的主体性而已,而是更要向多元他者开放,并追求相互丰富。的确,后现代主义揭示从"主体"转向"他者";我则更要由"他者"转向"多元他者"。然而,在我的"多元他者"概念里面,仍然有着主体和互为主体的地位,因为每一位多元的他者都仍是主体,也都应该以互为主体相待;然而,每一位主体都不该自我封限于己,相反的,却都要能超越自我封限并慷慨走出,迈向多元他者;走出互为主体,朝向其他的陌生人开放。心中常存多元他者,进行外推,并在相互外推的过程中相互交谈,甚至达至相互丰富。这是我主要的想法。

第一讲 引言

在此,涉及我所谓的外推策略,依顺序可以分为三个步骤。第一步是要进行"语言的外推",就是把自己的哲学与文化传统中的论述或语言翻译成其它哲学与文化传统的论述或语言,或其它传统所能够了解的语言,看它是否能借此获得理解或因此反而变得荒谬。如果是可获理解,这代表此一哲学与文化传统有更大的可普化性;如果是后者,则必须对这传统进行反省和自我批判,而没有必要采取自卫或其他更激进的护教形式。当然,这其中总会有一些不能翻译的残余或意义的硬核,但其中可共同分享的可理解性便足以证明它自身的可普化性。如果人们只能在自己的传统中夸耀自家的哲学多么有意义,就像一些国粹派哲学家所坚持和宣称的那样,这至多只证明了它自身的局限性,而不是它的优越性。

外推的第二步,是"实践的外推"。借此我们可以把某一种文化脉络中的哲学理念或文化价值或表达方式,从其原先的文化脉络或实践组织中抽出,移入到另一文化或组织脉络中,看看它在新的脉络中是否仍然是可理解或可行,或是不能适应新的脉络,反而变得无效。如果它仍然能起作用,这就意味着它有更多实践的可能性,并在实践上有更高的可普化性。否则,它就应该对自己的局限进行反省和自我批判。

外推的第三步,是"本体的外推"。借此我们从一个微世界、文化世界或宗教世界出发,经由对于实在本身的直接接触或经由终极真实的开显的迂回,进入到另一个微世界、文化世界、宗教世界。尤其当在该传统中具有某种宗教向度之时,或者当人们进行宗教间的对话时,这一阶段的外推就显得特别重要。如果对话者本身没有参与终极真实的体验,宗教交谈往往会流于肤浅表面。我们对于终极真实的体验,如果确实是终极的,就该具有可普化性和可分享性,否则若只自我封闭地一味坚持自己的真理唯一,这至多只能是宗教排他主义的一个借口而已。

哲学与宗教的交谈,应该建立在相互外推的基础上。详言之,在 A 群体和 B 群体的交谈中,在语言外推的层面上,A 应该把他主张的命题或理念、价值、信仰系统转换成 B 的语言或对于 B 来说能够理解的语言。同时,B 也应把自己主张的命题或理念、价值、信仰系统用 A 的语言表达或转化成 A 能理解的语言。在实践的外推层面,A 应该把自己主张的命题、设定的真理、文化表达形式、价值、宗教信仰等从自己的社会、组织、实践脉络中抽出,将它重新放置于 B 的社会、组织、实践脉络中。同时,B 也应该把自己的主张、设定的真理、文化表达形式、价值、宗教信仰等从自己的社会、组织、实践的脉络中抽出,并将它重置于 A 的社会、组织、实践脉络中。在本体外推的层面,A 应致力于经由实在本身的迂回,如对人、对某一社会群体、对自然或终极真实的亲身体验,进入 B 的微世界、文化世界或宗教世界。同时,B 也应该努力经由实在本身的迂回,进入 A 的微世界、文化世界或宗教世界。

在以上透过相互外推以达至相互丰富的基本想法下,我们可以进一步讨论"中"与"西"的概念的历史形成,也可以借此贞定,他们为何在过去历史中,未能达至理想状态的互动关系。

二、"中"与"西"

现在我们来对"中"与"西"两概念做一简短的讨论。中国人认为自己是"中"之国,在此,"中"的概念本身有地理的、心理的意义,也有形上的、宗教的意义。在地理上,中国人过去认为天圆地方,中国处其中心。其实,这是以自己身体之所在为中心的地理观。等到后来利玛窦(Matteo Ricci,1552—1610)、艾儒略(Giulio Aleni,1582—1649)等人引入世界坤舆地图,于是才有机会破除这种以自己所居之处为中心的地理观。一如艾儒略在《职方外纪》中指出:"地既圆形,无处非中。所谓东西南北之分,不过就人所居立名。"①其实,地理上的"中",除了在特定的有限区域,各有其中心,譬如以现在的中国版图为范围,武汉大概比较位于中心吧;或者,更扩大来说,湖北、湖南地区会比较居中吧。然而,这也只是一种相对性的说法。若更换到欧洲或其他地区,武汉或两湖便不再居中了。所以,"中"作为地理的概念,只有有限而相对的意义。

基本上,"中"更重要的是心理的、形上的和宗教的意义。有关心理的部分,早在《中庸》就已论及,主要表现心理与形上真实的关系,所谓"喜怒哀乐之未发谓之中,发而皆中节谓之和。"②此处的"未发之中"是超越心理学(transcendental psychology)所谓自我的核心所在;至于"发而皆中节谓之和"则是说自我表现为喜、怒、哀、乐等情绪状态仍能合乎应有的分寸(在当时主要是依据"礼"的分寸),使能达致和谐状态。可见,"中"与"和"不相分离。"中"是在显发为可经验到的心理状态之前的原初的、先验的自我;"和"是各种情感发出来以后,由于合乎礼、守分寸,而能达致和谐的状态。这是《中庸》所言深度心理学的基础,或更好说,高度心理学的基础。③

其实,在《中庸》之前,"中"的价值早已在政治上、道德上表现得非常

---

① 艾儒略增译,杨廷筠汇记:《职方外纪》,收入李之藻辑:《天学初函》,第三册(台北:学生书局,1965),页1312。
② 朱熹:《四书章句集注》,北京:中华书局,2005,页18。
③ "深度心理学"一词指称弗洛伊德心理分析追溯意识作用在无意识中的基础,较属心理考源学;然而对于心理的理想状态或德行,较属心理理想论,是以称之为"高度心理学"较妥。

重要,且也与心理有关。《尚书·洪范篇》提出洪范九畴,其间以第五畴的"皇极"为正中,倡言"无偏无党,王道荡荡;无党无偏,王道平平。无反无侧,王道正直"①,意思就是说:政治原则要公正。关于《尚书·洪范》这篇文献是否是由商末箕子传于周武王的,学界尚有争论。不过,"中"的概念作为中国政治哲学的基本概念,应该出现甚早。不久前出土的《清华简》里的《保训》篇,其中甚为强调"中"的原则,说是文王交待即将继承王位的武王,要"求中"、"得中"、"刜中"、"归中"。此外,《论语·尧曰》上说:尧曰:"咨!尔舜!天之历数在尔躬,允执其中。四海困穷,天禄永终。"也可为佐证。

此外,"中"的概念也有形而上层面的意义。其实,当《中庸》讲到自我深刻的依据,论"中"又论"诚"之时,已经触及形而上的实在。"中"的概念有其形上的、宗教的意义。按照艾良德(Mircea Eliade, 1907—1986)②,每个民族都相信自己所居住的地方最接近神圣的领域,所以都是居"中"者。就像荣格(C. G. Jung, 1875—1961)说的,人的身体通过屋顶指向天,人、屋、天,是一体贯通的。此时,"中"具有形上的或终极实在的意义。就此意义言,"中"作为神圣之所在或终极实在之所在,是每个民族都有的概念。殷人有殷人的中,周人有周人的中,其实古代中国周边民族也各有其中,都各有其信仰,认为自己所在的地方就是中,汉族也是如此相信。我想,多元之"中"应该可以从艾良德的论点推论出来。

---

① 《尚书·洪范篇》,见《断句十三经经文》,台北:开明书局,1965,页 20。
② M. Eliade, *Images and Symbols: Studies in Religious Symbolism*, trans. P. Mairet, London: Harvill Press 1961; M. Eliade, *A History of Religious Ideas*, vol. I, *From the Stone Age to the Eleusinian Mysteries*, trans. W. Trask, Chicago: University of Chicago Press, 1978.

不过,到了秦、汉,"中"的概念被建制的帝国占据了、挪用了,使中的概念变成一元的:只有我是中,其余都是附庸,必须来向我朝贡。这个想法是把多元意义的"中"、形而上的和宗教意义的"中",据为己有。中国自秦汉以后历代如此,宋、元、明、清时期依然如此。虽然说历代都提倡王道精神,不去侵犯别人,也不去殖民异域,不像西欧各国在获取现代性之后进行帝国主义殖民;话虽如此,中国仍是以己为中。这可以从中国外交史上对待番邦、外国的态度,要求朝贡与跪拜;对于自己的国民,则限制出国。例如唐朝时,玄奘出国赴印度取经,并没有获得官方许可,在官方看来是非法的。玄奘取经返国后获得官方隆重欢迎,那是因为唐太宗的宗教政策相当开放,而且尊重佛教。到了明朝,实施海禁,为了防止倭寇侵扰,封海闭关,限制国人出国。出国者必须登记,若不按照同一班船回来,就永远不准返国。换言之,以王道为借口,既不想殖民别人,但也不让自己的人民出国。长期在这种"中"的政治与思想引导下,对外国人、外邦人、陌生人,难免形成根深蒂固的偏见。

儒家思想作为中国人的基本思想体系之一,究竟对于"中"的被帝国挪用有否帮助或超越之方?孔子曾"欲居九夷"①,还说:"言忠信,行笃敬,虽蛮陌之邦行矣。言不忠信,行不笃敬,虽州里行乎哉!"②可见,孔子本人并不排斥出国,甚至想要到蛮漠之邦居住,相信人如果言行合理,有礼有义,则到哪个国家都可以行得通。这想法假定了人性是有可普性的,也因此夷狄若进其文化可变为华夏,华夏若失其文化也会变为夷狄。

---

① 见《论语·子罕第九》:"子欲居九夷。或曰:'陋,如之何?'子曰:'君子居之,何陋之有?'",见朱熹,《四书章句集注》,页113。
② 《论语·卫灵公第十五》,见朱熹:《四书章句集注》,页162。

虽然孔子在讲到管仲时曾说"微管仲,吾其被发左衽矣",似乎显示他多少还有华人文化中心主义,但他并不反对走入陌生人的环境。不过,孔子周游列国,虽然游走于差异的地方习俗之间,仍是在春秋诸夏之内,并没有真正走向外邦人的经验,故不知他见到外邦人时会怎么样,也因此他对多元他者的论述也不清楚。

不过,其后《礼记》说:"礼闻来学,不闻往教。"①也就是说,我这里是中心,学生若要学礼,要来我处跟我学;没有听说过老师出去找学生教的。在这样的论述中,师道的尊严是获得了尊重,但问题是它无助于打破"中"的挪用,这种教师中心论反而有助于大一统的想法,要夷狄来学华夏,然而对于多元他者则没有显示原初慷慨,也不进行外推。历代以来,有佛僧走出印度,到世界各地传佛教,更在东汉初年来到中国,以至发展到了隋唐时期形成了光辉灿烂的中国大乘佛学。道家方面,传说老子也出关了,只不过出了关之后往何处,做何事,并无史料交待。《史记》仅云"不知所终。"西晋王浮所造《老子化胡经》是为了与佛教比高下,说佛教是在老子出关之后化为佛陀,教导胡人的结果。这是宗教意识形态争吵的作品,哲学意义不大。其实,历代以来,中国佛教中多有克服千辛万苦,外出求经之士,像朱士行、玄奘、法显、义净等人,前前后后不断为了求法、求经而踏过千山万水,甚至远赴天竺。

但在儒家方面,或许受到"礼闻来学,不闻往教"观念的影响,在历史上并没有显示出国教导儒学的热诚,至少没有这方面的历史纪录。一直要到明代的朱舜水(1600—1682),才赴日本传播儒学。更后来,到了二十世纪中叶以后,像陈荣捷、柯雄文、杜维明、成中英、傅伟勋、秦家懿、刘

---

① 《礼记·曲礼上》,见《断句十三经经文》,页1。

述先、唐力权乃至晚近出国讲学的华人学者,包含我个人在内,其中固然皆心存慷慨外推的胸怀,实际上也是因应全球化冲击之下造成的世界性移民、人口迅速移动所产生的结果。传统上,儒家采取保守心态,是不出国教导外人的;儒家并未主动改善以中国为中心的情结以及"中"概念的政治挪用。

在二十世纪,最早关心中华民族花果飘零的当代新儒家唐君毅先生,仍然认为中国人要保持《中庸》的"中",并把中庸与中之道与"中国性",也就是中国人的本质,连结起来思考,认为中国人做人要做得像中国人的样子。唐君毅是当代第一位华人思想家注意到华人飘散现象(Chinese diasporas)的儒家学者。在世界各国人口迅速移动中,唐君毅讲中华民族的花果飘零,讨论华人及其文化的飘散问题,认为这是一大悲剧。我觉得唐君毅用"花果飘零"一词来翻译 diaspora,比任何其他翻译都要漂亮、雅致。不过"飘零"一词不宜担任术语之用,所以,有时不如讲"飘散"或"海外飘散"。然而,唐君毅提出一个很深刻的概念,认为华人虽处于飘散的情境,但要懂得"灵根自植"。究竟华人的灵根要植在哪里呢?他认为,就是要植于华人的"中国性",也就是中庸之道,尊师重道、孝顺父母等等这些价值,对自己的文化心存"敬"意。

不过,唐君毅仍有一种文化上的中国中心主义。例如,台湾的故宫运送馆藏国宝出国展览,唐君毅就做出严厉批评。他说,外国人要看中国国宝,应该自己来看,为什么中国人要送出国去给外国人看?他认为这是一种"奴隶意识"。他也批评,说:"你要看,自己来,岂有远涉重洋,送陈品鉴之理?"[1]此外,当华人年轻学者得到外国学位,就比得到国内

---

[1] 唐君毅:《论中华民族之花果飘零》,台北:三民书局,1974,页34—35。

学位的资深学者薪水高,唐君毅也为此感到忿忿不平。他也建议中国人在海外见面,彼此要讲国语,除非在非常不得已的情况下,不要讲英语,也不要加入外国国籍。观其心意,其实都是为了表示对中华文化的"敬"意。从二十世纪五十、六十年代的历史处境看来,唐君毅这种对时代悲剧的响应,很可以理解。

不过,唐君毅仍然把飘散海外的华人当成"侨胞",还不是真正的"飘散华人"(Chinese diasporas)或一般所言"海外华人"。须知,过去"侨胞"一词是政治术语,指华人虽然出国,甚至取得外国国籍,依然不减其对原有国内向心,仍然回侨乡投资,仍然支持原有国家建设,仍是本国国民。然而,这种政治论述对海外飘散华人曾经造成很多难题,例如,虽然印度尼西亚或马来西亚的漂散华人都已经入了印度尼西亚籍或马来西亚籍,然而,当地人还是会认为,你们既然是华侨,就会偷偷地替中国做事,所以你们不是真正的印度尼西亚人、马来西亚人。加上华人善于经营生意,比当地人会赚钱。于是,每当发生排华暴动,华人便会遭遇不幸,被虐待、殴打、杀害,华人公司、住所会被砸毁、抢劫等等。从"华侨"概念,转为"海外华人"或"漂散华人",实有其必要。

看来,唐君毅先生虽然没有政治上的中国中心主义,但他仍然有文化上的中华中心主义,心中仍存"礼闻来学,未闻往教"的想法,才会在国外展出文物的事情上喊说:你要看中华国宝、故宫遗物,你就得自己花钱旅行来华参观,不能叫我送去国外给你观赏。这仍然是一种"礼闻来学,未闻往教"的表述方式。这就失去了文物国外巡回展出的慷慨外推、文化交流的意义。不仅唐君毅如此,大部分的新儒家虽有思想的慷慨,讲学论思,但都较少关心慷慨外推。像牟宗三先生也是很典型的文化的中华中心主义,他虽然习取西方逻辑与康德哲学来与中国哲学商量,然而其意在整理中国哲学，而不是为了进行语言外推、实践外推与本体外推，使那些有着文化差异的外国人也可以了解，用以丰富多元他者。比较起来，唐君毅虽然悲天悯人地顾念华人与中华文化花果飘零的问题，但其基本思想仍是文化的中华中心主义。

针对于此，我提倡对于多元他者的主动慷慨，以我之高明与中庸丰富你，以你之清晰与明判丰富我，于是达致相互丰富。我主张从唐君毅先生所讲的"灵根自植"的模式，发展出"相互丰富"的互动模式。华人不必再像以前一样，到世界各地以只求灵根自植，得到精神慰藉，却仍以中华文化为中心自囿，根本没有诚心去好好了解别人的文化。换个角度，今后海外华人不应仅满足于灵根自植的模式，而应该以之为基础，发展出与多元他者相互丰富、充量和谐的互动模式。以上有关"中"的部分，先讲到此。至于"西"的概念呢？

三、"西"概念的历史形成与前现代的中、西互动

当我们讨论中西哲学与文化时，所谓"西"在今天指的是欧陆、英美，然而，必须注意的是，"西"的概念在中国也有其长远的形成史。中国古代将周边民族称为西戎、东夷、北蛮等，这些语词都是以我为"中"，将其他周边地区视为野蛮，如孟子说"今也南蛮鴃舌之人，非先王之道"①。至于《尚书·禹贡》记载西域的山川、玉石与百姓；《逸周书·王会解》描写西方奇兽；《山海经》中的《西山经》、《海外西经》、《海内西经》等记载西域奇异国度、山川、人民、草木、矿产、禽兽、鱼虫、神仙，以上多以西方为神奇怪异之域。我前面提到，秦汉之时，帝国概念的"中"开始形成，当时中国

---

① 《孟子·滕文公篇》，见朱熹：《四书章句集注》，页261。

把周边视为出产奇珍异兽的异域或必须来中土朝贡的附庸。自从西汉张骞通西域,东汉班超投笔从戎以来,中国对西域多少有所了解,或通好之,或征服之,或招降而向中土纳贡之。所引进的奇珍异物与衣着甚至影响汉宫乃至汉人的生活,并铺陈之于文学的描写。东汉班超派遣甘英到达安息,当时就很有机会渡过地中海到达大秦。班固所作《汉书·西域传》,范晔所作《后汉书·西域传》,都对西域有更多叙述。但西域之所以为"西",在起初总是降级式的概念。其实,把差异视为珍奇,是出自人的好奇本性;至于把差异视同野蛮,在今天看来就含有歧视之意。这可能是因为在当时的帝国心态把"中"概念挪为己用,于是产生这样的情况。

在《西域传》里,"大秦"一词主要是指罗马。汉朝由于丝路开通,中国的丝绸透过丝路传到大秦,为罗马贵族所喜爱。不过,"大秦"一词到了唐代的《大秦景教流行中国碑》的文本中,其实指的是景教所来自的叙利亚。可见,"大秦"一词虽有歧义,但无论如何,这一语词都是指着西方。一般而言,商人贸易比较有平等精神;外交使节来华所求的也多是两国平等交往;至于僧侣或教士则会认为有更优越的教义或更珍贵的讯息要传给对方。在丝路开通以后,有很多宗教的僧侣寻着丝路而来。来华商队往往就有外交人员,也有教士,一起结伴,克服重重险阻,远赴中国。有些人身兼商人、教士、外交使节,多重身份。如此一来,也产生了今天所讲的"丝路上的宗教"(religions of the silk road),其中有摩尼教、景教、祆教,甚至佛教,他们的僧侣都由于宗教的理由,特别有热忱,在丝路上来回奔走。

关于基督宗教来华,是不是以景教的阿罗本(Alopen)于公元635年到达长安为最早,仍有疑问。有人考证,晚近出土一个大十字架,或许属公元三世纪之物,比景教还要早。可以猜想,丝路既然开通,基督宗教就有可能传过来,而且当时西方正处巨变,造成一些基督徒四处逃窜。西方基督宗教的传播也是很复杂的历史。耶稣诞生时三王来朝,其中就有波斯人。后来,圣神降临之时,按照《宗徒大事录》记载,当时在现场就有波斯人以及其他地方的人,他们虽然来自不同的地方,讲不同的语言,然而都因着圣神降临而听懂了同样的话。按照《旧约》,人类因骄傲而建造巴别塔(Babel Tower),突然间因为语言不通而彼此相冲突,因龃龉而分散;然而,到了《新约·宗徒大事录》记载,圣神降临(Pentecost)时,宗徒们只用一种语言说话,所有其他的语言团体都听懂了。这也是今天全球化过程中,大家追求的境界。总之,波斯人、叙利亚人很早就接受了基督宗教,在教徒四散之际来到中国。有些学者认为在有些汉墓雕刻中有基督教的痕迹,为此"丝路上的宗教"或许可以推前更早。

公元635年,阿罗本携带景教经典来中国,唐太宗命宰相房玄龄派宫廷卫队迎接于西郊,安置于宫廷翻译经典,其结果为《序听迷诗所经》(其意为"耶稣默西亚经":*The Book of Jesus-Messiah*),当时中国人可能以为是佛家经典。译经之后,皇帝亲自接见,准其流传,成为正式的宗教。如碑文所说:

"贞观十有二年秋七月。诏曰道无常名,圣无常体。随方设教,密济群生。大秦国大德阿罗本,远将经像来献上京。详其教旨,玄妙无为。观其元宗,生成立要。词无繁说,理有忘筌。济物利人,宜行天下。所司即于京义宁坊造大秦寺,一所度僧二十一人。……旋令有司,将帝写真,转模寺壁。天姿泛彩,英朗景门。圣迹腾祥,永辉法界。"[1]

---

[1] 《大秦景教流行中国碑》,见翁绍军:《汉语景教文典诠释》(香港:汉语基督教文化研究所,1995),页43—81。又见左伯好郎:《景教碑文研究》(东京:大空社,1996),页135—173。

由此可知,唐太宗雄才大略,基本上采取多元宗教文化政策。由于当时许多外商、使节、西域人都在华活动,唐朝也任用许多西域人,像后来的安禄山也是西域人,李白也是。在当时多元文化状况下,唐太宗把景教当作来华多元宗教之一,以安顿外国人的心灵。他把波斯寺改成大秦寺(也就是景教寺),赏赐阿罗本二十一人担任教士,并在寺门画上唐太宗的写真像,让人们一进来先要对唐太宗表示尊敬,然后才进教堂朝拜。这显示唐太宗之所以合法化景教,有其政治考虑。在《序听迷诗所经》翻译不雅的地方,太宗也没有去指正。可见太宗是将景教当作外国教处置,当时与祆教、摩尼教合称"三夷教",也就是三个外国教之意。

　　《大秦景教流行中国碑》后面签的名都还是叙利亚文。须知,叙利亚景教在举行礼拜仪式的时候,都是使用叙利亚文,这就像天主教在梵蒂冈第二次大公会以前都使用拉丁文一样,为此不容易本土化。由此可见唐太宗将景教保留为"夷教"的企图。据该碑文所说,到了唐高宗时,"法流十道,国富元休,寺满百城,家殷景福"[1],可见唐朝各道都已流行景教,一直要到武宗灭佛,一并把三夷教禁了,才中断其在华活动。在武宗灭佛以后,有一部分景教徒扮成道教徒,依附道教而生存,因此产生了与道教混合的情形。吕洞宾很可能就是其中一位。据我推测,吕洞宾应该是"大秦景教流行中国碑"书写者吕秀岩的后代。

　　值得注意的是,在景教中文经典中已经表现出中西思想的互动。基督宗教是西方的根本精神之一,然在进入中土之后,前期多与佛教互动,经文中多使用佛教语词;后期则多与道教互动,使用道教语词。早期经

---

[1] 《大秦景教流行中国碑》,见翁绍军:《汉语景教文典诠释》(香港:汉语基督教文化研究所,1995),页43—81。又见左伯好郎:《景教碑文研究》(东京:大空社,1996),页135—173。

典像《一神论》,可以说是中文经典里第一篇使用到西方式,或更精确说亚里士多德式的因果关系论证,来证明一神存在的文献。然而,《序听迷诗所经》和《一神论》①中也用了许多佛教语词,例如把三位一体的天主或上帝说成"佛"或"诸佛",把教士称为"僧",将耶稣的衣服称为"袈裟";讲"精神",则称"神识是五阴所作";把身体说成"五蕴身",将"四大"称为"四色"等。至于后期的经典,像《志玄安乐经》、《宣元至本经》听起来像是道教的经典,其中用的"道"、"妙道"、"奥道"、"灵府"、"无"等,几乎与道家、道教无法区辨。②

可见,在前现代历史过程中,西方来中国并不只是为了做生意或外交往还,此外更还有深层的文化与宗教内涵。但这些深层思想为何无法在中国生根?除了因为唐代宗教政策将其定位三夷教之一;而且在实践方面,景教保留甚多叙利亚礼仪与行为方式之外,若从我的语言外推理论来评价,景教进来以后的确在语言和论述上仍有大问题。景教的确进行了外推工作,但其语言外推过犹不及。

在不及之处,则是语词不雅驯,传之不远。例如把"耶稣"翻成"移鼠",试想:中国人怎会相信一只移动的老鼠呢?把"若望"翻作"若昏",试想:你自己都昏了,怎么能教人相信?又,将"玛利亚"翻作"末艳",是那最不漂亮的,这怎么能吸引人?这些都是外推不足之处的例子。阿罗本初来乍到,不懂中文,又关在皇宫禁阙翻译,无法与外界接触,皇帝派秘书帮他将所讲之经翻译为中文,而且亲自看过,且对那些不雅的语词

---

① 《序听迷诗所经》,见翁绍军:《汉语景教文典诠释》(香港:汉语基督教文化研究所,1995),页85—109;《一神论》,见前揭翁绍军书。
② 《宣元至本经》,见翁绍军:《汉语景教文典诠释》(香港:汉语基督教文化研究所,1995),页159—167。

毫无改正就让它通过，难免让人猜想，唐太宗的用意就是让景教保留其夷教地位。

在过度方面，景教先是用佛教的语言，其后了解到唐代皇室因为尊李耳为祖先而另眼看待道教，于是开始使用道教语言。既然关涉到景教教义的重要语词都是用佛、道术语翻译，很容易造成混淆，失去基督宗教的本意。这是语言外推过度的结果。

以上说明了，景教虽是西方基督宗教的一支，但其来华并未积极改变中国对于西方的概念。反倒是印度来的佛教，改变了中国自先秦以来的"西方"概念。佛教于东汉之初来到中国，于隋唐之际极其鼎盛，八宗并建。于是，"西"的概念逐渐从"西戎"、"西域"转为佛所来自的西方天竺国。因为佛教的关系，"西方"的概念获得极大的转变，本来是降级的用法，现在转变为升级的用法："西方"就是完美的、极乐世界的源头——"西方极乐世界"。在今天称为南亚的地方，包含印度、印度尼西亚、马来西亚等地，在当时中国人的认知来说，也都属于西方。

一直到了1582年利玛窦抵达澳门，1583年移至广东肇庆，当时欧洲文艺复兴已趋成熟，正转进近代世界，正是近代世界也就是西方近代性（modernity）形成与扩张的阶段。利玛窦自称为来自"泰西"，换言之，既然印度是西，于是就把欧洲称为"泰西"了。其后由于西方近代性的成熟与扩张，"西方"逐渐从印度移往欧洲。利玛窦作《山海舆地全图》，后来在李之藻协助下重刻，改名《坤舆万国全图》，让中国士人认识了中国之外还有其他各国。之后，艾儒略作《职方外纪》，将世界地图分东、西两半球，绍介五大洲，也使中国士人认识了一个崭新的世界图像。艾儒略虽然指出"地球既圆，无处非中"，然而中国士人仍自居为中，不过已经知道了在中国之外，有多元他者诸国存在。

利玛窦自我介绍,是来自欧罗巴,他在很多地方自称为欧罗巴人,中国士人有时称以"欧罗巴国",甚至有人误认为泰西有欧罗巴国,可见仍有许多误解。那些支持、喜欢利玛窦的人,大部分都称他来自欧罗巴,以避免发生政治上的不正确;至于那些反对、不喜欢利玛窦的人,则都说他自称来自"泰西"或"大西",是为了来对付大明帝国。利玛窦的敌对者,如沈榷等人,说利玛窦自称来自泰西或大西,是捏造出来的,用以对付大明。对于明朝政府官员来讲,过去"西洋"就是指现在印度、南洋各国,既然欧洲是处于西洋再过去的远方,为了避免政治上的不正确,于是将欧洲称为"大西洋"可也。利玛窦等人曾被询问,"佛是来自西方,你们自大西而来,应该见过佛吧。"须知利玛窦等人来华,由于中国尚未开设教区,当时是归印度主教兼管,所以先到印度卧亚(Goa)报到,然后再辗转抵澳门,再进入中国。"西"的概念虽已随着佛教而转成佛所来自的天竺,但自从利玛窦等人带来西方科技、哲学与宗教,影响中国士人,于是西方概念的指涉,逐渐有所转变,渐转移到欧洲。

由于欧洲现代性发展日愈强大,四处殖民,雄霸世局,于是挪用了"西方"一词。后来耶稣会士因为礼仪之争被驱逐出境,中断了很久。一直到十九世纪鸦片战争之后,基督教重新入华,彼时也正是英国国力增长,将西方现代性力量扩至高峰。相反的,欧洲文明在第一次世界大战之后暴露出其困弊。世界强国由欧陆转为美国。美国变成"西方"一词的代表。今天的中国知识分子,一想到西方,第一个想到的,就是美国。

简言之,"西方"这一概念在中国历经长远的历史构成,从西戎、西域转到佛所来自的西方极乐世界,再转到泰西欧洲,最后转到今天的美国。"西"的概念经历了从古代、前现代、现代到后现代的变动。其中与今天整个世局与文化前景最有关系的,就是对于西方现代性的学习、困境及其克服。虽然西方自二十世纪七十年代也产生了后现代思潮,对于西方现代性的弊端多所批判、质疑与否定,然而,目前世上有许多国家都还在走向现代化,学习获取现代性。像中国虽有学者研究后现代,但广大的中国地区仍处在前现代的阶段,其中呈现的思潮拼拼凑凑的,也可说是后现代的状况。许多非西方的地区文化也是如此。西方现代性呈现困难,有必要寻找出路;加上全球化的过程,必须运用哲学智慧来深入探讨。其中最需要思考的是:中西思想在现代性形成后如何互动、对谈、相互丰富。以下接着要探讨什么是现代性。

四、西方近代性的兴起及其定性

"现代"或"近代"(modernus)一词出现甚早,公元五世纪便用以称呼当时刚成为国教以后的天主教信徒,以有别于外教人。然而,该词到了十七、十八世纪法国古典与现代之争(Querelle des anciens et des modernes)之后,才广为使用。至于"现代化"(modernization)一词,则可区分其作为一种理论,以及作为一历史的过程。就其为一种理论而言,现代化理论是指上个世纪六十、七十年代,西方学界兴起的一股政经社会发展理论,[①]其中隐含着西方先进国家继续领先并宰制其他落后国家的不良预设。此一理论已遭到西方与非西方学界的批判。但是,"现代化"作为一历史历程而言,各国追求现代化似乎是历史的宿命,包含所有的非西方国家,例如亚洲、非洲、大洋洲等,连同部分的西方国家,如拉丁美洲,都还在迈向现代化过程之中,中国亦然。如此说来,我们有必要界定,到底什

---

① 例如在 W. Rostow、D. Apter、S. M. Lipset、D. McClelland、A. Inkeles 等人著作中的现代化理论。

么是现代之所以为现代,其特性何在?换言之,"现代性"(modernity)究竟何在?

可见,"现代性"(modernity)这一词,①一方面是针对着现代化作为历史过程所追求的目标所做的学术省思;但同时,该词作为对于现代世界根本特质的反省概念,也是在"后现代"的批判与反思之下才兴起的。我把"后现代"定义为对现代性的困境与弊端的批判、质疑,甚至否定;其中的"后"字不是用以指涉时序性的先后,而是指精神上的跨越或超克之意。可见,"现代性"本身是经由反省而觉察,因而产生的概念,甚至含有批判的意味。当近(现)代世界正在热闹进行之时,人们并没有自觉地反省近(现)代之所以为近(现)代究属何物。一直要到它出现弊端,造成困境,才开始另寻出路,想超克现代性的困境,方有这个概念的提出。

在第二次世界大战之后,由于各地方摆脱殖民统治,出现后殖民现象,各国在历史意识觉醒的推波助澜下,也开始独立自主的发展自己的文化传统。一方面受到西方现代性的挑战,另一方面由于各自不同的历史和文化特色,各文化群体开始认定并发展出属己的、不同模式的现代性。也因此,"现代性"这个概念成为是多数的、多元性的,可以用英文 modernities 一词来表达,而西方的、甚至资本主义的现代性,仅属其中之一。举例来说,晚近多伦多大学在我担任东亚学系主任期间,与亚洲研究所(Asian Institute)联合提供了一个新的职位,名称为"亚洲多元现代性(Asian modernities)研究"。虽然在殖民主义过时之后,加上科技发展与资本主义的扩张,促成了全球化历程,其中也有可能造成新的经济或

---

① 本文将 modernity 一词,译为"近代性"或"现代性"或"近(现)代性",依文脉而定。但对于正在形成中的多元现代性,则仅译为"现代性",如"中华现代性"。

文化殖民,必须谨慎对应,但基本上大家逐渐有了共识,都主张多元的现代性。

然而,就历史上来说,欧美的西方现代性是在世界历史上实际发生、发展并出现困境的历史事实。所以,大家对于现代性的理解,还是要以西方现代性作为历史实例的参照点。更何况,还有些严肃的西方思想家,像哈贝马斯(J. Habermas),认为现代性的计划尚未完成,且主张将它继续完成,不能轻言后现代。哈贝马斯主张经由有组织的启蒙,完成启蒙的计划。① 其实,由于先前的启蒙运动已经出现弊端,哈贝马斯的第二次启蒙也不容易昭信。启蒙运动在今天受到后现代思想家们的质疑和否定,不是没有道理的。哈贝马斯不能把这些后现代的质疑和否定者都当作"新保守主义者",就可以避过今天人们对启蒙的质疑。

我们为了了解西方现代性的本质及其为何会产生弊端,好能以之为镜;更为了了解我国自鸦片战争以来遭受西方现代性的欺凌与所带来的苦难,好能以之为鉴;此外,更为了了解人类文化今后的走向,各多元文化应如何在发展多元现代性的同时,不至于重蹈西方现代性覆辙。为了以上种种理由,我们都有必要先了解西方现代性的特性及其弊端之源。为此,须先对西方现代性加以定性。

既然西方现代性仍是世人关于现代性的历史参照点,那么,该如何给西方现代性定性呢?哲学思考应能判断现代性的根本特性,以便了解它为何吸引人类,给了人类新的繁荣机会,而又终究出现弊端与困境。为此,我们可以追问:西方现代性有哪些基本特性? 我从哲学的角度来看,

---

① J. Habermas, *Theory and Practice*, London: Heinemann Educational Books, 1974, pp. 28—32.

认为西方现代性具有主体性、表象性、理性与宰制性等四种基本特性。

第一,主体性:欧洲自从文艺复兴开始形成现代性以降,从中世纪以宗教性的、深沉的终极实在上帝为整体存在的核心,转向以人为主体。文艺复兴本身是人的再生(renovatio antiquitatis),也是古典的再生(renovation hominis)。① 如今大家常只记得古典的再生,强调文艺复兴时期柏拉图(Plato,427BC—347BC)、亚里士多德(Aristotle,384BC—322BC)等的经典与古希腊、罗马神话题材重现于当时文坛和艺坛,而忽视了当时人的再生,从此重视以人为主体。其实,在文艺复兴时期的艺术作品、著作、生活风俗中,已经可以看到人的觉醒,开始以人为主体。到了近代哲学,把在文艺复兴已经复活了的意义概念化并明说出来,那就是近代哲学之父笛卡尔(R. Descartes,1596—1650)众人皆知的名言"我思,故我在。"(Cogito, ergo sum.)这话说出了西方现代性的基本哲理。"我思故我在"是以人为思想与认知的主体,而其后的思想家更加上以人为道德的主体(康德)、美感与艺术的主体(康德)、甚至法律权利(自然法学派)、政治权力的主体(洛克)。

总之,西欧自近代起,以人自己的思想、行为、美感与道德价值、权利与创作的主体。人的主体性经过康德三分为认知、道德与美感和人生目的的主体,到了黑格尔又把这三分主体性再度串合起来,成为人的意识朝向绝对精神发展的历程。然而,无论所强调主体的构成与命运如何不同,他们的主张都属于主体性哲学。不论是以个人为主体(如自由主义),或以群体为主体(如社会主义),都是对于主体哲学的不同诠释,主体性一直是近代性的根本特性。

---

① 沈清松:《解除世界魔咒—科技对文化的冲击与展望》,台北:商务印书馆,1998,页254。

第二，表象文化：自西方近代起，人要认识世界，并不能进入事物本身之中，只能对这世界的事物产生感觉、印象、概念，并且把概念与概念联系起来，产生命题，进而提出理论，设法透过完备的理论建构来控制世界。所以，基本上人的头脑中存在着的是表象（representations）。这些印象、概念、命题、理论或理论体系，都是表象。表象有两层意思，一是"代表"之意，就知识论来说，人所建构的知识只是实在界的代表，而人透过这些代表来认识并控制世界。表象的第二层意义是"表演"，如同戏剧上的表演之意。像牛顿的质量不灭、有作用必有反作用、重力原理等，这些原理既是人在头脑中建构以代表自然世界的图像，同时藉之也就可以看出整个宇宙的运行如何上演，换言之，表象也以简练或缩影的方式，上演自然现象的运行。

"表象"不仅限于知识。在政治上，也有民意代表。近代世界产生的政党政治和代议政治，皆属表象文化的一环。原先，政党（party）的意思是代表民意；而像洛克（J. Locke，1632—1704）《政府二论》（Two treatises of government）提倡代议政治，其意也在于代表和表演。① 因为在实际的政治决策过程中，不可能让全体人民都来参加，为此才选出民意代表为之。可见，政党政治与议会政治的本意，原是为了代表民意，不像后来政党往往只为了自己的利益，变成选举机器；而议员们或立法委员们，各自争夺利益以为己，并不代表民意，已经失去原先"代表"的意义。其实，无论政党或议员，一方面要"代表"人民的意思，且他们在议会上立法与裁决，也是浓缩地"上演"了将来实际政治的运作。

同样，在艺术方面，近代西方的艺术也是现代性表象文化的一环。

---

① J. Locke, *Two treatises of government*, London: Cambridge University Press, 1967.

对照之下，中世纪或希腊、罗马或更早的埃及艺术，都是公众生活周遭之物，例如在马路上、公园里、政府大厦、教堂里的雕像，本来都是生活中的一部分。自从现代性兴起，开始出现了博物馆，而像绘画这类艺术则是将实物实景画在画布上，放在博物馆展览，于是艺术变成了表象的呈现，属于表象文化的一环。在文学里，例如小说，摹写场景与人物，首先呈现三度空间的场景，然后叙述主人公与其他人物怎么出场与下台，如此串成整套故事，就像在上演戏剧一样，也是一种"代表"与"演出"的动态表象建构。至于其所模拟的近代戏剧本身更是如此，都是表象文化的一环。

对比起来，我们可以明白二十世纪对于表象戏剧的批判。法国的阿尔托（Antonin Artaud，1896—1948）在1935左右讲论并推出残酷剧场（Théâtre de la cruauté），就是为了反叛表象剧场（Théâtre de la représentation）。阿尔托认为生活就是戏剧，表演就是动作，不是为了建构表象，也因此他用残酷剧场来反抗表象文化，以生命中的行动对抗表象建构。

近代世界的认知、政治与艺术，都是建立在表象上，呈现了现代性的表象文化。在此，我想指出：表象文化要比哈贝马斯所说的专业分工更为优先。哈贝马斯认为现代性的理性化历程是在于走向有规律的控制，而后者是开始于一种专业分殊的过程，也就是科学、艺术和规范三者的分立。他说："此种对于文化传统的专业处理突显了文化这三个面向的每一面向的内在结构。于是出现了认知工具、道德实践结构与美感表现的理性结构，每一个都在专业人员的控制之下。"[1]三者逐渐获取它们的

---

[1] J. Habermas, *Modernity—An Incomplete Project*, in H. Foster（ed.）, *The Anti-Aesthetics*, *Essay on Postmodern Culture*, Washington: Bay Press, 1983, p. 9.

自主性,各自按照本身规则来进行。然而,我要指出,表象要比这三项分工更为基础。理性之所以能如此三分,是因为先前"表象"的形成,以及前此历史上已有的表象文化氛围。因为理性能力就是建立于表象的形成、组合与运作,及其历史之上的。无论知识、理论、原理的建立,或道德的判断或美感与艺术,都是如此。

第三,理性化:近代西方人认为,人有合理的思考、判断及行为的能力,是可信赖的,于是人的理性能力成为人探讨世界、认识世界、对待世界,促成人类进步的根本依据,不必、也不能再诉诸上帝作为理据。西方启蒙运动在初期受到西方来华传教士引入欧洲的中国儒家所体现的人文整全理性精神感召,了解到不必诉诸超绝的上帝,就可以把自己修养好、把国家治理好。后来,启蒙运动转将理性窄化成科学与技术的理性,并且用自然科学和技术的进步来衡量人道德的进步,而更具体地表现在第一次、第二次工业革命及其所带来的文明上。其实这已是人类理性窄狭化了的结果,以致当代德国哲学家伽达默尔(H.—G. Gadamer)会批评说,启蒙运动把理性偏狭化,是理性本身的贫乏化,使得原本丰富的理性生活内涵被忽视掉了,这是启蒙运动的内在困难。① 无论如何,对理性的信任,认为人人有理性的大作用,不必诉诸其他权威,仍是现代性的特性。用康德的话说,是"敢于思想"(sapere aude)。② 康德的其他所有著作都非常艰深、严肃,唯独在《对何谓启蒙问题的回答》一文却表现了

---

① H.-G. Gadamer, *Wahrheit und Methode*, Grundzuge einer philosophischen Hermeneutik, Tubingen: J. C. B. Mohr, 1965, pp. 250—275.
② I. Kant, Beantwortung der Frage: Was ist Aufklärung? In *Schriften zur Anthropologie Geschiktsphilosophie Politik und Pädagogik*, Herausgegeben von W. Weischedel, Frankfurt: Insel Verlag, 1964, pp. 53—61.

他的幽默。他说:军官叫人赶快执行命令,税务叫人赶快付钱,教士叫人赶快相信;但却没有人叫你要"敢于思想",然而后者才是启蒙精神所在。康德在启蒙运动将结束之际说出了启蒙精神在于敢于独立思想,这是启蒙进一步的重要转折。

也就是说,启蒙运动的第一层是初期儒家的整全理性启发下产生的对人类理性的信任;转到第二层,则是以自然科学理性为一切进步的衡量标准;最后,转到康德的理性批判,已然是第三层转折,转入德国观念论与浪漫主义运动了。无论如何,对于理性的重视,虽然其宽、窄与层次有异,但对现代精神都是必要的。难怪韦伯(Max Weber,1864—1920)要说:现代化就是理性化。不过,到底什么是理性呢?到底什么是现代性所突显的理性呢?

显然,理性首先必须合乎逻辑,不能触犯矛盾,说理必须内在一致。这是理性的第一层意义。但这只是合乎形式逻辑而已。其后,黑格尔进一步指出,不只有形式逻辑,还有辩证逻辑。形式逻辑虽适用于自然科学,但并不足以处理人的精神发展。针对自然科学与科技表现的狭隘理性,须加以批判,例如康德以寻求其可能性条件为批判;黑格尔则认为更须以辩证来批判,以弃劣、存优,并进而发扬之,以为辩证。批判和辩证也是理性的表现。

但是,哲学若仅限于批判科技所产生的弊端,也无力回天;反而,科技大潮发展的结果,工具理性过度膨胀,价值理性逐渐萎缩。理性的第二层意义,就是工具理性和价值理性的分辨。①现代性发展的结果是:人

---

① M. Weber, *Economics and Society: An Outline of Interpretive Sociology*, Edited by G. Roth and C. Wittich, Berkeley: University of California Press, 1978, pp. 24—25.

只从工具的有效性来看待一样东西、一件事、一个行动是否是合理,如果它有效达到你现前规定的目的,就是合理性的,不然就是非理性的。如此一来,往往忘怀生命值得奉献的价值理想,于是价值理性就萎缩了。

若从后现代的批判来看,整体说来,现代性的理性还具第三层意义,就是理性产生大叙事(grand recit, grand narrative)或后设叙事的大作用,可以搬出一大套事理或说法,来证成自己的所有活动,此即利奥塔(J. F. Lyotard)所谓"大叙事"。利奥塔指出,现代性指的就是理性总是推出一些大叙事来证成人生目的、科学与人的一切活动,像启蒙运动所谓"理性主体的解放",黑格尔所谓"人的精神成长一直发展到绝对精神",马克思所谓"劳动人民的全体解放",或狄尔泰所讲"生命意义的诠释"等等,照利奥塔的话说,"把参照这些以使自己正当化的科学称为现代。"[1]然而,究竟人能不能证成这些涵天盖地的大叙事,不无疑问。"理性"的这层意义被后现代所批判。总之,"理性"的意义,原先只表示人合理思考、判断与行为的能力;其后则有工具理性与价值理性的消长盛衰;最后则有后现代所批评的大叙事。

第四,宰制性:由于主体运用理性建构表象,用来控制事物与人们,于是形成了宰制性。就像培根(Francis Bacon, 1561—1626)所说的,人要认识自然才能控制自然,叫它服从,这话表现了知识和权力相结合。晚近福柯(M. Foucault, 1926—1984)所指出的知识与权力的关系,也是在同一条思考线上的议题。简言之,理性建构表象,以便于意志控制世界,包含自然和其他人。此外,由于狭义理性的进展,尤其是工具理性所促成的工业进步,更使得先进国家宰制落后国家。欧洲列强由于发展现

---

[1] J. F. Lyotard, *La Condition Postmoderne*, Paris: Edition de Minuit, 1979, p. 7.

代性，国力不断扩充，逐渐产生殖民主义，像葡萄牙、西班牙、荷兰、英国和法国在为此海上争霸，四处殖民，而且随之以意识形态的证成，使自己的殖民扩充与宰制合理化，其共同的口号是"文明化万邦"(to civilize other peoples/aller civilizer les gens)，以为那些非西方落后地区都如野蛮地区，必须用现代文明去开化他们一般。

西方宰制性扩充的结果，就是列强四处争夺殖民地。大家通常推崇现代性的理性与主体性，但或许没有察觉到主体性会过度膨胀，理性因此萎缩，而且西方人会运用窄狭的工具理性建构并控制表象，进而宰制他人、他物、他国。这是现代性产生弊端的结果。列强甚为了争夺殖民地，兵戎海上，以殖民地为战场，蹂躏当地百姓，号称是带文明给万邦，而完全无视自己的暴力和野蛮。

总之，西方现代性立基于人的主体性，运用理性，建构各种表象体系，使主体得以掌握权力，宰制他人与他物，更以进步者的姿态宰制、殖民各落后地区。大体说来，西方现代性的发展与强大，使其得以自公元1840年鸦片战争以来，不断侵伐与压迫我国。我国自鸦片战争以来的近现代史，可以说每一页都是斑斑血迹，滴滴泪痕。不只来自西方的暴力，在东亚地区，日本最早"脱亚入欧"，也就是脱离落后的（中国影响下的）传统文化，进入欧洲的现代世界，在因着现代性而强盛以后，也以"建立东亚共荣圈"，也就是建立现代的东亚地区为借口，在第二次世界大战期间，入侵中国及亚洲各国，造成了中国在二十世纪最大的苦难和悲惨的历史遭遇。这也是西方现代性扩及日本，使其进而宰制中国的结果。

总之，西方的现代性是主体性、理性、表象性和宰制性的综合体。以下要讲从利玛窦来华，带来西方科学、哲学与宗教，启动了中西文化深层的互动，正值十六世纪末期，是欧洲科学运动兴盛，主体性、理性和表象性的发展,开始进行宰制性扩充,四处殖民之时。换言之,当时欧洲正由重商主义发展出殖民扩充,现代性弊端虽然还没完全暴露,但已经出现许多问题。以下要讲十六世纪末耶稣会士来华,启动了中西互动的历史大潮。首先让我厘清一些观念。

五、利玛窦来华开启西学东渐的背景与厘清

前面提到,欧洲列强因着现代性的扩张,四处殖民,做起帝国主义的勾当。此处"帝国"(empire)概念指的是殖民时期的帝国,如日不落的大英帝国,法国殖民非洲,西班牙殖民南美、菲律宾,荷兰人殖民印度尼西亚,甚至延伸殖民到台湾等等。这些国家帝国主义彼此在海上争霸,虽然彼此定有条约,例如葡、西两国定有萨拉戈萨(Saragossa)条约,但时而也因着各自的利益而相互交换,但仍彼此争夺各地资源,扩充商业腹地。事实上,这也是后来逐渐发展为全球化的历史环节之一。发现新大陆、探索新文明,也是始于此时的历史动力。

然而,这样的帝国(empire)不同于今天在全球化过程中形成的empire,后者也有人译为"帝国",其实应该译为"全球统治"或"全球治理",是一种超越国家的全球机制。[①] 相反的,前述殖民时期是以国家为主体的帝国,试图宰制其他地区并挪用其资源。今天的情况是,在全球化脉络中推展着一种跨越国家的治理机制。其中,究竟谁是主体,还是个问题。过去有人说现代化就是美国化,现在又有人说全球化就是美国化等等,套来套去,没什么意义。值得注意的是,在全球化过程中进行统

---

① 沈清松:《评麦可哈特 Michael Hardt》、涅格利(Antonio Negri)著《全球统治》(*Empire*, Cambridge: Harvard University Press, 2000,《哲学与文化》,31 卷 6 期,页 109—112。

治的是某种能自行扩充的普化机制或组织,不一定是某个国家可以操纵的。

另外有个观念也要厘清。有些学者讲利玛窦来华,都说是为了传教,所以把他们所引进的知识与思想,都说成是为了传教的目的,例如引进《几何原本》、天文学、数学、哲学、科学,翻译亚里士多德,融合古典儒学,都是为了传教。我觉得这太简化了问题,粗糙地看了历史。从国际政治的观点来讲,意大利、葡萄牙、西班牙等国它们在殖民过程中也利用传教士,因为他们以"给万民文明化"(aller civilizer les gens)为借口,而他们的文明就是基督宗教。

但是,必须弄清楚,传教士们千辛万苦、长途跋涉,在动机上,也是为了把自己的信仰与其中含有的真理传给他人。事实上,其中也富于走出自己熟悉的领域,将自己最好的东西与陌生人分享的原初慷慨。为此,虽说动机不可见,动机论(intentionalism)容易留于主观猜测,然若非要论动机,也不能仅以殖民主义或传教的动机全盘抹煞传教士们来华促成文明交流的贡献。固然他们也有传教的动机,但所谓传教也是一种对于自己所寻找到的真理的确信之表现,更也是一种富于慷慨情怀的表现,所以他们才不辞辛苦,一路上虽也死伤了不少人,但仍愿意冒险犯难来与陌生人分享。

其次,事情要从结果论(consequentialism)来看,传教士不辞千辛万苦来华,带来了西方的科学、哲学与基督宗教,其结果是启动了中西文明交流的历史大潮。中国固有的儒家,并不主动传输思想给别人,但利玛窦这些人则主动带来西方科学、技术、伦理思想、哲学和基督宗教,这些都是西方文明的精华。如此启动中西交往的善端,这在前现代时期不幸未能实现,但在现代性兴起之后,终于能如愿以偿。显然,如果没有强而有力的现代性及其科技(如航海科技)为支柱,是做不到的。在近代历史的力量下,那些善心善意、原初慷慨才得到实现,于是启动了中西文化交流,其结果可谓对中国的进步与中西的交流贡献至巨。就哲学上言,源起并不能解释结构,动机也不可化约结果。利玛窦等人来华,其源起或与欧洲列强现代性的扩张与殖民有关,但这不足以解释西方思想与科学在中国文化中激起的结构性转化;他们的动机虽然与传教有关,但中西文明互动的历史大潮因此启动,不能用"传教"一词概括否定。

六、从文化殖民到平等交流

在列强殖民过程中,总难免会有些传教士配合政府的殖民政策。不过,大部分来华传教士都是出自传教的热忱与文明交流的慷慨。比利玛窦稍早来华的罗明坚(Michele Ruggieri,1543—1607),很早认识到中国文化的伟大,他认为决不能将中国视为野蛮之地,不能用"给万民文明化"作借口。他著有《天主圣教实录》,开始融接儒家思想与基督信仰。他在传教策略上采取文化适应的方式。他曾与利玛窦合著第一本葡萄牙语与汉语字典。一般将罗明坚视为第一位西方汉学家。

其后,利玛窦的第一本著作是《交友论》(De Amicitia),其中引述许多西方作者,如亚里士多德、普鲁塔克(Plutark, ca. 46—120)、塞内卡(Seneca, ca. 4 BC—65)、西塞罗(Cicero, 106—43 BC)、奥古斯丁(Augustinus, 354—430)、安波罗修(Sanctus Ambrosius, ca. 340—397)对于朋友的说法,例如说"朋友宛如自我的另外一半"。这其中的思想,是朋友以友情和平等相待。正如亚里士多德《尼各马可伦理学》所言,朋友是从私(家庭)到公(政治)的最重要中介,且朋友彼此是平等而友善的。在利玛窦从此引进的观念中,"人人平等"是重要的内容之一。确实,这一平等而友善相待的想法含蕴着一个根本的典范转移。原先由近代性产生的帝国宰制对其殖民地而言是不平等的,但现在利玛窦由于心灵的敏锐、道德的操守和宗教的热忱,他要从平等而友善的角度,来与中国文化交往,而不是从帝国主义者对待南亚各国那样文明对野蛮的暴力宰制。这是在互动模式上的基本改变,在今天仍可以有重要的启发。

我必须指出,《交友论》是在当时中国社会风气启发之下撰写的。利玛窦在序言中忆及,湖南建安王曾在宴会中移席而来,握利玛窦的手,问说:你们西方人对友谊有何看法?这一友谊的邀请,促使他把手边所携西方人书中对于友谊的论述,加上他的想法,编成了《交友论》。利玛窦在此提出了"友谊",也就是平等而友善的交往作为新的中西文化交往典范,以彼之长,补己之短。利玛窦在《交友论》中说得很好:"交友之旨无他,在彼善长于我,则我效习之;我善长于彼,则我教化之。是学而即教,教而即学,两者互资矣。"[1]利玛窦这种平等友善互资论,颇接近我提倡的"相互丰富"的主张。

其实,晚明社会风气开放,逐渐重视五伦中的友伦。尤其是当时的阳明学左派,时常举行讲会,就像今天的演讲会一般,有演讲、有讨论,男男女女都来参加,在讲会里以彼此以朋友相待,友伦最为重要。大家知道,虽然晚明政治力薄弱,不过社会力释放出来,创造力蓬勃,无论散文、小说、家具、休闲生活……都活活泼泼。国力虽不足以抵抗欧洲列强,但由于罗明坚和利玛窦的慧眼,发现了中国文化的伟大,后来更由于他们引进中国智慧于欧洲,甚至启发了欧洲的启蒙运动。利玛窦在其札记中

---

[1] 利玛窦:《交友论》,收入李之藻辑:《天学初函》(一),台北:学生书局,1972,页212—213。

说,中国是个哲人的国度,或至少说是由哲学家领导统治的国度。所以他不是从文化殖民的角度,而是以朋友的平等关系,要与中国文化交流。

为此,中国学界不能一竿子打落船,指责传教士一切都只为了传教,全部否定他们的功劳,甚至说他们所带来的只是中世纪的科学,亚里士多德-托勒密的世界观是以地球为中心的世界观,而不是后来哥白尼(Nicolaus Copernicus,1473—1543)以太阳为中心的世界观,并据此批评传教士不安好心。罗明坚、利玛窦等人来华,排场不像景教来华时那样的高规格,由宰相亲迎、安置皇宫。相反的,利玛窦必须奋斗了好多年,曾配合佛教穿僧服,又曾配合道士穿道服,发现都没人理睬,最后终于穿了儒服,四处交往,介绍西学,努力了好多年才得以上京被皇上接见。

单举修正历法的例子来讲,须知万历年间皇帝之所以会愿意接见带来西学的传教士,是因为当时急切需要修正历法。旧历法用了两三百年,已经出现问题。须知,中国百姓日常生活都是按照历法办事,如果历法出现问题,政权会受到不信任,因为政权的合法性来源之一,在于制定准确的历法。总之,中国朝廷需要修正历法。

然而,若从修正历法的角度来看,无论是以太阳为中心或是以地球为中心,计算起来在历法上的结果并无差别。这里顺便提及科学史以及科学与宗教互动上十分有名的伽利略(Galileo Galilei,1564—1642)案例。一般认为,既然天主教教廷曾对伽利略进行宗教裁判,那么耶稣会应该也反对当时伽利略的新科学。其实,当时耶稣会非常同情伽利略。伽利略本人之所以有机会进入罗马学术院,是因为利玛窦的老师克拉维乌斯(Christopher Clavius,1538—1612)的引进。利玛窦深受老师的影响,在利玛窦著作中称 Clavius 为丁先生(拉丁文 clavius 一词的意思是钉子)。从历史上看来,伽利略的案子是十分复杂的。伽利略本人有不少重要天文发现,利玛窦及其他会士也都非常推崇他。利玛窦本人曾推荐伽利略来修正中国历法,认为伽利略是完成此一任务的最佳人选。传教士的中文著作中曾介绍伽利略,如阳玛诺(Emmanuel Diaz,1574—1659)的《天问略》(1615)、汤若望(Johann Adam Schall von Bell,1591—1666)的《远镜说》(1626),都介绍了伽利略(当时译名为"伽利勒阿")用望远镜观测到的一些崭新天文发现,书中曾画出他的望远镜,可见对其科学发现很有好感。

然而,对于教廷而言,必须整体考虑信仰与科学关系。伽利略透过数学的计算和望远镜的观察,证明了地球不是中心,这大不同于天主教自一千五百年来接受的宇宙图像,一下子很难调整。所以,当时负责此案的贝拉民枢机(Cardinal Bellarmine,1542—1621)向伽利略说,你可不可以把你的科学发现当作是"方法",而不要当作就是"真理"?然而,伽利略却回答,真理就是真理,不是方法。

其实,在今天来看,在我们的太阳系之外还有其他无以数计的太阳系,宇宙浩瀚无穷,我们这小小的太阳系是不是宇宙中心都是个大问题,更不要说以这个太阳为中心了。为此,伽利略若把他的天文发现当作方法,在今天更属合情合理,但在当时他非坚持是真理不可。然而,教廷既然决定不因其望远镜所见与数学演算结果而改变宇宙观,认为那只能当成方法,不能当成真理。为此,伽利略遭到宗教裁判。在这种情况下,耶稣会在中国只介绍亚里士多德-托勒密的宇宙观,而没有介绍伽利略以太阳为中心的新宇宙观;只介绍他的星象和天文发现,而不更换整套旧宇宙观。

在今天,从现象学的生活世界观来讲,明明在科学上我们知道在太阳系中是以太阳为中心,可是在生活里面,太阳还是由西边下山,而在生活世界里我们依然欣赏与感伤夕阳西下。我认为,当时耶稣会士们曾热忱引进伽利略的科学发现,可见他们尽量运用理性方法在可能范围内引进知识,而不是故意隐瞒,只引进中世纪的宇宙观。在学术研究上尚未顾及整体,未慎思公断,就贬低耶稣会引进西方科学的努力,说都是为了传教,所引进者都是中世纪的老东西,而忽略他们所引进的新东西。这在学术上是不公平的。

利玛窦在1596年出版第一本著作《交友论》,提出西方人朋友相待之道。然就如在古希腊,苏格拉底(Socrates)的哲学是朋友之间的对话,但为了真理,彼此是"有敌意的朋友",彼此相互批判。同样的,利玛窦之后又撰《天主实义》,基本上对宋明理学朱熹的宇宙观,佛教和道家的思想都有批判的反思。他认为朱熹所讲的"理",只是一种事物彼此间的关系,而在亚里士多德逻辑的十大范畴里,"关系"范畴属于偶性(accidentia),不是实体(substantia);但若要论及世界的创造,一定要实体才能创造。他从此一角度批评朱熹,认为朱熹的"理"虽是原理性的关系,但仍只是关系的一种,不是实体,不能创造万物。理既不能创造,便不能以"理"为终极真实。

对于道家,他也是这样批评的。道家的"无"既然是无物,怎么能创造万物呢?可见利玛窦所理解的,是形器层面(ontic)的"无",也就是无物临在,没东西;既然没东西,怎么能创造呢?因此也不能作为终极真实。其实,这是针对王弼解老,把老子的"道"解为"本无",许多王弼的追随者也如此解释。其实,老子的道可以说是生生不息的存在活动本身,道开显出无和有两大存有学环结(ontological moments),而不只是无,而且就无而言,也不只是形器的无。按同样的道理,他也把佛教的"空"理解为形器的空,而没有认清佛家的"空"是指"缘起性空"、"无所执着"和

"名不当实,实不当名"等意。有此误解,利玛窦也认为"空"不能创造万物,不能视为终极真实。所以,无论"空"、"无"、"理",都不能成为终极真实,也都不能创造万物,成为宇宙的真正主宰。

利玛窦的著作,是在十六世纪末十七世纪初陆续出版的,利玛窦对佛教、道教和儒家的批判,也引起了对方的批判,无论从佛教、儒家甚至道家,都出现了不少"破邪"、"辟邪"的论述,批判天主教义的著作。若在学术上,这也可以有真理愈辩愈明,或厘清双方教义的功能。可惜因为彼此文化和论述的隔阂,或按照我的术语来说,缺少了更恰当的语言外推、实践外推和本体外推,因而产生不少误会,在当时未能产生更积极、正面的结果。其实,就学术而言,无论中西,虽各有友谊,但仍会各自据理力争。朋友也是可以相互批判的,一如德勒兹所谓为了真理而有"友谊兼敌意"的对话。不过,针对天主教的"破邪"、"辟邪"论述,敌对更多于友谊。总之,中国士人大都欣赏利玛窦及其耶稣会同人们的科学知识,也佩服,或至少暗地里钦佩他们的道德操守。但是,对于他们的宗教则或是不能接受,或是争论甚多。

其实,早在利玛窦之前,从西班牙到了菲律宾的道明会士高毋羡(Juan Cobo,1547—1591),已经开始了中西互译的工作。第一本由他翻译成外文(西班牙文)的中文著作是《明心宝鉴》,基本上属《幼学琼林》这类的青少年读物。更有意思的是,高毋羡也与在菲律宾的华人士人接触,并在他们协助下,撰写了《辩正教真传实录》。这本书中文原版是用很俊秀的中文书法撰写,于1592年出版,比利玛窦的著作都早,然不幸其历史意义往往被忽略,为此我特别在此提出来说说。高毋羡的《辩正教真传实录》对于周敦颐和朱熹所言无极、太极、理等概念,有比利玛窦更积极、更正面的友谊态度。周敦颐《太极图说》讲无极而太极,太极动而生万物，基本上把无极、太极当作终极真实。朱熹接受周敦颐影响，说"太极"就是"理"。《辩正教真传实录》里论及无极、太极，有时也用"理"字，采取了比较亲近的态度，而不是如利玛窦那样的批判的态度。"无极"一词是出自老子"复归于无极"。周敦颐的《太极图说》是受到道士陈抟影响，其中是有道家影响之迹。然而，朱熹自有他的解释：所谓"无极"就是无穷极、无限之意，因为是无限所以可为太极，而"理"就是"太极"。高毋羡的理解是，之所以称为"无极"，是因为能超越；之所以称为"太极"，因为是最伟大的终极真实。可见高毋羡采取了更为肯定的、亲近的对话方式。在这方面，他的格义策略要比利玛窦的更柔和。

《辩正教真传实录》这一文献被菲律宾圣托马斯大学视为镇校之宝。道明会于1611年在马尼拉建立圣托马斯大学，高毋羡的著作是道明会在东方文明互动的最早作品。此外，高毋羡还写了《论基督徒教义》（Doctrina Christiana），本来是圣奥古斯丁著作之一的书名。[1] 高毋羡用同样书名，讲的是天主教义，基本上类似于要理问答，非常浅近。这些著作可谓菲律宾圣托马斯大学的立校文本。圣托马斯大学设立于1611年，迄今已超过四百年，是亚洲最早设立的大学。我曾被邀请参加该校四百周年校庆，并在"圣托马斯思想与亚洲文化国际学术研讨会"中给予主题演讲。当时我也向听众们指出高毋羡这本著作的重要性，虽然这一著作文字有某些部分腐损不清，必须校正后重新出版，而且它的西班牙和英文译本把"无极""太极""理"等都译成 Dios（西）、God（英），太过单一化，失去其中细腻的哲学、历史与文化上的意义与差别，所涉老子、

---

[1] 圣奥古斯丁《论基督徒教义》（De Doctrina Christiana）一书，讨论如何诠释《圣经》，我认为其中最早提出符号论与象征论，是诠释学史上的重要著作。

周敦颐、朱熹等的思想背景,以及高毋羡对差异文化的亲近态度,都看不出来了。

如今处于后殖民时代,高毋羡的事迹与思想更显得意义非凡。不但是说,菲律宾的文化迄今在某种意义下还没完全摆脱原来西班牙殖民的痕迹,而且在今天全球化与后殖民时代的脉络来看,更令人觉得非常有意思。作为一个西班牙人,高毋羡来到菲律宾,用中文和拉丁文写作。由于他的博学与精明,西班牙政府仰仗他,派他为首位西班牙大使,到日本参与解决有关英国和西班牙殖民纠纷的会议。会议结束之后,他在返航菲律宾的船上生病了,于是上到台湾岸上来休息,不幸死在台湾。可见,对台湾来讲也很有意义。

今天,从全球化与后殖民时代重新思考高毋羡的国际关联性、文明交谈的友谊性、对异文化的尊重、其格义的艺术等等,都深富于文明互动与后殖民时代的意义。同样是采取友谊的文化交往,但高毋羡亲近性的友谊与利玛窦批判性的友谊,还是有差别。由于道明会也是台湾天主教开教的先锋,在台湾史和台湾教会史上也有其意义。从以上看来,高毋羡模式很值得今天重新注意。

简言之,利玛窦和高毋羡都是采取友谊平等的文化交流立场,这为尔后的跨文化交流立下了楷模,可作为本章的结论。但是,利玛窦与其伙伴在中国采取的是在友谊中进行针砭的策略,选择友善先秦儒家,而批判宋明儒学与道教、佛教,但可惜他对于道家的"无"和佛家的"空"没有深刻的了解,以致产生误会甚至引起辟邪、破邪浪潮。相反的,高毋羡则采取了亲近的策略,吸收宋明儒学与道家于其论述之中,丰富了自己,也丰富了对方。或许,这两者适当的辩证,才能捉摸出一条动态的中庸之道。

第二讲 中西互译运动的开端：亚里士多德著作的译介与改写

虽然说，我在前章提到，高毋羡用西班牙语翻译的《明心宝鉴》是翻成西方语文的第一本中文著作，其较属《幼学琼林》类的青少年读物，尚非启迪中西哲人对话的哲学论述；其《辩正教真传实录》虽比利玛窦《天主实义》为早，且在与中国哲学互动上另富深义，然而，两者都是高毋羡在菲律宾活动时的出版品。在中国本土进行的中西哲学互译互动，应始自在华的利玛窦与其他耶稣会士。

利玛窦和耶稣会早期来华的会士们，了解到为了平等交流，应该把彼此最好的经典，拿出来翻译，以促成深刻的相互了解。换言之，所谓交流不只是表面上的互动，而必须是在深层文化与高层理念上的相知。所以，利玛窦与早期来华耶稣会士带到中国的，有西方的科学、技术、伦理道德、艺术、文学、宗教等等著作，总体说来包含了西方文化各方面，但他们也清楚认识到其中必须有理论基础。也因此，他们在译介西方经典方面，有系统地译介了亚里士多德。中西文化交流史上第一位被系统引进中国的西方思想家正是亚里士多德；正如随后会讲到，第一位被译介到欧洲的中国哲人是孔子，随后还有其他先秦儒家经典。换言之，就中西首度交流过程中引进欧洲的汉学而言，所谓东学西渐，虽也包含了中国文化各方面，但更核心的当属中国经典的译介，初期也都是由利玛窦和其他耶稣会士为之。为此,他们一方面翻译亚里士多德给中国,另方面也把《四书》《易经》等译介至欧洲。可以说,当时担任中、西互译的接引者,是这些耶稣会士。

一、亚里士多德:首位系统引进中国的西方大哲

西译为中,是西学东渐的一个重要因素。把西方经典翻译为中文,也有中国士人的协助,例如徐光启、李之藻、杨廷筠等,这三位被称为早期天主教在华的三大支柱。此外,也还有许多其他中国士人的参与。至于进行中译、西译、中西互译的主要理由,是前面说过的耶稣会的文化适应政策,以及友谊平等的交流原则。在此原则下有一基本观念:要让中、西方圣贤的思想彼此相遇。这在今天来讲是意义深远的。耶稣会士们想在经典的交流中促成双方圣贤的对谈,这一点可以从艾儒略在《西学凡》这本广泛介绍西方学术概论的书中所说,得到印证。他说,"旅人九万里远来,愿将以前诸论与同志翻以华言。试假十数年之功,当可次第译出……使东海西海群圣之学,一脉融通。"[①]

也就是说,耶稣会这些人冒险九万里远道而来,发愿要把《西学凡》书中先前提到(主要是亚里士多德)的重要经典,用十几年的功夫,翻译为华语,使得东、西方圣贤的学问可以相互融通。这样的想法在今天依然非常有意义。本讲主要是想讨论这"东海、西海群圣之学一脉融通"的意义与评价。在西贤的部分,主要是选择了亚里士多德,这也是早期来华耶稣会士的选择。在西欧中世纪有一种论点,认为亚里士多德是耶稣的先行者。对于耶稣会士们来说,亚里士多德的哲学系统,可以从人学

---

① 艾儒略:《西学凡》,收入李之藻辑:《天学初函》,台北:学生书局,1965,页59。

导往天学。

在我所读过的耶稣会士著作中,在引介亚里士多德生平时,都会选择一些中国士人会感动的故事。例如在介绍亚里士多德时,说他是帝王师,是亚历山大大帝(Alexander the Great,356—323BC)的老师,而且亚历山大大帝曾亲口说:"我为天下主,不足为荣。惟一得亚理斯多①而师之,以是为荣耳。"②借此显示帝王对这位大哲推崇之意。耶稣会士了解到,在中国,像孔子是历代帝王推崇的万世师表,亚里士多德这个故事也可以相呼应。

然而,亚里士多德的成就并不是天生天成的,而是他经由努力达至的。所以,在一篇改写自亚里士多德《论睡眠》(De Somnia)的《睡答》中③,曾介绍亚里士多德睡眠的方式,说亚里士多德睡觉时,手持一颗铜球,下面放一个铜锣;当他睡着时,手一松,铜球掉落到铜锣上,敲出锣响,于是他就醒来了,继续用功。《睡答》在讲完亚里士多德这个故事以后,随即述及苏秦锥刺股的故事。可见,模拟言之,像亚里士多德这样一位大哲,也有像中国"发悬梁,锥刺股"的精神,如此激励自己用功。这一故事树立了亚里士多德勤奋用功的典范。

耶稣会士也将这勤奋用功的亚里士多德,塑造成穷尽人学以探天学的表率。在《名理探》这本书对于亚里士多德《论范畴》(De Categoria)改写的书中,写到中世纪流传有关亚里士多德晚年的一个故事。亚里士多德老年时退休到欧伯亚(Euboea)的查尔西斯(Charcis),在那里,欧伯亚

---

① 即亚里士多德。
② 艾儒略:《西学凡》,收入李之藻辑:《天学初函》,台北:学生书局,1965,页59。
③ 参见毕方济:《睡答》,收入《耶稣会罗马档案馆明清天主教文献》,第六册,台北:利氏学社,2002,页414—415。

海的海潮每天涨、退七次,令亚里士多德总是想不通。他不断思考,不顾疲倦,经年探索,到最后生病了。临终前,亚里士多德向造物者祈祷说:"万物的第一根源,请你悲悯我,告诉我这项真理。"①《名理探》讲这故事所欲传达的意思,是人类单靠自己获取的知识是有限的,为此必须从人学转往天学。天学的主旨是认识创造万物的造物者,它知道宇宙一切奥秘。所以,亚里士多德所祈求的,是由人学转往天学;也就是在这意义之下,亚里士多德被视为人学与天学的中介。如此我们便可了解,为什么亚里士多德会在中世纪被当作耶稣的先行者了。

二、耶稣会士选择亚里士多德的原因

大家或许要问:耶稣会士为什么要选择亚里士多德作为第一位系统引进的西方哲学家?除了前述理由之外,还有三项重要原因。

第一,按照耶稣会的教育文献(*Monumenta paedagogica Societatis Jesu*)记载,其中的教学规程(*Rationem studiorum*)十分强调亚里士多德著作的学习。耶稣会在世界各地办了许多学校,都遵循该会一定的教育方针与教育规程。我在上世纪九十年代曾经拜访从菲律宾碧岳迁回台北辅仁大学的神学院图书馆,内藏耶稣会历年的教育规程;我翻查过1586年度那一本,②其中计有63页提到亚里士多德的名字。可见,亚里

---

① 傅泛际著(Franciscus Furtado)、李之藻译:《名理探》,北京公教大学辅仁社,台北:台湾商务印书馆,1965。同样故事亦见于艾儒略:《性学觕述》,收入《耶稣会罗马档案馆明清天主教文献》,第六册,页371。
② *Monumenta paedagogica Societatis Jesu : quae primam Rationem studiorum anno 1586 editam, praecessere*, ediderunt Caecilius Gomez Rodeles, Marianus Lecina, Fridericus Cervos, Vincentius Agusti, Aloisius Ortiz, e Societate Jesu presbyteri (Matriti: Typis Augustini Avrial, 1901)

士多德在文艺复兴时期因着"经典的再生"而受到重视的一斑。加上耶稣会在学术上承接了亚里士多德与圣托马斯(St. Thomas Aquinas, 1225—1274)一贯相承的传统,为此教学亚里士多德体系比较合乎耶稣会的要求。在文艺复兴时代,欧洲总共有四种亚里士多德全集与评注本出版,其中最体系性的评注,是出自耶稣会在葡萄牙的柯英布拉学院(Coimbra College),由耶稣会学者们根据圣托马斯的思想,对亚里士多德每本著作都做了详细的评注,我读到的该套丛书是在科隆(Koln)出版。耶稣会1586年的教育规程明确规定"对于亚里士多德的教学必须按照以下顺序:逻辑学、自然哲学、道德哲学、形上学"①。

　　实际上,中文本的翻译或改写基本上就是按照这一顺序。例如,亚里士多德的《论范畴》(*Categoria*),中译本作《名理探》,其实是亚里士多德逻辑学的一部分;此外,我记得看过一份法文书目还提到《论诠释》(*De Interpretatione*)的中译本,但我从未见过该书,可能没有刻版付印。进一步,是物理学的著作,如亚里士多德的《论天》(*De Caelo*),中译为《寰有诠》;至于《论灵魂》(*De Anima*),中文本有《灵言蠡勺》,此外《性学觕述》的内容也多属之。对于亚里士多德而言,《论灵魂》是属于自然哲学,因为其中处理了植物的生魂、动物的觉魂、人的灵魂等,而人在自然中属最高。可是,到了托马斯的评注中,《论灵魂》变成了人学的一部分,主要是因为托马斯认为灵魂属人,而其余各魂皆为了预备灵魂的出现并综合

---

① "In logica, et philosophia naturali et morali, et metaphysica doctrinam Aristotelis profiteri oportebit." *Monumenta paedagogica Societatis Jesu: quae primam Rationem studiorum anno 1586 editam, praecessere*, ediderunt Caecilius Gomez Rodeles, Marianus Lecina, Fridericus Cervos, Vincentius Agusti, Aloisius Ortiz, e Societate Jesu presbyteri (Matriti: Typis Augustini Avrial, 1901), p. 461.

于灵魂。这在观点与分类上有了很大的改变,我们后面再讨论。

关于亚里士多德的伦理学著作,尤其是《尼各马可伦理学》(*Ethica Nicomachea*),虽未有全译本或改写本,不过,在明末之时,也有王丰肃(又名高一志)(Alfonso Vagnoni,1566—1640)改写的《修身西学》。至于亚里士多德的《形上学》,或许太难了,要不然就是当时的修士还用不到,所以没有译出。总之,这些中译本大体上是按照耶稣会教育规程所订的顺序来进行的。耶稣会本身有其教育制度,而且总是遵循本会的教育规程来办事。对此,研究者往往没有注意到。

第二,是因为耶稣会士们认为亚里士多德提供了一个从自然、到人、到天主,从理论,到实践,到创作的一套有系统的学问,可以联系理论与实践、个人与群体,人学和天学。亚里士多德哲学在理论上包含了物理学和形上学。他的知识论虽然说到抽象作用有三层:物理的抽象、数学的抽象和形上的抽象,但是他对于数学的论述甚少,主要集中在物理学和形上学。物理学部分,包含了一般自然哲学(自然观、时间、空间、运动等),天文,气象,博物(包含植物与动物),魂论等,主要关心的是运动变化与生命体,连睡眠这样的生理现象都有所讨论。亚里士多德的著作等于是成为整个西方一直到中世纪最主要的自然科学依据。耶稣会士特别凸显其自然与天象的讨论,以这方面的翻译显示他们了解自然,了解天体运行,可以处理中国朝廷在天文、历法方面的问题与需求,然在自己不足的地方,例如历法的修正,则曾推荐伽利略。当时开普勒(Johannes Kepler,1571—1630)也认为只有伽利略可以帮中国修正历法,因而也推荐伽利略。可惜,当时伽利略正忙着应付宗教裁判,内心都烦困不堪,怎么会有心情来华做这件事呢。反倒是开普勒回答了在华耶稣会士们所询问的天文学问题,并对他们多所协助。①

此外,亚里士多德的实践哲学研究做人做事,包含两个方面:行动本身的价值,包含了伦理学与政治学;伦理学处理个人的德行与幸福;政治学先讲家庭经济,再论政权的类型与城邦的幸福。至于创作事物,包含了对技术(techne)的讨论,尤其是修辞学、诗学与戏剧。亚里士多德的第一哲学是形上学,讨论存有者作为存有者(to on e on, being qua being),其主要的结构是"存有者・实体・神学",因为在所有存有者中最核心的是实体,而所有实体中的最高实体、第一实体是神,神是"思想思想其自身"(noesis noeseos),是全面自觉的思想与最高的善。如此一来,亚里士多德用人的理性从大自然一直探讨到神,从人学一直到天学,有其一套自然神学。总之,亚里士多德提供了一把可以打开自然、人与天,乃至文化各部门的钥匙,被视为是最有系统的思想,可以取来和中国交流,补东方思想之不足。这是选择亚里士多德的第二个原因。

第三,耶稣会士需要一套进行教育与文化对谈的经典材料,尤其是提供在修道院中培养修士所需教材,或者提供教友学者们的参考,透过这些经典了解天主教的宇宙观与世界观。例如当时的徐光启、李之藻、杨廷筠,他们都因为读了这些书,因而有一套论理依据来厘清己见或与别教论辩。可见,无论面对中国士人教友及其友人的需要,或培养中国修士的需要,都要有一套参考书籍。对此,亚里士多德的著作是最适合的,也因此成为首译上选。

---

① Pasquale M. D'Elia, S. J., *Galileo in China*, *Relation through the Roman College between Galileo and the Jesuit Scientist-Missionaries* (1610—1640), translated by Rufus Suter and Mathew Sciascia, Cambridge: Harvard University Press, 1960, pp. 17—59.

第二讲 中西互译运动的开端:亚里士多德著作的译介与改写

举例而言,《名理探》这本书其实是对亚里士多德《论范畴》的改写,其中讨论十大范畴,包含实体(substance)与其他九种附性(accidents)。如果以桌子为实体,它的数量、性质、关系、习惯、时间、处所、方向、主动、被动等,这些都属于附性。这是亚里士多德形式逻辑上的基本区分。按照本维尼斯特(Emile Benveniste,1902—1976)的研究指出,这十大范畴根源于希腊语言所使用的名词、动词、形容词、副词等等。在逻辑学上,人的思考与判断,是由主词、谓词、加上系词,形成语句,再进行推论,为此必须先确定其在范畴上是属于实体或附性。所有的附性皆必须依附于实体,只有实体才能够行动。推诸形上学,只有实体才能创造万物,如果连实体都不是,只是附性,如何能创造万物?换言之,讨论实体和附性,有助于当时士人或修生①根据逻辑推论进行区别与论辩。比方说,朱熹的"理"基本上是一种关系,而关系是属于附性;既然只是附性,就不能创造万物。利玛窦对朱熹的批评是:作为关系的"理",作为抽象的"理",是属于"关系范畴",而不是实体,如何能创造万物?所以,理不是造物者。根据这点,教育训练与宗教论辩就有了一定的依据。用于宗教论辩,譬如佛教的"空"或道家的"无",既然都不是实体,如何能创造万物?也因此不是造物主。可见,亚里士多德著作的译介,对于那些与耶稣会友善的中国士人,和耶稣会所要培养的修士,为了让他们有论证上的依据或作为教育训练用的教材,因而编译亚里士多德是有必要的。

---

① 修生:指在修道院修习的学生(英文 seminarians),亦可改译为"修士",但后者也用以表述修会中之修士(brothers)。——作者注

三、明末中译的亚里士多德作品

以上三点说明了为什么耶稣会士选择了亚里士多德作为"西海圣人"代表。那么,亚里士多德有哪些作品被翻译为中文呢?我以前还是大学生时,拜读了方豪先生的《李之藻研究》,他说早在明末时期就有四种亚里士多德著作被翻译成中文,其中逻辑学的《名理探》是亚里士多德的《范畴论》;自然哲学的《论天体》译为《寰有诠》;至于《灵言蠡勺》就是译自亚里士多德的《论灵魂》;最后,《修身西学》则是亚里士多德的伦理学等。当时我还年轻,对此感到非常兴奋,居然这么早就有亚里士多德作品译为中文!

后来,我有机会在加拿大多伦多大学费雪善本书图书馆(Thomas Fisher Rare Book Library),拜读了科英布拉学院版版的《亚里士多德评注》,应该就是当年耶稣会士们携至中国的版本,把它们拿来和中文本一一对照,才发现其实这些中文本并不是翻译,更好该说是适应中国情况的改写本。中文本在很多情况下有所缩简和改写,甚至在文本中举的许多是中国的例子。显然,它们并非亚里士多德原著的中译。单就科英布拉学院版原文来说,都是天主教耶稣会学者详细研究以后所做的诠释,这些书中都附有希腊原文,再用拉丁文评论,态度非常严谨,评注非常详尽。

在中文本方面,《名理探》《寰有诠》《灵言蠡勺》和《修身西学》事实上也没有直说自己是翻译。所以,我开始对方豪先生的说法有点不同意见,认为需要更精准的表达。仔细对照看来,他们确实是改写,而非翻译。比如说《名理探》首五卷目录前有"远西耶稣会士傅泛际译义"、"西湖存园寄叟李之藻达辞"的字样,讲明了傅泛际做的是根据拉丁文本来意译,而李之藻做的则是达辞。同样的,《寰有诠》也是他们两位如此合作的结果。《灵言蠡勺》书前注明由毕方济(Francesco Sambiasi, 1582—1649)口授、徐光启笔录,也是根据科英布拉学院亚里士多德《论灵魂评注》来改写,而且是一本更自由的改写。至于说王丰肃(又名高一志)的《修身西学》,基本上是改写自圣托马斯诠释的亚里士多德《尼各马可伦理学》的一部分,此外王丰肃还有《齐家西学》、《治国西学》等。我读过《齐家西学》,但未见过《治国西学》。王丰肃还有别名,原因是他曾被官府驱逐出境,暂往澳门,然后换个名字,勇敢再度入华,也因此又名高一志。

除了这四本,还必须加上《睡答》,是关于睡眠议题的问与答,是毕方济对亚里士多德《论睡眠》(*De Somnia*)相关内容的改写,其中涉及心理学和生理学的部分,类似的内容也在被称为"西来孔子"的艾儒略的《性学觕述》里讨论。《性学觕述》有一部分是出自艾儒略的撰述,可有一部份也近于翻译,甚至比《灵言蠡勺》更忠实于亚里士多德《论灵魂》。该书封面署名"西极艾思及先生译著",在自序之后则署名"耶稣会士艾儒略"。另外,高一志撰的《空际格致》主要是论天体现象、自然现象,包含对于亚里士多德的《论生与灭》(*De generatione et corruptione*)内容的讨论;《空际格致》第二册也有不少亚里士多德气象学的内容。显然,耶稣会士们极力表现他们对于大自然和天文的知识,可以讨论自然现象与天体运行,也因此有资格帮忙中国把历法修好。

以上是大体有关亚里士多德著作翻译的实际情形,我在下一讲会以《论灵魂》的翻译和改写为例,来看亚里士多德思想在中国的移植、改写与适应的情况,其间有怎样的选择?对早期中国士人天主教徒有何影响?至于其中的文化交流、互动与对谈,我会选中国士人夏大常写的理论著作《性说》为例,来谈当时中国士人如何接受亚里士多德的理论。基本上,夏大常是把灵魂论转成人性论,因为中国哲人关心的是人性论,而西方则是关心灵魂论,其间的转折本身就很有哲学上的意义。

四、近代中国哲学史上不容忽视的大事

按我的看法,此一时期对于西方哲学的系统译介与消化,应该是近代中国哲学史上的一件大事,尤其在今天这个全球化时代,中外交流频繁,重新省思当年中西哲学与文化交流的开端,确是一件意义重大、对中国思想影响深远的大事。但是,中国哲学史家无论是胡适之、冯友兰、陈荣捷等,对待这个时期的中西互译与哲学讨论,却都甚少着墨,或多所误解。一直到今天,对于中西互动的中庸之道,中国知识分子都不知道该怎么走才好。要不然就以抄袭或转述西方思想为乐事,要不然就一味强调自己的文化传统有多好。其实,中西互动的线索早就隐伏在那 400 年前的中西互译与哲学交流之中,值得反省,化隐为显,并从中撷取教训。

然而,迄今的中国哲学史家都还没有尽到责任,在撰写中国哲学史时对这部份历史往往阙如,或者没有公平的对待。其实,无论是对于耶稣会士如何将西方哲学与文化引进中国,以及中国士人如何以中国方式来消化,皆是跨文化哲学与中国哲学史上有关中西互动的重要成果,却往往被说成是只是为了传教,因而被轻轻一笔带过,引起很多误会。或者干脆不讲,以至于我们没有办法持平了解今天的处境,没办法站在前人的肩膀上继续前进。这点敦促我们必须重新检讨当时亚里士多德著作的引进与改写,而中国士人又如何去消化、选择、作出回应。这应该要有一个公平的说法,不需要颂扬,只需公平的对待。

检讨今天的情况,依我的了解,哲学界有些人只专治西方哲学,在脑

第二讲 中西互译运动的开端:亚里士多德著作的译介与改写

筋里面根本没有中国哲学;至于研究中国哲学的学者,往往认为无论如何中哲都比西哲优越等等。这类偏颇的态度没法开展出一个广阔的、未来的中国哲学视野。我们在今天,也可以用"有没有跨文化与哲学眼光"作为准绳之一,去衡量当时的士人有没有这样的眼光,看看明末清初的思想家、哲学家们有没有意识到西学的引进带来了一个新的趋势与文化大潮,甚至涉及现代性的引进。我在前面曾讲过,明末国家控制力松散,但社会力开放,社会创造力兴起。然而,从明末到清初,哲学家究竟有没有觉察新形势的远见?

举例来讲,在我看来,像方以智(1611—1671)结交汤若望、毕方济等人,又将自己的儿子方中通送去师从波兰人穆尼阁(Jan Mikolaj Smogulecki,1610—1656)学习数学,其后方中通著有《数度衍》。方以智自己也研考西学,认为西方人优长于"质测",然而,照他的判断,西学在"通几"方面,也就是所谓形而上的体认,不如中国人。但无论如何,他是向西学开放的,他写的《物理小识》、《东西均》,包含了将中学、西学辩证综合之意。从四百年来的大潮流来看,我推崇方以智的眼光,虽然他对西学的认识仍有所不足。当然,当时传教士引进来的西学也有所不足,可公正评论,取其优长,补其不足。

另一个不同的案例:王夫之是明末清初儒学最重要的大思想家,我个人也非常佩服,他的全书十六巨册,洋洋洒洒。在面对当时由明入清的中华文化危机,王夫之以其危机诠释学重建儒学,真是很了不起。然而,王夫之对于当时西方传教士带来的现代性先声,完全没有觉察,甚至有很多未经研读细思就作的批评。再说明末的刘蕺山。牟宗三说到宋明儒学第三系时,特别肯定刘蕺山的成就。刘蕺山对于王阳明的批评和发挥,我是同意的。譬如王阳明说:"无善无恶心之体;有善有恶意之动。"刘蕺山指出：如果"体"本身是无善无恶的，或者"体"本身基本上是纯善的，那么"意"也应该是善的，怎么会"意之动"就有善有恶之呢？我个人觉得，刘蕺山这点对心学的反省，很了不起。然而，刘蕺山以此纯善发用之意，为何会在儒学的实践上表现得心胸狭窄？他曾上书建议，应该把那些西方传教士砍头，处以极刑。我觉得在这一点上，他一点仁心、仁德都没了，更不要说对陌生人、对外邦人要有外推的慷慨、同情的领会。到最后，明朝覆没，刘蕺山只有自杀以报君王。在我看来，这是文化自我封闭的心态，而且在这种封闭心态中，有一种武断的、对他人的不仁之心，实际上违背了儒家的仁心。

可见，若从对西潮的开放、注意现代性的先声、对人性与历史的觉识来说，我觉得方以智要比王夫之、刘蕺山来得有眼光，心胸远大多了，也比较能尊重外邦人的差异性，见到非我族类的文明中仍有智慧。王夫之虽然博学深思，不但振兴儒学，还写了有关道家（如《庄子通》、《庄子解》）与佛教（如唯识学）方面的著作，都是很好的作品，但其贡献只限于经营本国传统，对于多元的他者与陌生人的思想没有理解，反而排斥，且只有武断论斥，而没有去简别其中带来什么样的正面讯息。至于刘蕺山，他的《人谱》的确有见解，反思也有深度，但仍是局限一隅，没有对他者开放，不尊重外邦人，也不简别西学带来的重要讯息，对新兴的事物不加以体会，更不要说对多元他者的尊重与慷慨外推了。

五、利玛窦等人引进西学的贡献与检讨

以下我要讨论利玛窦等人引进西学的贡献及其检讨。前面所论仅止于他们对亚里士多德的译介，但除了经典互译的一面，还有在整体思想文化上的贡献。以下我分别从三方面来说。第一，是在科学与技术上的贡献;第二,是在道德学、伦理学上的贡献;第三,是在宗教对话方面的贡献。

1. 第一层面:科学与技术

首先,就科学与技术来讲,的确,耶稣会士们并没有带来伽利略以太阳为中心的新宇宙观,不过,这并不影响他们对于整个中国科学、技术的根本精神,并在技术应用上带来新貌。事实上,利玛窦等人所带来的宇宙观,仍然是地球中心的宇宙观。不过,正如我已经指出的,就今天来讲,虽说我们的太阳系是以太阳为中心,但今日的宇宙观已经超越伽利略之外,看到并不只有我们这个太阳系,而且在银河系中不知道还有多少太阳系,有不知道多少发光发热的恒星;而在银河系以外,还有其他无数星系,更何况整体宇宙还不断的在扩张之中。所以,伽利略的太阳中心说已经被相对化了。他所讲的,是"方法"没错,然而还不是"真理"。为了平正衡量,我要略微比较、检讨一下传统中国科学和西方近代科学精神。

正如李约瑟(Joseph Needham,1900—1995)所言,在十五世纪以前,中国在科技上领先于西方。当然我们也可以探讨古埃及、墨西哥或其他地区另有一些神秘的星象学或技术的传说,我在此不做探讨。不过,就整体而言,西方在近代性兴起之后发展出近代科学,而利玛窦他们正处于近代性发展的开端。他们继承了中世纪的宇宙观;他们的信仰也是挂搭于古代与中世纪的宇宙观上。当时他们也不强加分辨信仰与科学,虽说他们明白地讨论理性(哲学)与信仰(神学)的区分,然也致力于两者的调和。我们也知道,天主教教会终究会接受理性的发展。例如,在伽利略案之后,天主教教会也接受了伽利略的太阳中心说。再后来,对于达尔文(Charles Darwin,1809—1882)的进化论,虽然也曾经抵抗了一阵子,但最后仍接受整体宇宙的演进,如耶稣会士德日进(Teillard de

Chardin,1881—1955)的宇宙进化思想所展示。最后说来,科学与信仰总仍可分,信仰应该只管信仰,科学的归于科学。更何况科学昌明之后,人心解除魔咒却堕入意义贫乏的"单面向",心灵反倒更企求值得活、值得奉献的理由。同样的道理也用在科学观的基本改变上。其实,宗教不必去太操心科学对于信仰是赞成或反对,只要专注于人心灵所需的信仰就好。

话虽然如此,生活在由文艺复兴转向现代性兴起的利玛窦及其后的耶稣会士们,他们在华活动的年代,跨越了由人文运动到科学运动,再到启蒙运动这一发展过程。对于中国,他们已经引进了许多与近代科学相符合的概念。简言之,虽然其宇宙观仍属地球中心说,但他们的方法学和科学知识已经进入现代性。在这方面,我们必须比较一下传统中国科学和西方近代科学。

与传统中国科学与技术的比较(一):理性层面

我们可以从三个层面来比较近代西方科学与传统中国科学的异同,看看利玛窦等人带来的科学与技术,到底对传统中国传统科学与技术有什么样的贡献。第一,就理性的层面来讲,近代科学基本上是用逻辑与数学的语言来形构并提出理论,用以解释或预测自然现象。就这点而言,利玛窦和徐光启(1562—1633)所合译的《几何原本》,可以说是一本在理性面进行理论性思考的重要著作。[①] 利玛窦在为《几何原本》所写

[①] 徐光启在《刻几何原本序》中略论利玛窦的学问,归结为三点:"顾惟先生之学,略有三种:大者修身事天;小者格物穷理;物理之一端,别为象数。——皆精实典要,洞无可疑。"

第二讲　中西互译运动的开端：亚里士多德著作的译介与改写

的序言《译几何原本引》中表示，几何之所以能用来量距离、定历法、造仪器、土木营建、制造机巧、审物画像、制作地图等等，为从政者、农人、医者、商贾、兵家等等所用，主要是在于它首先是作为一切知识的演绎逻辑。他说："题论之首先标界说，次设公论，题论所据；次乃具题，题有本解，有作法，有推论，先之所征，必后之所恃。""以前题为据，层层印证，重重开发，则义如列眉。"①这一想法深刻地针砭了中国科学的实用倾向。中国人的数学十分发达，但都是用来丈量土地、计算银两、计算天象、订定律吕等等。相反的，利玛窦指出科学不只是实用，反而一切实用皆应该有其理论依据，在根本上归诸逻辑—数学的演绎推理体系。

利玛窦所译《几何原本》，是他的老师丁先生集解并增订的欧基里德（Euclid, 323—283 BC）几何书。② 利玛窦在序言中讲的很清楚：科学应是一个演绎推理的体系。基本上，几何学的理性依据是来自三段论证的演绎推理，从已知推未知，是一套数学—逻辑的语言结构，虽然尚未论及今日所谓符号逻辑或代数演算。利玛窦清楚讲出，科学应是数学和逻辑的推理体系，而不是经验的记载与归纳，也不能仅关注实用的旨趣。

比较起来，传统中国科学虽然也有理论，但这些理论主要是由默观玄想而得，或由哲思想像而得，或观察事物、观天测地与长久经验累积后而得的洞察。简言之，是来自直观或经验概括的论点。但这样的论点并不是西方近代科学意义下的理论，因为它并不是用逻辑—数学语言论述出来的。中国语言不注意显化语法中所隐含的逻辑结构，一直要到

---

① 朱维铮主编：《利玛窦中文著译集》，香港：香港城市大学，2011，页347。
② 利玛窦老师原名克拉维乌斯（Clavius），由于拉丁文意为"钉子"，所以利玛窦雅称为"丁先生"。欧几里得的《几何学》计十三卷，经丁先生增补两卷，共十五卷。

1898年,才有了一本以马建忠挂名,实为马建忠与乃兄马相伯合著的《马氏文通》出版,这是第一本参照拉丁语法和中国传统小学勾勒中文文法的专书。前此,中国文人并未重视中文的语法结构,进而抉发出其中的逻辑。须知,希腊的逻辑学是根据希腊的语言,从其中显豁出自身的理性结构,并发展出逻辑推理的方法。相比之下,中国士人很少反省自己语言中的文法与理性结构,也因此未能发展出中文的逻辑推理法则。即使先秦有名家的论辩,但他们重点是放在语意,关心名实问题,以及社会与世界的秩序,而不留意于语法。比较起来,西方逻辑推理和其语法与思想的动态结构有密切关系。

利玛窦指出,几何作为逻辑推理的理论科学,比只讲求实用更具基础性,这点对于中国科学的发展来讲,应具有很重要的意义。只不过当时中国大多数的学者并没有体会及此。当然,也有少数人了解,例如,《四库全书总目·子部·天文算法类题要》关于《几何原本》说:"其书每卷有界说,有公论,有设题。界说者,先取所用名目解说之。公论者,举其不可疑之理。设题则据所欲言之理,次第设之,先其易者,次其难者,由浅而深,由简而繁,推之至于无以复加而后已……以是弁冕西术。不为过矣。"[1]可知该提要的撰述者对于《几何原本》的论述逻辑,的确有所了解,然只将之定位于算法,而未及于整体科学精神;而且只视之为西学特征,并未指出与中国思想有何干系。也因此,这一将科学视为演绎推理体系的想法,对当时学术界、思想界的冲击也不大。

然仅就算学而言,利玛窦与徐光启合译的《几何原本》确实对中国学界贡献良多,为此当利玛窦死后,与他生前相善的大臣们上书皇帝,为他

---

[1] 徐宗泽编:《明清耶稣会士译著题要》,北京:中华书局,1989,卷六,页257。

争取一块墓地。明神宗破例准奏,亲赐葬地和安葬费,赐葬于北京西郊,现在位于北京市市委党校校园内。当时相国叶向高曾说,"姑无论其它事,即译《几何原本》一书,便宜赐葬地矣。"[①]由此可见,当时知识分子确实对《几何原本》非常受用。据当代中国数学史家的研究,利玛窦引进的既有欧几里得几何学,而且也有非欧几何学。也难怪哈佛大学教授、世界名数学家丘成桐说,利玛窦来华最初落脚的肇庆,是中国现代数学的起源地。可惜,当时中国人学习利玛窦所引进的几何学,看的是实用的角度,而没看到理论的结构,这点非常可惜。话虽如此,这层意义已经存在了,这一以科学为演绎推理体系的基本概念已经进入中华,只是尚未为中国士人广泛注意,没能促成中国科学思想结构的改变。

与传统中国科学与技术的比较(二):经验层面

第二点,除了我刚才讲的理性面,科学还有其经验面。就经验面言,近代科学是用严谨的归纳法和系统的实验来收集经验数据。传统的中国科学虽然有仰观俯察,也有做实验,例如炼丹术这类素朴化学(proto chemical)的实验,但是并没有用系统的方式、严谨的归纳法来进行。利玛窦这些人引进的归纳法和实验精神,对于中国科学的发展甚有意义。他们引进了许多先进的仪器和技术,例如星盘、望远镜、日晷、三棱镜、天球仪、地球仪、钟表、砂漏、地图等等,其中多有助于提升观察的准确性。就以钟表言,在计时上有其精准性。

方豪在《中国天主教史人物传》第一册《利玛窦传》中提及,马相伯年

[①] 艾儒略:《大西利先生行迹》,钟鸣旦、杜鼎克编:《明清天主教文献》,第十二册,台北:利氏学社,2002,页221—222。

幼时曾见,上海钟表业者奉利玛窦为祖师,有利公塑像,每月朔望受钟表业者膜拜。此外,读《徐霞客游记》,其中有用到亲身考察与归纳法来处理自然现象、农业方法等,应该也是受到耶稣会士们引进的科学方法的影响。后来清朝的乾嘉学派,也用西学方法来研究声韵、文字、训诂、考据等。胡适之先生曾指出,乾嘉学派在科学方面受到西学的影响,在经验材料方面较有系统的运用实验和归纳,也因此在文字、音韵、训诂、考据等等方面有严格的科学发现与成果。

我提及这些,只是为了表明,在系统的经验收集方面,中国士人本来就有自己的方法与传统,再加上耶稣会士们引进的西学方法更为系统,所以能旧学翻新。这完全不像理论方面,碍于四千多年来的学风,缺乏逻辑数学语言的理论论述;数学的语言仅在实用上卓越,用于描述和整理经验资料。当然,西方数学与方法学虽由于中华科学传统制约,暂无助于中国在理论上的突破,但它们在经验的系统描述、分类与归纳上,还是成果斐然。在数学的实用上,中国历代数学本就发达,可与西方对比而不失色,比方勾股弦定理、九章算数等等,都有很高的成就,但都是重实用而轻理论,把数学用来整理经验而不用来建构理论,这是最大的区别。西方的逻辑和语言结构,是用来表述、论述理论;但是中国的数学则是用来描述经验,例如有多少钱、多少地、多大方圆、多少银两……从描述经验的角度来使用数学。单就经验面而言,利玛窦等人引进的技术和方法促进了中国科学在经验层面的精确性和系统性,这是毫无疑问的。

与传统中国科学与技术的比较(三):科学哲学与知识论

第三,近代科学还有一重要精神,就是重视经验与理论之间的相符与对应关系,而这是近代科学哲学思考的重点所在。自笛卡尔和洛克开始,无论理性主义或经验主义,都留意经验与理论两者的关系。理性主义比较重视理性、理论、数学这一边;经验主义则更重视经验、资料、实验这那一边;但两者都重视理论与经验关系的反省。这是科学哲学和知识论的任务,也是西方近代科学发展非常重要的因素。总之,知识论与哲学的思索对于促进科学的进展有密切的关系。

就这点来讲,到了 20 世纪的科学哲学,逻辑实证论(logical positivism)认为经验可以用来检证或支持理论为真(verification);而波普尔(Karl Popper, 1902—1994)则认为经验只能用来否证理论为伪(falsification)而不能检证为真;或者,像拉特利尔(Jean Ladrière, 1921—2007)用比喻说的,经验有若理论海上的灯塔一般,一闪一烁让研究者的理论通过或不通过;在学术大海里,某些理论可以通过,某些理论不可以通过,端视实际经验的呈现与否。如此说来,也许整体学术活动,无论知识与科学,都是理论在漆黑海上的航行,经验宛如灯塔般一闪一烁,指示你能否通过。这种想法,带给人类科学知识更深层的意义。但是,这些都需要哲学的检讨与反省,使我们在科学上继续航行推进。

就此而言,中国哲学一直缺乏科学哲学这一块。至于利玛窦他们,在引进西学的时候,笛卡尔和洛克等人都还没出现,他们都出生在利玛窦来华之后。在十六世纪末、十七世纪初,经验主义和理性主义的著作都还没有大行其道,彼时欧洲正从人文运动文艺复兴转向科学运动。所以他们那时只能引进亚里士多德和托马斯的抽象理论、本质理论和语言哲学,这些虽也是一种知识论的反省,但不足以检讨科学理论与经验资料的关系。

所以,关于第三点,就运用科学哲学与知识论来促进科学进步而言,尤其在检核经验与理论之间的关系上,利玛窦他们引进的西学,在这方面的贡献不大。虽说单就亚里士多德与托马斯的抽象论、对逻辑的思考、理论与实在的关系等,尽管多多少少都有涉及,但毕竟这不是他们发展的重点。就此而言,仍然有所缺陷。

不过,整体而言,就科学与技术层面而言,传教士特别在数学、天文、地理、历法、仪器与火炮等方面献最大。后来传教士也持续发展之,并且结合中国学问与哲学。例如,白晋(Joachim Bouvet,1656—1730)于1690年与张诚(Jean-François Gerbillon,1654—1707)系统地向康熙讲授几何学和算术。康熙皇帝喜欢数学,也喜欢和白晋讨论《易经》,所以在康熙王朝产生了《易经》热,加上白晋将《易经》翻译、介绍到欧洲,不但对中国有影响,而且对西方也有影响。我在下面讲到中国经典译述入西方之时,再顺便来讨论。

总之,就科学的理性面言,数学语言与理论思维,虽然在此时仍隐伏未发,但已经埋下了它重要性的种子。至于科学的经验面,有管控、有系统的经验收集与归纳,早期在华耶稣会士在这方面对中国科学有明显的影响。但就科学哲学的思考,如何从哲学批判与知识论的反省,来促进科学的进步,就这点来说,利玛窦等人虽略有言及,但并不是他们的贡献重点所在,可以说对中国科学影响微乎其微。

2. 第二层面:道德和伦理学

前面讲完科学与技术面,现在讨论第二层面,是关于道德和伦理学。其实这和人性论颇有关系,不过由于我随后会专门讨论西方的灵魂论与中国的人性论的互动,所以我在此暂不论之,只专谈道德学和伦理学。就此而言,像利玛窦这样的传教士,在进入中国之后,由于他们都是学养极佳、品德高超的人,而中国人的道德意识一向敏锐,也因此他们的道德修养定会受到中国士人的佩服。即使反对他们的人,也不会否定他们的道德。中国人本是道德的民族,对于有德之人,即使立场不同有所争执,内心多少还是会暗自佩服对方的人品。

关于伦理学论述,在利玛窦的著作里,如《交友论》、《畸人十篇》、《二十五言》、《天主实义》等,以及庞迪我(Didace de Pantoja,1571—1618)的《七克》,谈的都是如何克服欲望以陶成德行。因为明末当时的社会力释放,挟泥沙俱下,虽然一方面社会文化创造力丰富,另方面则有如孟子所说"人欲横流",个人道德与社会伦理不易维系。庞迪我撰《七克》,论述如何克服七种欲望以陶成德行,也就是说,人要克服骄傲、悭吝、迷色、嫉妒、愤怒、贪饕、懒惰等七种欲望,至于德行则是在于克服这些欲望,转成谦卑、慷慨、贞洁、欣赏、忍耐、知足、勤劳等美德。这样子的想法比较接近后来的德国哲学家康德(I. Kant,1724—1804),后者同样也主张克服欲望,服从良心中的道德法则或义务,并以此为德行。对于这种以克制欲望为德行的想法,我称之为"压抑性的德行观"。

基本上,利玛窦、庞迪我以及其他明末清初的耶稣会士,大抵都是持压抑性的德行观。他们比康德要早一个多世纪,因为康德哲学是要到十八世纪末叶才提出其道德哲学,基本上也是主张压抑性的德行观。我用"压抑性的德行观"来对比于孔、孟或亚里士多德的"创造性的德行观",后者认为"德行"是在于自身本有能力的卓越化。人本有一些善根或向善的良好能力,如有恻隐之心,有不忍人之心,将之发展,使之卓越化,便成为"仁"德;有认知能力,将之发展,使之卓越化,便成为"智"德。同理,仁、义、礼、智皆可成德。亚里士多德也是如此,对他来说,德行就是卓越;智慧、勇敢、节制、和正义,都是人本有良好能力的卓越化。

不过,比较起来,先秦儒家的德行观也有不同于亚里士多德之处。先秦儒家除了讲本有良好能力的卓越化,还讲关系的和谐化,更视之为德行。人致力于与父母关系和谐，是为孝；弟致力于与兄关系和谐，是为悌；此外，恭、宽、信、敏、惠等等，这些德行也都是关系性的德行，是在各种关系中取得和谐。也因此，对于儒家言，关系的和谐化更是一种德行。总之，在先秦儒家里面，德行包含了能力的卓越化和关系的和谐化，两者都是创造性的、动态性的，并不主张压抑欲望，亦非以压抑欲望就可以达至德行。

利玛窦这些人虽然向往先秦儒家，但他们之所以向往，是因为其中有对天的敬仰，至于他们对于先秦儒家创造性的德行观，并没有深切的体会，反而是从压抑的德行观来理解"克己复礼"之意。这也和他们对于人类学和人性论的看法有关系。照他们看来，人有灵魂，有肉体，是灵、肉二元的对立关系。肉体是欲望的来源、是罪恶的渊薮；灵魂则是善的，心中向往天主。然而，人要亲近天主，就必须克制肉体欲望，陶成美德。这是一种二元论的人性论。他们认为：此世只是暂时的过旅，真正的人生目的是在天堂。为此，必须否定此世的欲望，陶成德行，致力于永恒的生命。这样的伦理生活有二元论的意味，也是一种窒欲主义，要人努力克制欲望，才可陶练品德。

利玛窦这些人来华，着儒服，行儒礼，说儒言，为什么人们就会那么尊敬他们？理由不在于表面肤浅之处。这不但与他们的品德高超有关，另一方面也与当时的中国伦理思潮有关。其实，这种二元论的伦理思想和压抑性的德行观，基本上和朱熹的"去人欲，存天理"十分接近；与佛家主张要"去三毒"（贪、嗔、痴），恢复三善根，也颇类似。再者，与道教清心寡欲、恬淡无私的想法也是颇接近的。即使利玛窦等人与宋明儒学、佛教、道教彼此有批评、相争论，但中国各教，只要是有德之人，心中总会暗自相互景仰。孔子早说过"德不孤，必有邻"。基本上，传教士们的道德伦理思想能在中国土地上受到欢迎与散布,那些有德的中国人,即使反对他们,心中仍会赞成他们的道德修养和伦理思想;至于猛烈批评者,也多是批评其神学与形上学。可见,他们的伦理思想之所以能够在中国受到欢迎,很大的原因是因为宋明儒学、佛教、道教等已经在中国文化的土壤里为他们预备了友善的环境。这点是不能否认的。所以,我同意法国汉学家谢和耐(Jacques Gernet)的说法:"利氏把佛教及和尚们当做主要敌人,但其实当时的道德与利氏的教导最为相合者,正是来自佛教。"①谢和耐只提到佛教,其时当时的儒家与道家也都与利玛窦一致,持压抑性的德行观。

换言之,以上这些宗教在挽救世风上,其道德论述颇为类似,这恐怕也是时局使然吧!在西方文艺复兴时期,由于从中世纪的禁锢中获得解放,也是人欲横流。这从当时绘画、文学、民风中的寻欢纵欲可以见之。在明末的中国,也是这样。虽然说由于明末社会解放、人欲横流,各教只能从道德上要求节欲以成德,透过压抑欲望来约束人心。到了清初,社会逐渐被新的政权纳入控制,也要求克己复礼,节制欲望,以便政权容易控制民间活力。道德的约束与政治的控制,虽属两种不同的控制,但是其目的都是在控制欲望,其结果就是禁欲性、压抑性的德行观影响力远超过创造性的德行观。这样一来,也失去了原始儒家的创造性,与先秦儒家以追求能力的卓越化与关系的和谐化为德行,有所不同。

3. 第三层面:宗教互动

最后,第三层次是关于宗教的互动与交流。耶稣会引进的是源远流长的基督宗教,当时主要是天主教。一般而言,基督宗教与其前身,也就

---

① Gernet, J., *Chine et christianisme*, *Action et réaction*, Paris: Gallimard, 1982, p. 94.

是《旧约》里的犹太传统,合称犹太—基督传统(Judeo—Christian tradition),是了解西方文化的根本精神所在。这一宗教传统含藏着丰富的精神资源,可资了解西方文化的深层。就西方文化而言,无论你赞成或反对基督宗教,你都必须先要了解基督宗教。这是西方文化的基本构成要素。即使到了19世纪,尼采(Friedrich W. Nietzsche,1844—1900)反对基督宗教,反对教士,反对基督教道德,然而,他也是先生活其中,才能出乎其外。尼采以他的批判方式深刻的了解基督宗教,他之所以能反、会反,也是与他对基督宗教的了解有关。总之,无论是你要赞成或要反对、要批判基督宗教,你都必须先了解基督宗教。

所以,基督宗教的引进中国,其实是在深层的地步给予中国人一个认识西方文化的机会。然而,在明末清初传教士引进中国的西学当中,恰好是宗教这部分遭到中国士人的抵抗最多。除了一些有领悟的知识分子,像徐光启、杨廷筠(1562—1627)、李之藻(1571—1630)等能有所体会,能够了解以外,其他佛教、道教、甚至儒家的知识分子多数反对,也因此产生了冲突、出现教案,乃至最后产生了礼仪之争,导致天主教士被驱逐出境。所以,在中西互动、对谈的过程当中,中西文化的冲突是来自最深层意义核心的宗教信仰部份,这是跨文化相互了解最为缓慢,也是最为困难的部份。我现在讲到的是此时中西文化双方交谈的根本困境,也是相互误解、批评,乃至冲突的来源。

这一宗教冲突的根本原因,是因为利玛窦等人引进的是一崇拜上帝或天主的基督教会。天主教诚然是一外国教,但并这不是根本问题;佛教也曾经被中国人视为外国教、夷教或淫祀,但终究被中国人接受并发展之,成为堂堂的中国三教之一。其实,根本原因和基督宗教在华进行外推的困境有观。

第二讲 中西互译运动的开端：亚里士多德著作的译介与改写

首先，在语言的外推上，很难把这一神论的信仰用适当的中文语词表达。例如，对于这三位一体的神，在语词方面到底是使用哪个语词好？用《诗经》、《尚书》中使用的"上帝"？或其后耶稣会士订定的"天主"？从其最初的文献可以看到，耶稣会内部也开会讨论，做过论辩。在日本，也曾用"天道"、"天尊"、"天主"等语词，但方济·沙勿略（Francis Xavier，1506—1552）最后仍决定使用音译原则，译为"陡斯"，这是拉丁文 Deus 一词的音译。在中国，由于罗明坚、利玛窦等人对中国经典的熟悉，也深知在中国"文采不彰，其行不远"，所以，他们虽也用过"陡斯"一词，但他们也深知，该词于音虽勉强类似，但于义则并不雅驯。若用中国经典中的"天"或"上帝"，则会导致与多神论纠缠的问题，因为中国的"天"或"上帝"都仍与四方、山川、河流诸神同在且密切相关，是多神论的脉络。此外，他们也担心如此采用"天"与"上帝"，好像是说中国人不经启示便早已认识了宇宙的创造者，但却又主张多神论。基于谨慎，耶稣会士曾经多次论辩，也开过几次会议，最后在 1628 年的嘉定会议中，决定禁用"天"与"上帝"等词，而承认利玛窦采用的"天主"一词，虽然这一词仍有不少问题，他们也清楚认知到。

以"天主"一词为例，当时耶稣会士们对佛教了解不够，不知道佛教也有神名"天主"。天主教自己虽可自立名相，但在佛教里另有天主，源自印度教，虽是一天之主，但也只是佛的侍从或徒弟，换言之，只是一个比佛低的神。如此一来，在与佛教互动中便会矮了一截。

在哲学上，对于"天主"存在的证明，当时利玛窦是运用圣托马斯的五路证明（Five Ways，拉丁文 Quinque viæ），加上一些他认为较切近中国心灵的论证。五路证明的前三个，基本上都属于因果论证；第四个是等级论证，说的是所有美善都有等级，从美善，到更美善，到最美善，那也就是天主。最后,第五路是目的论证或设计者论证:看到宇宙万物如此有次序,应该是出自一伟大的设计者,按照目的来设计的。这五路证明,对于中国人来讲,太过抽象。中国人按照宋明理学所认为,人可以从内心"对越在天",来感应于终极实在,①也就是从道德体验出发,超越到对于天的感应。对此,利玛窦也有所觉察,所以他在《天主实义》中,在提出五路证明之前,先讨论了道德论证。可惜,这点到了后来,没有再获得发挥,等于是略而未详,没能详加论证,或深入发展,来与中国哲学由内在而超越的思路相互交谈。

如此引进的天主或上帝,可以说是逻辑推理或因果推理出来的理性的神,加上利玛窦又引进几何,这样的天主,好像一位大几何神,就如同一幅中世纪的圣像画(Icon)所示(如左图),上帝的手旋转着一个大圆规,规划、设计出整个世界来。其实,在同一时期的伽利略的想法也类似于此,认为"自然是用数学写的,懂数学的才能读它。"利玛窦如此引进的上帝观,就如同以上帝是一个最伟大的几何心灵,他创造世界的方式,宛如运用一大圆规,用几何来创造世界。

---

① 原出于《诗·周颂·清庙》:"济济多士,秉文之德;对越在天,骏奔走在庙。"然而,在本文中指的是由内在的道德而超越至天之意。

第二讲　中西互译运动的开端：亚里士多德著作的译介与改写

相似于此，我曾拜访过法国南部艾尔比的圣赛西利大教堂（Cathédrale Sainte — Cécile d'Albi），该大教堂始建于十三世纪，其壁上有甚多巨幅绘画，其中有一区块画着方形、圆形等这些基本几何图形，似乎是在表达上帝的思维是以普遍的几何图形、原初的三角形、圆形、圆锥形等来思考的。类似的想法也出现在二十世纪画家如马蒂斯（Henri Matisse，1869—1954）与一些抽象画家，认为事物是由更基本的三角形、圆形、圆锥形等构成的。其实，这类想法只是更早的同一条思路，认为几何图形是世物最基本的形状，其余形状都是由之构成；所有的色彩都化约为几个基本颜色，其他都是其彼此的组合而已。可见，这种想法有更早的根源，并不是伽利略以后才有。不过，无论如何，把上帝想象成一位理性的大规划者，或由因果关系推论出来的，这点并不能感动中国人的心。

此外，利玛窦追随圣托马斯，视上帝为最高实体，是第一实体，是纯粹的精神，这对于中国人的吸引力不大；虽然这对西方学术而言，有其重要意义。这一从亚里士多德的实体形上学发展出来的上帝观，曾在中世纪赋予了宇宙秩序以一理性的最后基础。这暗示近代科学发展的根本精神来自中世纪的根源，因为宇宙之所以可以让人不断探讨而认识其法则，对整个宇宙给出一个彻底的解释，除了宇宙中含藏理性结构之外，应该还有一个最终根源，其本身就是理性的。但是，这样的想法对于当时中国士人的心态，与中国人由内心的道德感动出发，由内在而超越，并不相应。另一方面，上帝是实体，是第一实体，如同利玛窦他们所论证的，是因为只有实体才能够创造万物，这种实体观使早期来华耶稣会士们无法深入了解儒、释、道不执着于实体的思想与信仰，以至实体的上帝观与中华传统哲学格格不入，甚至冲突。

所以，在今天看来，亚里士多德的实体观，是当时中西文化交流的一个关键性的阻碍。因为亚里士多德的实体观，影响了古希腊和中世纪的科学思想，一直到近代的牛顿物理学，甚至牛顿物理学之后，十八、十九世纪的科学思想都还受到亚里士多德实体观的影响。可以说，西方人一直到十九世纪的文化传统就是接受亚里士多德的实体观而形成的，虽然说在二十世纪也出现了类似怀特海（Alfred N. Whitehead，1861—1947）的非实体的形而上学。

然而，中国人却一直采取非实体，或者不执泥于实体的形上学。对于亚里士多德而言，终极真实是"思想思想其自身"（noesis noeseos）的纯粹实体，也就是全面自觉的思想实体。但对于中国人而言，朱熹的"理"是非实体的；老子的"道"也不是有位格的实体；佛家的"空"或"一心"也不是实体；儒家的"天"也是非实体的，或许会思、会想、会体察民意、同情老百姓的痛苦，但并不代表它一定是个有位格的实体神。以上都是非位格的终极真实，中国人在设想终极真实的时候往往不愿将它定位为实体。

海德格尔（Martin Heidegger，1889—1976）曾说：西方的形上学是"存有·神·学"（onto-theo-logy）。简言之，因为所有存有者的基础都在于"存有"，这是存有学的主题；而所有存有都是来自第一存有者，也就是神；形上学是对此两者加以言说，因而奠立为"学"之地位。这就是形上学的"存有·神·学"构成之大意。在我看来，亚里士多德的哲学还可以再加一点，他的形上学是"存有·实体·神·学"。亚里士多德在《形而上学·第四书》中提出"存有者"（to on）这概念，进而解释存有者有多重涵义，并进一步指出这多重意义的核心在于"实体"（ousia）。如此一来，就把对存有者的讨论转到实体，并在第五书以后的各书中讨论。他进一步论证,在实体之中有第一实体,也就是最高实体,于是他在第十二书中讨论"思想思想其自身"(noesis noeseos),也就是神。所以亚里士多德的形上学其实是由"存有·实体·神·学"构成的,而不只是海德格尔所说的"存有·神·学"。大体上,我们可以说,托马斯的形上学、耶稣会科英布拉评注家们的形上学乃至利玛窦及其同伴们的形上学,都是某种"存有·实体·神·学"。

"实体"与"无"

在这种"存有·实体·神·学"的思想架构下,利玛窦及其他耶稣会士很难体会道家或佛教所讲的"无"或"空"的概念。首先比较"实体"与道家的"无"。简单说起来,第一,在《老子》形上学、存有论里面,"无"与"有"是"道"开显的两个环节。按照我的阅读,"道"先开显为奥妙无尽的可能性,称之为"无";在所有可能性里面只有一小部份实现为"有"。所以,奥妙无穷的可能性优先于有物。在形而上学上面,无限奥妙的可能性不能以实体视之。可惜,利玛窦等人没有了解到这一点。

第二,"无"也代表内心的自由,如老子曰"故常无,欲以观其妙","有之以为利,无之以为用",其中的"无",意为内心的自由,不被"有"所限制。对照起来,"有"是实现,是充实,是实在。故曰"故常有,欲以观其徼",常有之、实现之,才可以看出实现的痕迹与限制。但唯有透过"常无,以观其妙",才能看到奥妙的可能性,内心才会自由。这两者是互动的,并不是说重无轻有,它只说人一生中常要做"有"的行动,以感到生命的充实和界限;但在其中也常要观想"无"的可能性,使内心得到自由。可见,"无"有关于奥妙的可能性和内心的自由,然而利玛窦及其他耶稣会士在实体形上学的架构下看不见这一点,只看到最低的形器层面。

在第三层面,也就是形器层面的有与无,在或不在,呈现或不呈现。就此而言,利玛窦等人要问:不呈现、不在、非实体的东西怎能成为万物的原因呢?由于这层认定与诠释,在中西交谈的时候,就发生了困难。其实,基督宗教这一方也可以反思,所谓上帝"无中生有"(creatio ex nihilo),到底那"无"是什么意思?是在"空无一物"的"无"中创造?还是在奥妙的可能性中创造。这也是值得在形而上学层面上再加以反省的。

"实体"与"空"

其次,有关佛家的"空"。在佛教里面,"空"一词虽然有很多意义,基本上也可归结为三层意思。第一层意思,是形上层面的"空",意指"缘起性空",所有万物的存在都不是由于以自己为原因,使自己存在的;每一物的存在都是因为相互依赖的因果,"有此所以有彼,有彼所以有此",是一种依他起的、依赖缘起、相互依存的,所以各物皆没有自性,称之为"空"。换言之,每一物都没有自己的实体,没有实在性。对比起来,在亚里士多德来说,"实体"就是自立体,自立体就是其他附性所依赖的底基。附性虽变化,但实体依旧在。但就缘起性空而言,没有一样东西可作为底基,无物能依赖自己而存在,这一点与亚里士多德不同。再者,物之所以没有实在性,主要都是由于与其他物互为因果,相互依赖,因而兴灭,所以在此不讲直线的因果关系;不像西方哲学从亚里士多德到近代哲学所讲的"在时间里前件对后件的决定",而是讲互为因果、相互依赖的关系。所以"缘起性空"并不是说"空无一物",缘起性空讲"缘起"而不讲"实体";讲相互依赖而不讲直线因果。

"空"的第二层,是心理层面、精神层面的意义,也就是"不执着"的意思。如《金刚经》所言"应无所住,而生其心",也就是说心不应有所执着,

第二讲 中西互译运动的开端：亚里士多德著作的译介与改写

不执着于喜怒哀乐这些心理现象，执之作"我"，也不执着于一个先验的"我"。没有我执，没有法执，毫无所执。即使有所成就，也不执着于自己的成就，例如，不执着于自己是一个大思想家，或自己的文化有多优越，甚至连"空"这一概念都不应执着。连"空"都要"空"掉，因为你一旦执着于"空"，那就是"顽空"了。由于不执着，所以给出了彻底的精神自由，这一精神自由要比道家的"无"还要彻底，因为它连"空"都不执着。体会这一精神的自由对于了解佛教非常重要。"缘起性空"和无执的自由都是"空"的要旨，但是利玛窦他们并未体会及此，以至没法与佛教深入交谈。

"空"的第三个意义，是语言层面上的"空"，是说人所使用的所有语言，包括"身体"、"桌子"、"杯子"等等话语，都是人建构的，在实在的世界中没有真正的对应物。就语言哲学而言，是说所有的语言都没有固定的指涉（reference），都只是人的"语言的建构"（linguistic construction），就连身体也是出自人的语言建构，名不当实，实不当名。

其实，对我来说，人的身体的出现，要更早于语言的建构。可以说，人打有身体开始，就有一指向意义的动力，并且逐步形成各种表象来表达意义，直到能用说的和写的语言来表达。总之，对我来说，身体的意义动力先于语言的建构。我这一看法不同于佛教，也不同于当时耶稣会的语言观。由于与主题无关，在此我不多赘。

大体说来，在语言层面，佛教的"空"义也是充满了语言哲学上深刻的意思。当时耶稣会的语言，则是出自亚里士多德实在论的抽象说，认为人的主动理智先光照事物而抽象出其"形式"，再交由被动理智形成"概念"，再由说、写表达成为"语言"。这样的语言观不同于佛教"空"义的语言观。不过，这并不是耶稣会与佛教论辩的焦点。也因此，我就点到为止。

总之,当时的耶稣会士们并没有了解到佛教"空"的真义与深意,而佛教也未能体验到耶稣会士对于天主的深刻的宗教经验。换言之,他们论辩概念者多,交换经验者少。于是,无论交谈或批评就不易深入,反而招致更多彼此的批评和反对,于是彼此往往捉住对方肤浅、表面的东西来相互批评,造成更多的误会。

换言之,西方的"第一实体"和道家的"无"和佛教的"空",都是在宗教层面对于终极真实及在各自的信仰中最为关键的概念。在宗教交谈之时,天主的实体性与佛教之空和道家之无,无法达成相互了解。其实,对天主教来讲,天主也有"隐藏的上帝"(Hidden God)的一面,因为人懂得的上帝并不就是上帝本身,举凡人所有的言说、论述,无论科学、神学、哲学想要去论述它,也都不能够穷尽,正如罗明坚在《天主事情章》之二中特别说明的,"凡物之有形声者,吾得以形声而名言之。若天主尊大,无形无声,无始无终,非人物之可比,诚难以尽言也。"又说,"天主诚非言语之所能尽,吾直解其略耳"①。换言之,隐藏的上帝,上帝本身在人的建构之外无限后退,这一层意思其实与"空"和"无"所要表达之意,可以相互沟通。此外,三位一体的神学表明了天主既是实体,又是关系,而且是爱的关系。天主既是自由的,又是有关系的。这与中国哲学对于"自由"与"关系"的重视也可相互交谈。可惜这些议题当时并没有引发交谈,反而由于相互误会,产生严厉的相互批评,没法达到相互的丰富。如果能在本体层面进行外推,透过自己对终极真实的体会,接下来也许能够进入对方的思想。

---

① 罗明坚:《天主真教实录》,收入吴相湘主编:《天主教东传文献续编》,第二册,台北,学生书局,1966,页769—700。

第二讲 中西互译运动的开端:亚里士多德著作的译介与改写

也就是说,当时耶稣会如果多谈一些自己对终极真实的体验,少谈那些抽象的天主存在证明;不但引进亚里士多德和托马斯的理性论,也引进拉丁教父、希腊教父,或像艾克哈特大师(Meister Eckhart,1260—1328)等人的密契论,一定可以获得同样关心终极真实的儒释道各教的共鸣。换言之,如果当时耶稣会士,除了引进西方科学与理性论以济补中华文化的不足之外,而且更能与中国士人分享他们对终极真实的体验与感怀,他们对隐藏的天主的体会、宗教奥秘的体会,还有基督宗教所讲的自由与关系的想法等等,进一步邀请彼此来相互体会,再发为相互可懂、设身处地为对方着想的言论,或许天主教能和道家、佛家有更为深入的交流。

总之,在明末首先译介并引进亚里士多德,有好也有坏。好的是,在逻辑与科学方面有很大的贡献;不好的是,无法碰触到中国士人的心底。我有时会想,如果当时引进的是希腊教父或拉丁教父,他们的文采好,关心人内心的体验,而且心怀对奥妙的惊异,有密契论的深度,或许更能亲近中国的思想家。或许,当时应该在这方面多从事翻译工作。可惜当时耶稣会为了表现他们的思想体系与教育体系的科学性、逻辑性与理性,而这已经触及文艺复兴时期的近代性精神,因而作出了理性的选择,以致在内心体验、心怀奥妙与密契论深度方面,没有多加发挥,殊甚可惜。

第三讲 西学中译选样解析：从耶稣会士译述亚里士多德《灵魂论》到中国士人夏大常的《性说》

以下我将以亚里士多德的《灵魂论》(*De Anima*)的译介与转化为例，来解析其在移植、翻译、改写的过程中，所涉及的情境化、脉络化与相应的改变。可以注意到，在翻译与外推的过程中，亚里士多德的思想如何被改写，转为耶稣会士所认为适合中国文化脉络的模样。在这之前，我要先讲一讲，他们为什么要选择亚里士多德的《灵魂论》来加以译介和改写。

亚里士多德的《灵魂论》可以说是对西方心理学与人性论影响最大的一本著作。有些中国学者问：为什么耶稣会士当时要选择译介《灵魂论》? 张西平的答案是他们要"讲灵魂之学以合晚明心学"。换言之，是因为当时中国流行的是心学，耶稣会士为了与心学配合，所以翻译了亚里士多德的《灵魂论》。① 其实，这只是一种想当然的答案。我前面已经讲过，当时耶稣会的教育规程中对于亚里士多德哲学的教学，规定了一定的进程，从逻辑学开始，然后是自然哲学；在自然哲学里最高的是灵魂论；然后再转往伦理学。这是有一定程序的，他们自有教学上的道理，并

---

① 张西平：《明清间西方灵魂论的输入及其意义》，《哲学研究》，2003年第12期，页28—29。

第三讲 西学中译选样解析:从耶稣会士译述亚里士多德《灵魂论》到中国士人夏大常的《性说》

不是为了配合心学。如果说当时正好遇上心学,这并不是他们计划中之事。事实上,必须明白,耶稣会士们对于宋明心学或理学,认为都是孔子儒学的堕落。他们赞取古代儒学而批判宋明儒学。为此,他们不会专为配合心学来译介灵魂论。他们不是为了适应当时心学当道的学术界,张西平的说法隐含着说他们的态度是为了配合当道以利传教,显得他们像是见人说人话,见鬼说鬼话。其实,耶稣会本身就有一定的教育规章,更何况亚里士多德的《灵魂论》在西方学界、在天主教学界,都是非常重要的典籍。

早在十一世纪时,无论是基督徒,或犹太人,或阿拉伯人,他们都已经在仔细研究亚里士多德。尤其在当时的翻译运动中,亚里士多德作品的翻译是使整个西方学术重新复兴的重要因素。十一世纪时,在西班牙托雷多(Toledo)城里,犹太、天主教和阿拉伯三方面的学者,常聚集在一起研究亚里士多德,翻译并讨论他的《灵魂论》。可见,西方这三个一神论宗教传统最重要的人性论依据,正是亚里士多德的《灵魂论》,而这三个宗教一起分享了这本书的思想资源。在历史上,大家往往批评阿拉伯人征服西欧时的残酷,但要知道,阿拉伯人当时的学术研究很有深度,且有其传统;而且伊斯兰教与其他两个宗教传统,在学术上相互了解、相互沟通、相互合作,特别在对于亚里士多德的《灵魂论》的共同研究上显示出来。在西方思想史上,正因为阿拉伯人先把亚里士多德的希腊原文翻译为阿拉伯文,西欧人再从阿拉伯文译回拉丁文,促成了翻译运动,这才产生了十二、十三世纪西欧辉煌的思想运动。

一、艾儒略的《性学觕述》

前面说到,当时耶稣会士之所以会选亚里士多德《灵魂论》,一方面是因为它在西方学界的重要性；另一方面也是因为该书纳入了教育规程，居亚里士多德自然哲学顶峰，乃人学要旨；而且他们也认为中国人对《灵魂论》会比较感到亲切。早期来华耶稣会士的著作，有两本涉及亚里士多德《灵魂论》，其一是艾儒略的《性学觕述》，于1623年出版，署名"西极艾思及先生儒略译注"，由此可见，他有翻译也有注疏①。第二本是《灵言蠡勺》，在1624年出版，是由毕方济口述，李之藻达词，在我看来是减缩式的改写。

可以说，《性学觕述》并不停留于亚里士多德的《灵魂论》，而且艾儒略知道，中国重视人性论。在中国哲学里没有灵魂论，却有很明确的人性论。所以艾儒略命名该书为《性学觕述》。不过，我也注意到，该书第七卷、第八卷这最后两卷的页眉书名印为《灵性觕述》，此时可谓露出本来面目了，可见其本意是想要讲论灵魂，因为"灵性"两字是用来称呼人的灵魂的②。

在此有两层转折须加以注意。第一，亚里士多德的《灵魂论》本来在亚里士多德哲学系统中是属于自然哲学，他在自然哲学里讨论植物、动物、人。亚里士多德喜好研究自然物，也曾在别的书中研究解剖，讨论动物的各部分。对他而言，魂是"生命的形式"，在植物里有生魂，借之植物可以进行营养；动物有觉魂，借之动物可以进行感觉运动；到了人的生命，则有灵魂，可以进行认知和意欲。这三魂都是生命的形式，而生命是属于自然哲学的研究范围，以人的灵魂为最高。但在托马斯评注亚里士

---

① 不过在以下各卷卷首，又署名"西海后学艾儒略著"。按，艾儒略，字思及，所以是同一人。但"译著"与"著"之间，并不完全一致。其实该书有译、有著、有改写、有编著。
② 按，从《性学觕述》第六卷开始，已经开始论述灵性。

第三讲　西学中译选样解析：从耶稣会士译述亚里士多德《灵魂论》到中国士人夏大常的《性说》

多德《灵魂论》时，将它由自然哲学转为主要讨论人的灵魂，以人学为中心，认为其他生魂、觉魂都是对于灵魂的预备，而且，由于更高形式的魂会综摄其下各魂的功能，所以，灵魂也会统摄较低的营养、感觉等功能。所以，这第一个转折是由自然哲学的灵魂论转成人学的灵魂论。

第二个转折是由托马斯人学的灵魂论，转成了中国人习惯讨论的人性论。比较起来，《灵言蠡勺》是亚里士多德《灵魂论》的改写本，所以尽量保留"灵言"(De Anima)的原意。但是，到了《性学觕述》就有呼应中国哲学人性论的意思了。至于夏大常的《性说》，则说的就是人性论，但其实仍在讨论人的灵魂。由圣托马斯人学的灵魂论到配合中国哲学的人性论，这是第二层转折。

以下分先按出版顺序，分别就《性学觕述》和《灵言蠡勺》这两本书来看它们在翻译或改写过程中所考虑问题的转变，也留意它们对于中国士人的影响。最后，我会讨论夏大常的《性说》，看他如何一方面继承了中国传统的人性论，另一方面又如何吸收西洋的灵魂论，提出他自己的性说。

首先，先讲艾儒略的《性学觕述》，它可以说是中文第一本有系统介绍亚里士多德《灵魂论》的著作。一翻开书，我们就可看到它对"魂"(anima)的定义，其实比《灵言蠡勺》更忠实于亚里士多德对"魂"的定义。《性学觕述》说：魂是有生命之物的形式，在西方称为 anima 或魂，它是有生命之物的本性所在。有三种魂，一是生魂(vegetable soul)，二是觉魂(sensible soul)，三是灵魂(spiritual soul)。[①] 从这个定义可以看出，艾儒

---

① 艾儒略：《性学觕述》，《耶稣会罗马档案馆明清天主教文献》，第六册，台北：台北利氏学社，2002，页 103—104。

略是完全依照亚里士多德来了解魂,不像托马斯在《灵魂论》的评注集中在人魂身上。但是,基本上,圣托马斯是为了让西方读者认识人的灵魂做准备;而艾儒略则是为了让中国人了解人的灵魂作准备。所以,在目的上是一致的。

关于灵魂的想法,早期的耶稣会士,包含艾儒略在内,都努力寻找在中国哲学里的灵魂论依据。其实,中国有很长远的人性论兴趣和传统,但并没有灵魂论的传统。从孔子、孟子到荀子,都有对人性论的讨论。在佛教里,道生、道安这些人讲"众生皆有佛性",从此中国佛教便有佛性论,至于人人皆可成佛的依据,就在于人有佛性。在道教方面,本来老子一向不用"性"这个字,可能他认为儒家的"天命之谓性",已经把"性"给人化了,不再是万物之性,也因此用坏了;其实,万物都有各有其"德",是以老子谈"德"不谈"性",原来"性"一词已经被儒家挪用到只讲人性了,所以老子避免用之。后来道教在佛教佛性论的启发下,也提出了"道性论"。

在中国传统里,即使当佛教传入的早期,为了论证成佛的可能性,曾讨论有没有魂的问题。对此,范缜曾提出"神灭论"来批评佛教,认为人的神与形相结合而存在(按:有点类似亚里士多德形式与质料相结合那样),所以当人的神(魂)与形(身体)一旦分开,人死如灯灭,就不再存在了。反过来看,可见来华佛教早期还是有灵魂不朽的想法,认为如此才可以成佛。后来才了解到,成佛的可能性不在于灵魂,而在于有佛性。

大体上,儒释道三家,无论是主张人性(儒)、佛性(释)、道性(道),都是企求人性可以完美的讲法,也因此,亚里士多德《灵魂论》进入中国以后,必须经历论述的转折。艾儒略将亚里士多德的《灵魂论》改为《性学觕述》,虽然目的还是为了介绍人的灵魂,但在论述的表面则必须采取人

第三讲 西学中译选样解析:从耶稣会士译述亚里士多德《灵魂论》到中国士人夏大常的《性说》

性论。《性学觕述》虽有如此改变,事实上仍是用中国的人性论之名来袭取亚里士多德和天主教的《灵魂论》,因为其目的基本上还是为了介绍灵魂论。

阅读艾儒略的《性学觕述》时,首先可以注意三个重点。第一,这是一本用中义来教导亚里士多德《灵魂论》的书,主要的根据是天主教的诠释,不过它要比后来的《灵言蠡勺》更忠实于亚里士多德,而且哲学化程度更高,意义更大。第二,艾儒略《性学觕述》的主旨,是为了向中国知识分子讲论天主教有关灵魂的教义,以及灵魂与上帝的关系。第三,艾儒略的《性学觕述》,是想就亚里士多德和托马斯及其他天主教哲学家对于人的精神能力的看法,来与中国思想和文化,尤其是其中的人性论,相互对话。

所以,虽说在《性学觕述》中充满了士林哲学的语言和天主教思想,也颇愿意与中国哲学对话,但艾儒略基本上还是非常忠实于亚里士多德的《灵魂论》的。该书可以说是在明清之际引入亚里士多德《灵魂论》思想的著作中,最忠实于亚里士多德的。艾儒略不但使用了亚里士多德对"灵魂"的定义,而且详细讨论了灵魂的三个功能,譬如亚里士多德《灵魂论》所论生长、运动、感觉,而在感觉这部分里也讨论了看、听、觉、嗅和触,以及对自我的感觉,乃至于人的更高级的能力,如理智与意志等。

在我看来,《性学觕述》是早期耶稣会士的中文论著中,包含利玛窦《天主实义》在内,最富于哲学趣味与哲学论辩的一本重要著作,即使在今天仍然值得仔细阅读与研究。历来的中国哲学史家之所以对它加以忽略,如果不是由于没有机会读到,那么可能是由于带着误会去读,甚至因为认定它只是传教作品,因而忽视了艾儒略的哲学。我必须指出,艾儒略被时人称为"西来孔子",不是没有道理的。他的学问很好,且思想缜密。他在书中对生魂、觉魂和人的灵魂有完整的论述。关于灵魂,他立基于天主教立场,特别指出每个人的灵魂都是独特的,可谓在传统上不太重视个人的中国思想里,给了个人的独特性以一个灵魂论和神学的基础,认为每个人之所以有独特性,是因为每个人的魂都是天主所专给、独一无二的。

顺便提一下,中国早期哲学很少讨论有关个人的存有论地位问题,一直到了郭象在评注《庄子》时,才认为所有的人,甚至万物,都是独生、独化的;由于不能解释其产生的原因,因而都是自生自化的。这个想法我称之为"存有学上的个体论"(ontological individualism),但这还不是人学上的个体论(anthropological individualism),因为郭象还没有论证个人在人学上就是独一无二的。艾儒略引进的天主教理论,支持每个个人的独特性的想法,并且在人学上给予证明。他指出:人都是由灵魂与肉身构成的,而每个人的灵魂都是独一无二的,因为每个灵魂都是个人出生时天主为他特别造的。如此一来,个人的独特性就有了神学与人学上的依据。

此外,《性学觕述》指出,灵魂在人死后仍然是不朽的,即使在生时与身体合而为一,但在独立于死去的身体之外之后,仍然能够知觉并且理解,而且也能够享受快乐或遭受痛苦。这样的描述,也可嗅出某种柏拉图二元论的意味,因为身体与灵魂有如此可永远分离的情形,在某种意义来说,不同于亚里士多德的灵肉合一论。亚里士多德运用他的形式与质料合一作为个体的理论,努力要把身体和灵魂在此生完全合而为一。比较之下,艾儒略有一种二元的倾向,而且他的伦理学认为人的此生只是过渡,人的永恒生命应该是在天堂,这就使得他要在人性论上不得不有某种柏拉图主义的想法,而且会用这种二元论来阅读亚里士多德,虽然他在灵魂的定义与灵魂的层级与功能上仍忠实于亚里士多德。可是，就身心关系及其伦理意涵来讲，他却是有某种柏拉图主义二元论的意味。

我在前面已经指出，明朝末年社会力释放，一方面人们的欲望促进了社会中的文化创造力，但同时也出现了孟子所言"人欲横流"的情况，产生很多社会问题。所以，当时儒、释、道各教多采取鼓励人向善去恶，强调"存天理，去人欲"的二分思想，这与天主教在华初期伦理论述十分相合。或许艾儒略也是为了对应当时的中国社会情况，因此对亚里士多德的《灵魂论》有某种柏拉图主义式的阅读。其中最明显的是有关"记忆"的部份。记忆是柏拉图的重要论题，认为人在此生获得知识都是透过回忆，而且记忆是灵魂的重要能力之一。柏拉图认为人在前生在观念界已经见过观念，为此在此生的学习，无论是透过老师的教导或是个人的经验，都是在进行回忆，记起前生见过的观念。在柏拉图对话录《美诺篇》(Meno)里，苏格拉底和一个完全没有学过数学的小孩对话，透过层层诱导，让小孩自己想出了勾股定理，如此证明了数学本来就在每个人的心中，可以通过回忆想起来。我想艾儒略在讨论记忆的时候，显然也是跟随柏拉图和圣奥古斯丁。对圣奥古斯丁而言，记忆对于人的认知最为重要，人是在记忆中找回所有知识、数学及与天主的关系。在圣奥古斯丁的《忏悔录》里，他透过记忆忏悔自己的过去，讨论图像、知识、数学，和对上帝的经验。圣奥古斯丁的记忆论更属于柏拉图式，而不是亚里士多德式的。

艾儒略继承了柏拉图与圣奥古斯丁，他把理智、意志和记忆视为灵魂的三大功能，这不同于亚里士多德。亚里士多德在《灵魂论》里，很清楚地指出，灵魂作为实体的形式，在其不朽的形式里只有理智和意志，而没有记忆。换言之，记忆并不存在于永生之魂中。就像在中国的传说中，人死后灵魂走到忘川河，喝了孟婆汤，走过奈何桥，就遗忘了前生一般。但是，艾儒略接受柏拉图和圣奥古斯丁的想法，主张灵魂在人死后还有记忆。

《性学觕述》面对当时中国的情境，在书写时做了上述的选择，对亚里士多德的理论有所改写，甚至纳入一些柏拉图成份，来配合他的伦理学主张。他也与中国哲学对话。在《性学觕述》一开始，就用对话的方式，提到在中国哲学里有关"魂"和"性"的许多语词，用法各有不同。他说：在中国有人问他说："魂"与"性"意义不同，"魂"属于"气"，而"性"则属于"理"（按，这话颇有朱熹的味道）。那人问艾儒略说：你在使用"魂"与"气"的时候，有没有不同的意义呢？

艾儒略回答说：中文对这些语词的使用都是非常有弹性的，要看它们出现的脉络来决定其意义。譬如说"性"这个字意义很广，即使无生之物也有性。但当我们说"灵性"或"天性"的时候，指的是上帝给予人有意义和原理的本性。同样的，"魂"这个字是指生命的原则，当它与"生"一词结合为"生魂"时，指的是植物所借以成长与营养的原则；当它与"觉"一词结合为"觉魂"时，指的是动物感觉和运动的原理；当它与"灵"一词结合为"灵魂"时，指的是人类可以了解和推理的原理。

艾儒略又引述中国传统中一些相关的名词，来与他们对话，例如，黄老道家所言"精气"。[①] 让我在此补充一下：黄老道家用"精气"一词，表示万物之所以有生命的原则，以及在人内的精神来源，因为有了精气，人

[①] 见"灵性非气"一节。艾儒略《性学觕述》；《耶稣会罗马档案馆明清天主教文献》，第六册，台北：台北利氏学社，2002，页109—112。

第三讲　西学中译选样解析:从耶稣会士译述亚里士多德《灵魂论》到中国士人夏大常的《性说》

才可以成为圣人。《管子·内业篇》说:"凡物之精,此则为生,下生五谷,上为列星。流于天地之间,谓之鬼神,藏于胸中,谓之圣人。"①这一文本说的正是"精气",且认为由于有了精气,才有生命,无论五谷、列星、鬼神,都来自精气;精气徘徊于天地之间,就成为鬼神;当居存于人心中时,就使人可以成为圣人。

但是,艾儒略在《性学觕述》里反对灵魂是物质性的气的论点。《性学觕述》论灵魂不是气,认为所谓气聚则生,气散则死,这仍属于万物;然而,人的灵魂是不朽的。他说,有时候气很强,但灵魂反而弱了,譬如身体虽强壮但意志薄弱的情况。相反地,也有些情况,灵魂虽然是强的,气却软弱的,就像《圣经》所说,"灵魂虽然愿意,但肉身却软弱了"②。由此可见,魂和气并不一样。

在《性学觕述》里最有趣的一段,是与中国哲学家使用的语词相互对话,他说:在传统中国哲学里有各种名词来说灵魂:

> 其内神大体,指其灵明之体,本为人之性也。或谓之灵魂,以别于生觉二魂也。或谓之"灵心",以别于肉块之心;或谓之灵神、神体指其灵明而不属形气者。或谓之"良知",谓之灵才,指本体自然之灵者也。或谓灵台,谓方寸,指其所寓为方寸之心,为灵魂之台也。或谓之真我,明肉躯假藉之宅,而内之灵乃真我也。或谓天君,指天主所赋于我以为一身之君也。或谓元神,以别于元气,二者缔结而成人也。大学谓之明德,指其本体

---

① 尹知章注,戴望校正:《管子》,台北:世界书局,1981,页268。
② 玛窦福音26:41。

自明,而又能明万理者也。中庸谓之未发之中,指其本体诸情之所从出也。孟子谓之大体,指其尊也。总之称各不一,而所指之体惟一。①

在此段话中,最有意思的是艾儒略对于儒家、道家和道教名词的融合性解释。道家庄子所谓"灵台"、"真君"或"真宰"(真我),道教所谓"元神",以及先秦儒家经典《大学》里称为"明德",《中庸》里称为"未发之中",孟子称为"大体"等等。艾儒略引述这些不同的中哲名称,认为其实都是在讲灵魂。他引证儒家、道家的想法,主要目的是让中国士人能认识灵魂在中国哲学里的不同称呼。前面我曾提到灵魂是独一无二的,这点与中国思想不同。艾儒略虽说是为了与中国圣哲交谈,因而介绍亚里士多德,但是,以上中国哲学的这些不同语词并未肯定个体的唯一性。

在这脉络中,艾儒略说,有人提出疑问,"孟子云:尧舜与人同。心之所同然者何也? 礼也、义也,曰同。分明万人一性,万人一心,有何差别?"这个问题的预设是:所有人的本心应该是一样的,是不是同一性,同一心? 就像陆象山所说,前圣后圣都是同一个心。换艾儒略的话说,都是同一个灵魂?

"万人一性,万人一心"的主张有点类似阿拉伯哲学家阿威罗伊(Averroes,1126—1198)和阿维森纳(Avicenna,约 980—1037)的世界魂(world soul)的意味。其实,在我看来,艾儒略在此所针对的一心之说,更好说是受到佛教《大乘起信论》"一心"说的影响,《大乘起信论》认为在真如境界,唯有一心,没有个体。如果个人认为自己有个体,那只是一种

---

① 艾儒略:《性学觕述》,页 106—107。

第三讲 西学中译选样解析：从耶稣会士译述亚里士多德《灵魂论》到中国士人夏大常的《性说》

形而上的幻觉，就好像一滴水认为自己有个体，其实一滴水只有落入大海才有它真实的存在。又如一一瓦器，虽然都是个别的，但它们其实都是土做的。佛教用这类比喻来理解"一心"。在宋代儒学里，尤其是陆象山所说的，我的心，我朋友之心，数千年前圣者之心，数千年后圣人之心，都是同一个心。心的实体是无限的，如果能完整发展你的心，你就会与天合而为一。我想，佛教与陆象山所说的一心，才是艾儒略所针对的。

在此，艾儒略主张人的灵魂的独特性，是天主特别为每一个人所造的。此种对于灵魂独特性的强调，是对抗这种天下一心或一魂的思想。也有人认为艾儒略在此只是把圣托马斯批判阿拉伯思想家阿威罗伊和阿维森纳的想法转译为中文而已。固然，阿威罗伊和阿维森纳在解释亚里士多德的时候，都指出最高的主动理智只有一个，世人所能进入的"理性灵魂"（rational soul）只有一个，这也是托马斯在《驳异教大全》（*Summa contra Gentiles*）批驳的阿威罗伊和阿维森纳的想法。

我认为，艾儒略在中国的情况并不一样。他不像圣托马斯当时议论的时空背景是在和阿拉伯思想家对话，但现在艾儒略是在中国，面对的是宋明心学或佛教的一心思想，而不必多事批评阿拉伯哲学，其论述的时空完全不同。艾儒略批评一心，或所谓东圣、西圣、前圣、后圣都只是一心，尧舜其实并无差别，他所关切的是：如此将使个体性不显。艾儒略的主要论证有二。第一，如果讲一心或一个魂，完全没办法解释人的个体性。在西方中世纪的时候有对个体（individum）的强调，而文艺复兴时期有对个人（individual）的强调，利玛窦、艾儒略等人将之带进中国，这也是中国开始有突显个体性或个人的想法。第二，艾儒略指出人的魂或心虽然可以与天主合而为一，但魂不就是天主。人虽可以开悟，达到天人合一，但"合一"并不就是"等同"或"为一"，天人合一不是说人与天主成为一个,不是"天人为一"。

总之,艾儒略的《性学觕述》一方面习取了中国的人性论,并透过天主教及其对亚里士多德《灵魂论》的诠释,把人的灵魂与人的精神本性等同,而以此来和中国哲学沟通。另一方面,艾儒略仍有他自己的考虑,且透过柏拉图来对亚里士多德加以改诠,不但他的灵与肉、德行与欲望的二元论更接近柏拉图,而且他在记忆论上也接近柏拉图和圣奥古斯丁。

二、毕方济的《灵言蠡勺》

方豪先生指出明末有四本亚里士多德的翻译本,《明理探》、《寰有诠》、《灵言蠡勺》,至于《修身西学》则是节译并改写自托马斯评注亚里士多德的《尼各马可伦理学》。一些研究者认为《灵言蠡勺》是对亚里士多德《灵魂论》的翻译。然而,我曾查对亚里士多德原著,以及葡萄牙科音布拉学院(Coimbra College)对亚里士多德《灵魂论》的评注,其实,它并不是翻译,而是一本比较自由的改写与节录,是由毕方济口授,由徐光启达辞,让它辞意通顺且适合中国。我比较过,亚里士多德《灵魂论》的科音布拉学院评注本总共有五、六百页,其中包含三个部分,第一个部分从第 14 页到第 47 页,第二部分从第 48 页到第 342 页,第三部分从第 343 页到第 559 页。然而《灵言蠡勺》全书只有 141 页,而且只包含两部分,第一个部分从第 1 页到第 85 页,第二部分从第 86 页到第 141 页。显然这是个节录本,怎么可以说是翻译呢?

《灵言蠡勺》一开始就诉诸《圣经》和天主教信仰,说"欲尽通亚尼玛之妙,非二事不可,一者依天主经典所说。二者依我信德之光也。"[①] 显

---

① 毕方济口授,徐光启达辞:《灵言蠡勺》,收入《天学初函》(二),台北:学生书局,页 1134。

第三讲 西学中译选样解析:从耶稣会士译述亚里士多德《灵魂论》到中国士人夏大常的《性说》

然,从起头这就不忠实于亚里士多德《灵魂论》,因为古希腊的亚里士多德,怎会讲要依天主经典和信德之光呢。随后文本也有忠实于亚里士多德,只在改写过程中加入天主教的信仰。例如该书在引言中指出,《灵魂论》是灵魂之学,在哲学中为最有益、为最尊,这的确是亚里士多德说的。但是,随后一转就说是为了"认己",转成自我的认知,如此一来,就变成人学了。其实,自我的概念是文艺复兴以降才有,是近代性产出的人的自我主体的重要概念。但是,《灵言蠡勺》居然说是因为要认识自我而视灵魂论为哲学里最有益处、最值得尊重的科学,甚至是所有科学的基本,因为一切事物都要归诸认识自我。这是近代性的说法。

相比之下,亚里士多德的《灵魂论》只讲"魂"。不错,亚里士多德说"魂"的科学是最有益的科学,但他并没说这是自我之学。亚里士多德给的理由也不一样。亚里士多德认为灵魂之学非常重要,主要的原因是:"对于灵魂的认知,我们可以承认是对于一般的真理的进步有最大的贡献,而且在一切之上对我们对自然的认识有最大的贡献,因为灵魂在某种意义之下,是所有有生之物的生命原理所在。"[1]有生命的自然物是亚里士多德用来理解自然的典范,可见《灵魂论》是自然哲学的一部分。但对于《灵言蠡勺》来讲,认识灵魂就是认识自我,也是为了更妥善地预备自我来控制人的欲望,并且透过原理原则来指导自我。当人的感情受到外物影响时,人应该懂得控制自我;同样的道理也适用于治国,因为在治国之时,所有的控制、指导和节制,都和灵魂的自制很类似。所以,灵魂学等于自我学,而自我管理法类似去人欲存天理,也就是调节人欲以适

---

[1] 亚里士多德《灵魂论》402a 5,见 Aristotle, *The Complete Works of Aristotle*, edited by Jonathan Barnes, Vol. I., Princeton: Princeton University Press, 1984, p.641.

合道德原则。这一想法不但用在人的灵魂上,也用在治国上。

这样的研究目的,已经改变了亚里士多德的初衷。亚里士多德固然也指出灵魂学是所有科学里最尊贵且最困难的,但《灵言蠡勺》把它放在伦理学和政治学和神学里,立刻把灵魂当成是天主的肖像,而且把灵魂的科学当成认识自我的科学。

《灵言蠡勺》用"亚尼玛"(anima)称呼人的灵魂,其实在亚里士多德那里,该词包含了生魂、觉魂和灵魂。毕方济用的不是亚里士多德意义的"魂",表面上看起来好像是在翻译亚里士多德,但其实已经相当幅度改变了原义。他是用《圣经》和天主教信仰来理解灵魂。他在处理灵魂的主题时,常引述柏拉图、圣奥古斯丁和圣伯尔纳德(Bernard of Clairvaux, 1089—1153)[1],而不止于翻译亚里士多德的《灵魂论》。《灵言蠡勺》和《性学觕述》一样,特别要讲清楚"魂不是气",这点是针对中国脉络讲的,而不是如圣托马斯是针对阿拉伯思想家的。可见,毕方济写作时也是针对中国"一心"的理论和自然哲学理论来加以批评。根据以上的理由,我不赞成方豪先生所讲《灵言蠡勺》是亚里士多德《灵魂论》的翻译的说法。

《灵言蠡勺》中对"魂"的了解,非常不同于亚里士多德。亚里士多德在《灵魂论》中把"魂"定义为:"魂是具有生命的潜能在内的自然身体所拥有的第一类别的现实性(energeia)。"[2]换言之,魂在亚里士多德形质论的考虑下,是一种形式,是一活生生的身体的运动及生命目标的原理。

---

[1] 圣伯尔纳德乃中世纪的一个修道院的密契论者,他有首圣歌也被翻译为《圣梦歌》。见《耶稣会罗马档案馆明清天主教文献》,第六册,台北:台北利氏学社,2002,页435—464。

[2] Aristotle, *De Anima*, 412a 27, in *The Complete Works of Aristotle*, vol. I., p. 656.

第三讲 西学中译选样解析：从耶稣会士译述亚里士多德《灵魂论》到中国士人夏大常的《性说》

生命体包含动物、植物和人在内，所以有三种魂：第一种是植物的生魂，第二种是动物的觉魂，第三种是人的灵魂。比较起来，《灵言蠡勺》是把"亚尼玛"(anima)当作是独立的、不朽的实体（自立体）、上帝的肖像。他特别强调灵魂作为上帝的肖像，并因此完全不同于其他非灵性的魂，如植物魂或动物魂；也不同于中国人视魂为气。

总之，《灵言蠡勺》在某种意义下想要忠实于亚里士多德的《灵魂论》，因而并未将其改称为人性论；但另方面，又对亚里士多德做了明显的改变。大体说来，《灵言蠡勺》强调的是天主按照它的肖像造人，透过这一肖像的意义，人才可能跟天主沟通交融。人应该可以透过修养与道德，使自己更趋于完美，以至返回所有完美的根源，也就是天主本身。[①]而且毕方济指出，因为人是天主的肖像，而肖像与它的源头之间有一种爱（这是圣伯尔纳德所强调的），所以两者之间存在着爱[②]。人最后的真福是来自于天主的恩宠，这完全与亚里士多德不同。可以说，他更接近天主教在神学上、宗教要理上所讲的灵魂论。

《灵言蠡勺》把灵魂视为是一个精神性的、不朽的、独立的实体；也跟《性学觕述》一样认为灵魂中的理智、意志和记忆（当时译为"记含"）是灵魂的三大功能，而且记忆被视为灵魂的第一个功能，这是非常柏拉图主义式的。毕方济强调：在一个人死后，他的魂应该能够记住一生当中发生过的所有事情[③]。这显然是一种柏拉图式的或新柏拉图式的，而不是亚里士多德式的说法。

[①] 毕方济口授，徐光启达辞：《灵言蠡勺》，见《天学初函》（二），页1129。
[②] 同上，页1123。
[③] 同上，页1159。

正如我在前面说过,亚里士多德在《灵魂论》中明确表示:当灵魂与肉体分离了以后,灵魂孑然独存,只有主动理智本身是不朽而永恒的,再也没有任何对前生的记忆。不但不可能有记忆,而且被动理智和其中所有的思想都会毁坏,只有人的主动理智是不朽的[①]。亚里士多德明确指出,主动理智,即实体形式,是在人的灵魂上的不朽者。虽然灵魂和身体合起来是一个实体,但在死后,灵魂作为形式本身也是个实体,称为"实体形式"。亚里士多德在《灵魂论》中明确指出,只有主动理智才是不朽的。

与此相关,亚里士多德的认识论是这样的:主动理智光照事物,使它的形式呈现,形式抽出来以后,在人心中就形成该事物的本质,主动理智只在把握该事物的本质之后,交给被动理智去形成概念,而概念有如心的语言(verbum mentis),再由口中说出,便成为一般所谓语言。所以,唯有掌握形式与本质的主动理智是不朽的。被动理智及其概念性思想和语言,是会朽坏的。然而,相较起来,在《灵言蠡勺》中,无论记忆、理智和爱,都是不朽的。

在此顺便值得提一下,前面说到亚里士多德认为主动理智是光,光照万物显豁其形式,然后将形式交给被动理智形成概念,经由说写变成语言。亚里士多德这样的系统哲学认为,在万物为形式,在心灵为概念,说出话来则是语言,可见亚里士多德的存有论、知识论、语言学三个层面虽有别而相连、分殊而统一。相比之下,当代的语言学,像福柯的《词与物》(*Les mots et les choses*),只讲事物对应于字词,简化太多了,失去了思想中的概念运作。

---

① Aristotle, *De Anima*, 430a 17, in *The Complete Works of Aristotle*, p. 684.

此外,这也不同于海德格尔对于亚里士多德的批评,海德格认为亚里士多德必须为符应的真理观负责。海德格尔主张真理应该是开显(manifestation)而不只是符应(correspondence),他认为亚里士多德定位真理的所在是判断,或今天所谓语句或命题,S is P,可以和事物符应。其实,如此批评亚里士多德,并没有仔细看懂亚里士多德,因为亚里士多德也主张"开显",就在于主动理智的光开显事物的形式,此时是开显的真理。其后,当主动理智把光照出的形式交给被动理智(passive intellect)去形成概念,进而将某一概念和另一概念连接起来,形成判断 S is P,譬如"这张纸是白色的",才可以去检验这判断有否符应:这张纸是否是白色的? 海德格尔批评符应的真理,无论是判断或命题符应事物,或是事物符应人的认知结构(如康德所说)。其实,亚里士多德也讲开显的真理,是由主动理智开显事物的形式。主动理智有如光,当人的感觉对某一事物形成了可感觉的象之后(species sensibilis, sensible representations),主动理智(agent intellect)便以其光明光照之,开显出其可理解的象(species intelligibilis, intelligible representations),也就是事物的形式,并因而认识了该事物的本质。这一想法也被圣托马斯所继承。

当我们读《灵言蠡勺》时,发现它并没有把亚里士多德这些思想细节弄清楚。《灵言蠡勺》说,明悟,也就是我们今天所谓"理智",区分为二:作明悟(也就是主动理智)和受明悟(也就是被动理智)。毕方济说:"作明悟者,作万像以助受明悟之功。受明悟者,遂加之光明,悟万物而得其理。"[①]可见,《灵言蠡勺》把主动理智和被动理智的功能弄相反了:毕方济弄错了,认为主动理智(作明悟)作"万像"(各种感觉之像)来辅助被动

---

① 《灵言蠡勺》,《天学初函》(二),页 1169。

理智,是被动理智提供了光明,"悟万物而得其理",也就是得到可理解的像,又称"灵像"。其实,这完全与亚里士多德和圣托马斯的想法相反,把主动理智的光明给抹杀了,变成被动理智在扮演。别忘了,主动理智才是光明的来源,主动理智的功能并不在于辅助被动理智(如毕方济言"以助受明悟之功"),而且对于亚里士多德,只有主动理智在人身体死亡以后还能不朽!《灵言蠡勺》对于两者没有掌握的很清楚,甚至有点颠倒混淆。

我要顺便指出,有些传教士来到中国之前,对于耶稣会科音布拉学院的亚里士多德评注本的学习,由于时间仓促,不一定能巨细靡遗,懂清楚再出发。他们要来中国传教,首先必须获得罗马批准,由于当时天主教国家葡萄牙是海上大国,所以传教士必须还需经过葡萄牙国王的批准,在葡萄牙等待船班;上船之后,经过好望角转到印度报到。之后,再到澳门,再进入中国。他们在葡萄牙等船的时候,会在科音布拉学院学习并研究亚里士多德评注本,但由于时间太短,了解不一定仔细,以至有上面所言的错误。

不过,《灵言蠡勺》所要强调的是,人有理智之光,可以穷尽万事万物之理,并且把人的知识推极到认识万物的根源。如果人只会认识万物而不能认识万物的根源,那是不足的。人既有认识,就必须能认识根源,"若有人明悟万事,而不识根本,如在大光中,而目眩如盲,与黑狱无别,岂不惜哉!"[①]对毕方济而言,人的理智既然可以认识根源,人便可以论述上帝。不过,必须注意:这在圣托马斯那里,是很谨慎的,人虽可以认识上帝的存在,但并不认识它的本质。这是有区别的。

其次,有关意志的问题,毕方济称之为"爱欲"。意志不同于理智,因

---

① 《灵言蠡勺》,《天学初函》(二),页1189。

为理智只在人的内心中运作,是把对外物和自己的知识往内在来存放;但意志却要走出自己,走向万物的善。这点说得很好,且也是亚里士多德和圣托马斯的论旨,意志都是走向万物并且追求万物的善。意志虽然有做或不做的自由,但《灵言蠡勺》特别强调意志本身依本性就会向善,人虽然有选择的自由,但人真正要选的都是指向善。当代的罗光先生也特别讲论这点,认为人虽有选择的自由,但这不代表在选善、选恶的时候,人可以选恶。罗光说:人还是应该选善。罗光这个论点应和毕方济《灵言蠡勺》在此所说有关。这论点也呼应了中国哲学里,孟子所说:"理义之悦我心,犹刍豢之悦我口",义理让我的心喜悦就好像好吃的肉让我的口感到高兴一样。《灵言蠡勺》更进而指出,既然天主是至高的善,人自然会欲求天主和最完美的善。

总之,从意志追求善,到意志必须追求至高的善;从理智认识万物,也要认识万物的根源。两者连结起来,毕方济的人性论是运用亚里士多德理智、意志之说,但最终都是为了导向天主。在这点上,难免有人说他有传教的目的。虽然如此,毕方济仍然把亚里士多德的灵魂论,透过柏拉图、圣奥古斯丁、圣伯尔纳德和《圣经》,加上对中国情况的适应,去进行改良。如此,可以看出他在学术思想上的苦心。

归结起来,理智、意志都是属于人的理性作用,这并不是狭义的理性。当耶稣会士们将孔子与儒家经典介绍到西方的时候,他们认为孔子最高度地发挥了人的自然理性,综合了仁与智,换言之,理性包括了理智与意志,理智导向智能,意志导向仁爱。[①] 在此,毕方济《灵言蠡勺》不同于亚里士多德的《灵魂论》,因为《灵魂论》基本上是主智主义,认为人灵

---

① 《灵言蠡勺》,《天学初函》(二),页1209。

的最高功能是理智,而理智的最高功能是默观,为此亚里士多德以形上学为第一哲学。相较之下,《灵言蠡勺》认为人的灵魂最高的功能,一方面有智能,一方面有爱,而后者是把圣奥古斯丁和圣伯尔纳德关于爱的思想加进来,也把《新约》的主旨加进来。显然,《灵言蠡勺》把人灵作用中最高的地位给予了意志,或称为爱欲。爱欲(意志)比明悟(理智)还高,因为理智只会认识,意志还要去爱,与所认识对象的根源结合;爱的最后对象是天主作为最完美的存在。这一思想不同于亚里士多德《灵魂论》,更加以改变以合乎《新约》中"爱天主、爱人"的想法。

《灵言蠡勺》关于意志的动力,指出了不同于亚里士多德的万物根源(天主),而且对于人的自由的理论思考也不一样。对《灵言蠡勺》而言,自由不只限于选择的自由;选择的自由其实仍是非常表面的自由;真正的自由在于意志终究指向美善及其根源。此外,《灵言蠡勺》强调个人的独特性,这对于中国人形成个人的概念颇具重要意义。而且,个人的自由并不限于选择的自由。这点和后来在民国之后引进的自由主义想法颇为不同。自由主义强调个人的选择自由,而忽略了人的意志的其他更深沉的动力。

三、中国士人夏大常的《性说》

亚里士多德《灵魂论》进入中国以后的两本改写本或节译本大致分析如上,这层是迄今中国研究里比较缺乏的部分。此外还有重要的一点:到底中国士人,尤其是早期的中国天主教徒,他们对于改写过的亚里士多德《灵魂论》如何接受,如何把它重新脉络化?这也是我所谓"语言习取"(language appropriation)的一部分。习取他者的语言以改造自己原有的哲学传统,往往是在互译互动以后重新脉络化思索的结果。这部份迄今也还未见讨论。很幸运地,在2002年左右影印出版的《耶稣会罗马档案》里,可以看到早期中国天主教徒的文献。其中,夏大常是一位浸润在儒学传统的中国士人,领洗成为天主教徒,取圣名为玛第亚。他有一些著作署名"夏玛第亚",可见他是一位虔诚的天主教徒,甚至会用自己的受洗圣名署名。他所著的《性说》(主要是人性论)就是署名夏玛第亚。可见,他是以天主教徒身份重新思考人性论的问题。

在《性说》里,我们可以看到夏大常吸收了亚里士多德、柏拉图等人的灵魂论,来改造传统儒学最关心的性善或人性论的论述。然而,不同于毕方济和艾儒略对于亚里士多德和天主教灵魂论的改写,《性说》是透过传统中国人性论来习取亚里士多德和天主教的灵魂论。换言之,如果说毕方济的《灵言蠡勺》和艾儒略的《性学觕述》是一种"外推"的结果,《性说》则是一种"习取"的结果。为此,《性说》从一开始,夏大常就表明:凡认识人性者,必须理解宇宙三才之理;凡能尽性者,必须能够重返与其造物者为一。所谓三才,就是天之道、地之道以及人之道。天之道无形无象,地之道有具体形象,人之道居于两者之间。所以人的灵魂是无形的实体,类似天之道;人的身体则是具体的形象,类似于地之道。也因此,在人之内综合了天之道和地之道。人之所以类似于天之道,而不同于植物与动物者,无论是在天空飞、在地上走、在水中游的动物,主要都是来自人灵魂的美善。[①]

由上述可见,人在三才之中,综合了天、地二才;人的灵魂类似于天之无形无象,而人的身体则是类似于地之有形有象。如此论述,夏大常

---

① 夏大常:《性说》,《耶稣会罗马档案馆明清天主教文献》,台北:利氏学社,2002,第十册,页3。

已经把人的灵魂等同于人性,所以他才能从《灵魂论》转成《性说》,而且进一步指出(如同毕方济和艾儒略),每个人的灵魂都是神最优美而独一无二的赏赐。也因此夏大常所论的人不同于其他的宇宙万物,因为人的灵魂都是由上天所赐予的,而其他万物则都是来自四大,亦即地、水、火、风组合的结果。必须注意:在这里夏大常使用的是"四大",而不是中国传统的"五行"。可见他已经采取了亚里士多德的"四大说",而有别于中国传统所讲的"五行说"。就这点而言,他是把人性的尊严建立在人天生的组成因素,以人的灵魂论证人的尊严,因为上帝把最优美的人性赐给人类,所以人类也应该为此而尽性,也就是全面展开他的人性或灵魂的善性,以便回报天主的恩宠。①

然后,夏大常引述《书经》和《诗经》,来支持所谓"人性是善的"的概念,并且也引述孔、孟来表明人的本性与德性都是善的,借此来论证人的善性。换言之,从这一文本可以阅读出,人性之善基本上是来自天主所赏赐的灵魂,后者再与地、水、火、风四大合成人身,然而人的本然善性则是由灵魂构成的。这里面除了有儒家的人性论,也从神学观点与灵魂论观点来证实的人性本善。除了透过孟子所提供的心理学论证,他还提供了灵魂论与神学的论证。

从神学和灵魂论所支持、论证的人性本善论,夏大常开始批判传统的三种人性论。第一种理论,是唯物论或物质论的人性论,就是认为人的魂来自精气,这也是艾儒略等人所批评的,从气论观点来讲的人性论。第二种是人性本恶论的看法。第三是人性是善恶混,又善又恶的说法。

首先,针对黄老道家,如《管子·内业》所提出,认为人的本性、精神

---

① 夏大常:《性说》,页 4。

第三讲 西学中译选样解析:从耶稣会士译述亚里士多德《灵魂论》到中国士人夏大常的《性说》

主要是在于气,称为"精气"。其后的道教修练,所谓"炼精化气,炼气化神",由气、到精、到神的转变过程,说人可以从物质的气中提炼出神来。夏大常的论点很特别,他是根据亚里士多德《物理学》所谓"不同种类不能彼此转换"的论点来批评道家"炼精化气,炼气化神"的理论的。他认为所谓"炼精化气,炼气化神"没有认识到凡物都是各从其类,不同的种类的东西不能够彼此转换。夏大常这一想法有柏拉图、亚里士多德思想的背景,认为形式和种类是不能转换的,这是根据逻辑和物种的分类。可见,他已经是在西方的理论架构内来证成性善论。

第二,针对人性是恶的论点,夏大常诉诸神学论证,认为上帝的慈悲不会让属恶类的东西繁殖。若人性是恶,则人的恶可不断繁殖,那就好像上帝的慈爱允许恶的东西不断繁殖一般。相反的,上帝的慈爱不会让恶不断继续生产繁殖。人的不断繁昌,证明人是善的,是上帝所肯定的。

第三,针对善恶混的理论,夏大常根据亚里士多德的不矛盾律来讲,说相互矛盾的东西不可同时存在,一项事物不可同时又是黑又是白,又是善又是恶。所以,相反的或矛盾的本性不可能在同一个个体存在上混合,譬如说火不能和水在同一物上共混,一个事物不能同时又是火又是水,因为水、火本性上是相反的。

根据以上的理论,夏大常既证成了人性本善论,又批判了其他传统各家(像道家和汉儒董仲舒等人)的人性论。可见,亚里士多德的《灵魂论》被夏大常当作证成孟子的性善论的工具。

换言之,我们可以反过来,从中国哲学的角度看夏大常是怎么读亚里士多德的。其实,他是从中国人的道德善恶的价值中心角度来阅读亚里士多德的。亚里士多德的《灵魂论》本来只是自然哲学理论的一部分,但夏大常既然反对性恶论和善恶混,而致力于证成性善论,他已经是站立在中国传统哲学里面,以价值哲学中心的想法,去阅读亚里士多德的《灵魂论》。而且,在证成人性本善以后,他进一步表示,人性的善表现在人的三种能力上,也就是艾儒略和毕方济所讲的灵魂的能力,有理智、意志和记忆。他不同于亚里士多德的记忆论,而是采纳了柏拉图和圣奥古斯丁所讲的记忆说,视记忆为人性中很重要的能力之一。

中国士人在亚里士多德理论内部做选择的时候,并不注意其中有关知识论的一些人学依据。亚里士多德讨论主动理智、被动理智,讲论人的主动理智与抽象能力如何能抽出某一事物的形式,交给被动理智,发表为该事物的本质概念;而该本质概念再用语言表达出来,则成为该事物的定义等。然而,这套体系性的哲学思考,并非中国士人所关心。也因此夏大常会用价值论来读亚里士多德,同时在有关理智运作的分析方面,也不关心亚里士多德所讲的抽象论。即使是作为一位天主教友,他也没有兴趣去讨论什么是主动理智、什么是被动理智。他的重点是在强调这三个能力(理智、意志和记忆)都是人可以借之以达到天主作为他的人生向往的最高对象的手段。

可见,艾儒略和毕方济的外推工作,现在有了一个由华人习取的成果。在夏大常看来,人性的这三种能力都可以止于至善,达到天主作为最终极的目标。夏大常说:天主是至高的善,我的身体没有接近天主的门道,然而我的意志可以接近天主,天主可以作为我意志的伙伴;我的眼睛不见天主,但我的理智可以看见天主,天主就是我理智的伙伴;我外在的身形无法接触天主,然而我的记忆却能接触天主,并且以天主作为我的伙伴。① 从这角度来看,人与天主的关系成为夏大常诠释中国传统

---

① 夏大常:《性说》,页 12—13。

第三讲　西学中译选样解析:从耶稣会士译述亚里士多德《灵魂论》到中国士人夏大常的《性说》

"天人合一"的方式。所谓"天人合一"或"天人合德",现在被受到亚里士多德《灵魂论》影响下的天主教徒,理解为人和天主的关系,尤其是人有理智、意志与记忆三种能力,可以卓越到止于至善,与天主为伙伴。

夏大常引述周敦颐的话说:"士希贤,贤希圣,圣希天",用白话来说,一般士人希望达到贤人的地步,贤人希望达到圣人的地步,圣人希望达到天的地步,总之,人是可以达至于天,与天合一。如果我能够全面展开我的理智、意志与记忆的能力,将自我与天主合一,天主一定可以增益我的理智、意志与记忆,以便照亮我心。在心灵亮处有天主,我就能够与他在彼处合一。当天主在天的时候,我能够与他在天合一;当天主下降于地的时候,我也能够与他在地合一;我将可与天主毫无分离,而天主将永不弃我。由以上这些话语,可以见到夏大常是从儒家本性能力的论证,也就是人拥有"性善"的论证,加上了天主教徒"恩宠"的观念,他似乎可以达到某种密契的论点,也就是把与天主密契结合视为是我展开我的自然本性,并与天主的恩宠结合,达致天人合一的密契经验。

不过,必须注意到,柏拉图主义以及中世纪对亚里士多德《灵魂论》的诠释,造成了中国士人在习取亚里士多德《灵魂论》时,对于中国传统人性论的改造也有一个不良的后果。从以上的论述,我们可以看出有某种二元论,甚至是身心冲突论存在。更糟糕的是,夏大常把身体视为恶的来源,认为身体不但无法接近天主,而且身体好像是恶的。他把善性放在灵魂,是由灵魂论转向性善论。然而,在他看来,恶的根源就在于身体。这点与利玛窦和艾儒略那种二元的道德论是相合的,类似"去人欲而存天理",尊德性而抑身体的想法。

夏大常说:在人之中一定有某些东西有不善者,所以才使恶得以进入人之内。对他而言,必须为恶负责的是人的身体。身体本是人灵魂的伴侣,然而却也会伤害灵魂。灵魂希望向上,身体却倾于向下,即使灵魂有能力管制身体,身体仍有欲望不跟随灵魂,理由是身体乃隶属于不同种类之物。人的灵魂是由天主所亲自赐给的精神实体,是人高尚的存在所在;然而,身体则是物质之物,是由水、土、火、气四大转换而成,因此其地位较低。因为身体较为低贱,而人的灵魂却如此珍贵与美善,所以造成了人内在的冲突,人必须选择离开恶的伙伴,与善的伙伴相结为善。他指出:天主才是人性的至善的伴侣。[①] 这种对于人的灵肉二元论看法,可以说是自早期耶稣会士们引进了亚里士多德《灵魂论》和天主教伦理学以后,十分一致的发展,成为中国天主教人性论的基础。此一思路的不良结果,在于失去了灵肉合一的想法。其实,亚里士多德本人曾做了非常大的努力,试图维系身体与灵魂的合一。在来华耶稣会士引进的亚里士多德的灵魂论以及在早期华人天主教徒的性善论中,所得到的是相反的结果,强调灵肉二元论。这在实践上也造成在道德上鄙视身体,心存于用抽象的理想提升灵魂,反而轻视了欲望本身的创造性,因而走向抑制性的德行观,失去了创造性的德行观。就此而言,明、清的中国基督徒在人性论、伦理学、神学上,也都有类似的问题。从夏大常的例子,可见一斑。

[①] 夏大常:《性说》,页 10—11。

第四讲 中国经典西译与西方近代哲学家的回应：理性主义者与启蒙运动的初兴

一、初期在华耶稣会士译述中国典籍入欧

利玛窦以及其他来华的耶稣会士们，不但是西学引进中国的接引者，也是最先把中国思想引进欧洲的最早汉学家。他们发现中国有着源远流长的文化，不像是西方殖民者口口声声喊着要去"文明化万邦"(go civilize the people)的对象，反而发现中国本来就是个高文明地区，而且必须去认识与适应，对此，他们是真正做到了。以利玛窦为例，他从穿着和尚服，再着道士服，最后穿上儒服、戴儒帽，逐步适应。他不但学习中国语文，而且学中国经典。由于他的记忆力特强，而且拥有西方自中世纪以来发展的记忆法，为此能博学强记，对于中国经典甚至能倒背如流。

在中世纪士林哲学教育中，记忆的训练是很重要的主题。我见过中世纪方济各会用来协助记忆的图像，譬如图画色拉芬天使(Seraphine)的六个翅膀，每个翅膀下各列出某些要记忆的主题或材料。他们使用翅膀图示的区位，加上对该图示的虔敬，来帮助记忆。此外，圣托马斯有名的"记忆宫殿法"(Memory Mansion)，原为古希腊的西莫尼德斯(Simonides of Ceos 556—468BC)所创，将所要记忆之物一一安置在一想象的空间（如宫殿房间、餐桌座位等）之中，宛如建造一座记忆宫殿。这一方法迄今仍

然用在记忆法训练,以及教会教义的记忆上。就今日的心理学来说,这些都属于某种联想法。

利玛窦本人擅长的就是圣托马斯的这种记忆宫殿法,以至于他对中国经典非常娴熟,可以倒背如流。就此而言,我在想,他一定拥有心理学上所谓映像记忆(eidetic memory)的能力。总之,他对中国经典的随口引述,甚至比一些中国士人都还要娴熟,颇让当时中国士人感到惊奇。此外,他的中文也特佳,所著《天主实义》的中文之流畅雅致,不要说今天玩计算机的学者比不上,就是接受国学训练的人都不一定赶得上。经典娴熟、文词典雅,而且能在中国经典里读出奥妙的思想与高超的文化,他是来华耶稣会士们的模范。

大体上,耶稣会士对于古典儒学,例如《四书》《五经》的内涵,都非常佩服,而且认为其中对人整体理性的重视甚至超过西方;儒学对于人的道德的重视、德行的培养更为积极;儒家有信仰,并非无神论者,因为中国古代相信"天"或"上帝"。这使得耶稣会士们选择了古典儒学来做交谈对象,并采取了"补儒"的策略,也就是以天主教的信仰补足儒家思想,但他们要补足的是先秦的古典儒学,而批判宋明儒学。

在此,我要略为谈一下古代中国对于上帝和天的信仰。我们要区分商朝相信的"上帝"和周代相信的"天"。殷商的"帝"或"上帝"是与商朝祖先诸王关系密切的最高神明,但其仍在多神架构里面,其下还有日、月、山、川、河流的众神。从殷商转为周朝之后,周人为了避免在占卜或祭祀时向殷人的上帝祷告,会通向殷的祖先神,恐怕其中有所混淆,所以就由帝或上帝转往涵盖普世的"天"。虽然在早期周朝文献中,"天"与"上帝"仍然混用,但后来就明显转往"天"的信仰,主要是因为"天"是普遍的,覆盖大地万物,而不像殷人的"上帝"只是关连到殷族的祖先。

第四讲 中国经典西译与西方近代哲学家的回应：理性主义者与启蒙运动的初兴

耶稣会士当时引用"天"或"上帝"，重点在于中国人曾有对"天"或"上帝"的信仰，但抽离了其原先多神的脉络。他们曾经为了到底要把拉丁文 Deus 如何翻译有过辩论。到底是译作"上帝"（现在基督教仍然沿用），或是译为"天主"，或是跟方济各·沙勿略在日本采的音译原则一样，干脆用"陡斯"音译 Deus，以避免与中国的神明相混淆。须知天主教的天主有启示神的意味，而不是中国的自然宗教的"上帝"或"天"。耶稣会士内部曾为了译名问题严肃地反复辩论好几次，最后在 1628 年的江南嘉定会议中决定采用利玛窦译为"天主"的主张。

前文曾提到，我所看过的高毋羡的《辩正教实录》的西班牙译本和英译本，把"无极"、"太极"、"理"等都翻译为 Dios 或 God，造成这些语词中较细腻的中国哲学、历史与文化的意义被遗失。译名一直是个难题。但无论如何，耶稣会士们发现中国经典与天主教信仰相合而不相违，即使有多神的脉络，或一时名称难定，但他们仍陆陆续续将中国的经典译为拉丁文或意大利文等。这一方面是为了让欧洲人也认识到，耶稣会在华的文化适应的策略是正确的，天主教不该强加其神学于中国人身上，反而要在了解中适应、发展；另外也让他们了解，中国长久以来奠定了一种人文的、理性的文化典范，值得欧洲人学习。所以耶稣会士对于先秦儒家，尤其孔子，所订下的人文典范最为推崇。我们若阅读《论语》，可以见到孔子本人也祈祷。他曾对子路说"丘之祷久矣"（《述而》）；他也曾对王孙贾说，"获罪于天，无所祷也"（《八佾》），可以看出孔子的宗教性，以及他对于天的信仰。孔子思考问题时所显现的完整理性，以及他本人德行的高超，都令耶稣会士们景仰。所以，他们当时热心译介到欧洲的，基本上是孔子及与他相关的经典。

相反地，对于宋、明理学和心学，他们反而认为是儒学的堕落或退步,例如对朱熹的"理气论",他们采取了批评的态度。早期传教士很清楚地区分古典儒学和宋明理学、心学。如此区分不但是针对他们对"天"或"上帝"的态度开放或不开放,而且也在于人的成德是否像先秦儒学那样与他人、与超越界有关系,或者像宋明儒学那样转为人自己内心的修养,封闭在主体之内,致力于"去人欲存天理",或"敬",或"致良知"的内在性涵养工夫。当时耶稣会士们介绍、翻译的经典,主要都是环绕着《四书》《五经》;而他们所介绍的圣者,主要是孔子。①

到了清初以后,耶稣会士为了要强调中国的理性也重视数理及其结构,因此转向《易经》。加上康熙皇帝非常喜欢《易经》,曾令李光地编纂易学之书;传教士对《易经》也深入研究,致力发挥《易经》里的数理结构,甚至对清朝易学大师李光地的易学研究有所影响;李光地本人在撰述中也提及这点。白晋研究易经,并每天向康熙皇帝讲授,也因此才影响及李光地。他们重视中国人的理性,认为中国人不但有整全的理性,其中含有合理的宇宙观;也包含实践的理性,涉及对政治社会的整体考虑;此外,更还包含了数理的结构。在《易经》的数理结构引进欧洲以后,印证了莱布尼兹已有的雏形构想。我稍后再讨论。莱布尼兹与白晋有密切的书信往来,也阅读了耶稣会士们有关《易经》方面的著作。

简单说,自明末到清初,耶稣会士西译的重点是在介绍孔子;到了康熙皇帝之后,由于皇帝的喜好,转向译介《易经》;虽然都属于五经范围,

---

① 孔子的外文名称 Confucius 是把"孔夫子"一词拉丁化的结果,且外文中将儒家或儒学译为 Confucianismus(拉丁文、德文),Confucianism(英文)也因此而来。须知,孔子虽是最伟大的儒者,也是儒家思想的奠立者,但中国人自古一般尊称他为"孔子",然而"儒"的阶层或行业出现得要比孔子还早,孔子是其中教育事业最成功、思想与人格最伟大者,被尊为"万世师表"。至于"儒家"一词在司马迁《史记》中(约公元前一百年左右)才出现。

第四讲　中国经典西译与西方近代哲学家的回应：理性主义者与启蒙运动的初兴

但对理性的看法，重点从整全理性转向数理理性。大体上，从利玛窦开始，他在1591年开始用拉丁文翻译四书，应该是属于意译，且他的译稿也已寄到意大利，供人阅读。然而，至今我没有看到过这本书稿。不过，利玛窦本人的确在其书信中提到自己翻译四书，且内容非常丰富而且有用，但由于我无从接触，所以无以赘言。

利玛窦的继承人龙华民（Nicholas Longobardi，1559—1654），虽然其所采取的策略，在对"天"、"帝"与"上帝"的看法，以及对中国人的信仰的态度，与利玛窦有异，但他也写作了《孔夫子及其教理》。在他之后，金尼阁（Nicolas Trigault，1577—1628）来自法国，除了写作了《天主教远征中国史》以外，按照当时的书目，以及他自己的叙述，他也曾提到自己把《五经》译为拉丁文，可惜未见流传。稍后的葡萄牙人郭纳爵（Inácio da Costa，1603—1666），曾经与另外一位意大利传教士殷铎泽（Prospero Intorcetta，1625—1696）合作翻译《四书》。其中，郭纳爵翻译了《大学》，后改名为《中国智慧》①，殷铎泽把《论语》翻作《中国政治道德学》，另也翻译了《中庸》，可惜没有翻译《孟子》，大概是因为他也是集中于孔子、以孔子的德行为最高吧。此外，殷铎泽还写了一本《孔子传》。

可见，正如耶稣会士们向中国极力推介亚里士多德及其著作，他们向西方则集中精神在译介孔子以及四书五经。

此外，比利时人柏应理（Philippe Couplet，1623—1693）写了《汉语初步介绍》，也翻译了《四书直解》，并且还写作了一本《中国哲学家孔子》（*Confucius Sinarum Philosophus*）。法国的卫方济（François Noël，1651—1729）也曾翻译《四书》，不过他把《大学》取名为《成年人之学》，以

---

① 由于收入合译的《四书》，为此也有人说《大学》是殷铎泽和郭纳爵合作翻译的。

有别于小学或幼学（像《幼学琼林》、《孝经》这类给孩童的读物）。至于《中庸》，他称之为《不变之中道》。

后来，一位名叫刘应（Claude de Visdelou，1656—1738）的传教士特别重视中国儒家的礼仪，为此翻译了《礼记》，主要是其中的《郊特牲》，以及《祭法》、《祭义》、《祭统》等，并且也把《四书》译为拉丁文。

此外，来自奥地利的白乃心（Jean Gruber，1623—1680）在他的《中国札记》里也有《孔子传》，而且还把《中庸》翻译为意大利文，这是比较特殊的地方。当时民族国家虽已兴起，但还没有到重视各国文字的地步，连《圣经》都还是拉丁文本。不过，白乃心把《中庸》译为意大利文，也是为了让意大利人和教廷中人都能够了解《中庸》里高度的哲学意义。一直到这里，中书西译的工作主要还是集中在孔子和《四书》和《五经》。

到了康熙皇帝之后，译介的方向有所转折，主要重点集中在《易经》。刚才提到的白晋有易经研究，当时是手稿，晚近才公布刊行，曾有中国学者专程受邀，对这整手稿仔细阅读过，并作了详细的介绍。同样的，法国人雷孝思（Jean Baptiste Regis，1663—1738）曾经用拉丁文翻译并且出版了《易经》。可见，此时《易经》已引进欧洲。接着，汤尚贤（Vincent de Tartre，1669—1724）也出版了《易经研究》。

除此之外，像《诗经》、《书经》也都有所翻译，例如法国的马若瑟（Joseph de Premare，1666—1736）曾研究中国文字学中的六书理论，也翻译了《赵氏孤儿》，著有《书经以前时代及中国神话的研究》。在《书经》方面，还有宋君荣（Antoine Gaubil，1689—1759），不但作了《四书》的译注，而且还翻译了一些唐代的文学作品，中国的纪年表，也翻译了《书经》。

以上可以说是中国著作被译介到西方的一般状况，对此国内已有研

第四讲 中国经典西译与西方近代哲学家的回应:理性主义者与启蒙运动的初兴

究,并明列出译作书单,我不必多说。我只在此指出:大体上早期是介绍孔子作为圣人典范,以及《四书》中的孔子思想;其后,则有《易经》方面的译介与研究,以显示中国人的数理理性与神学隐喻。

究竟耶稣会士们所了解、所体会的孔子是怎么样的人呢?正如艾儒略所说,他们之所以翻译亚里士多德,是为了让东海圣人与西海圣人的思想相逢。其中"西圣"指的主要是亚里士多德,重点是在后者衔接了人学与天学,而且提到亚历山大大帝推崇亚里士多德,显然并不只是推崇他的学问,而且也推崇他的德行。至于东海圣人,主要指的是孔子,虽然是因为孔子崇敬天,有宗教性的一面,但主要还是就其理性精神来讲,认为孔子发挥了最完整的人文理性。孔子不但教六经与六艺(礼、乐、射、御、书、数),更重要的是孔子非常重视德行的培养。孔子不但重视德行教育,而且他本人实践德行。更重要的是,他的德行不止于个人,而且扩而充之,直到齐家、治国、平天下。换言之,孔子所讲的理性不限于个人,而且可扩张到家庭、国家,天下的群体秩序与福祉。比利时人柏应理在《哲学家孔子》一书中曾表示:"我们可以说,这位哲学家的道德无限崇高,同时又如此单纯而敏锐,而且是汲自最纯粹的自然理性的泉源。可以确定的说,从来理性没有能够像这样在没有神的启示光照之下,如此高超、有力。"[1]这话清楚地表示了他对孔子思想的推崇。

后来,莱布尼兹在他的《有关中国的最新事物》(*Novissima Sinica*)的"序言"中也表示:

---

[1] Philippe Couplet, *Confucius Sinarum Philosophus*, in English Selections, *The Morals of Confucius*, A Chinese Philosopher, London: Printed for Randal Taylor: 1691, p. 1.

> 我认为这是个天定独特的计划,今天人类的文明与改良必须集中在我们这块大陆的两端,也就是欧洲和中国。中国是东方的明珠,就如同我们欧洲是另一端的明珠一般,或许至高的天意已经颁布了这样的安排,使这两个最有文化、最遥远的人民彼此伸出手来,好使得那些居间的民族也可以逐渐提升迈向较好的生活方式。①

可见,莱布尼兹把欧洲和中国这两端看作是最好的文明,其他的民族都应该效法与学习,重视修身和美化,进而改善他们的生活方式,趋向更好的文明发展。这点想法与前引艾儒略所说,要使东圣西圣相逢,使他们的思想相互融合,意思十分类似,也是十分乐观的看法。

二、西方近代哲学对中国讯息的响应

初期来华耶稣会士向西欧译介了先秦儒家思想,他们的著作传到欧洲以后,当时正好是西欧由人文运动、科学运动,转向寻求哲学基础的时期。在西欧,近代哲学思想起自法国的理性主义运动,其中最著名的思想家是近代哲学之父笛卡尔,之后有帕斯卡尔(Blaise Pascal,1623—1662)、马勒布朗士(Nicolas Malebranche,1638—1715),莱布尼兹和他的弟子沃尔夫(Christian Wolff,1679—1754)。他们中有好几位深受中国思想的影响,并曾提出专著响应。其次,英国经验主义有洛克、贝克莱(George Berkley,1685—1753)、休谟(David Hume,1711—1776)等人,

---

① Donald Lack, trans, *The Preface to Leibniz' Novissima Sinica*, Honolulu: University Press of Hawaii, 1957, p. 68.

第四讲 中国经典西译与西方近代哲学家的回应:理性主义者与启蒙运动的初兴

不过,他们对于中国倒没有专文正式提出响应。

在理性主义与经验主义之后,到了十八、十九世纪,有德国观念论的康德、费希特(J. G. Fichte, 1762—1814)、谢林(F. W. J. Schelling, 1775—1854)、黑格尔,以及对黑格尔产生反动的马克思(Karl Marx, 1818—1883)、尼采(F. W. Nietzsche, 1844—1900),他们中也有对中国提出评论,我会在另一讲中再论。

本讲将集中在理性主义的跨文化视野与贡献,尤其表现在其与中国文化与哲学上的互动上者。不过,在进入对于理性主义的讨论之前,先让我表示一下我对经验主义相关议题的看法。

比较起来,近代兴起的经验主义对于彼时引入欧洲的中国思想,甚少表示反应。就文化、宗教上的互动而论,由于经验主义发生于英国,而英国国教,也就是英国圣公会,初期仅在英伦诸岛上传教,其后才推及其他英国殖民地,例如十七世纪随着美洲移民潮而传至美洲。一直要到十八世纪末、十九世纪初,更精确的说是在1799年,才成立了将对非洲、亚洲传教的英国圣公会差会(Church Mission Society 简称 CMS),到了十九世纪才正式开始向非洲、和亚洲的英国殖民地印度传教,其重点主要是在非洲地区。① 这些都比耶稣会来华晚了两三百年,所以尚未赶上十七八世纪的中西文化互动大潮。此外,早期英国哲学家们对中国文化的兴趣也不高,他们的思想反而比较反映了英国的扩张与其对殖民地的兴趣。尤其是洛克,他曾担任沙兹伯里公爵(Earl of Shaftesbury)的秘书,

---

① 1799年4月12日该差会成立时,名为"非洲和东方传教会"(The Society for Missions to Africa and the East)。第一批传教士来自符腾堡的路德会,在柏林神学院培训,1804年派遣出去。1812年差会更名为"非洲和东方教会传教士协会"(The Church Missionary Society for Africa and the East),1815年派出了第一位英国牧师。

后者可说是英国殖民地扩充的推动者，他也没有对其他地区文化的兴趣、推崇与尊重。另外，经验主义的知识来源基本上是认为只有看见的，经验得到的，才算是知识的来源。但是，由于人的经验往往受限于时空与情境，无法普遍化。既然所有的知识都必须回归到感性经验，他们对于来自其他历史传统或信仰的内涵，也就往往将其悬置。

也因此，洛克有所谓的"人心如白板"（tabula rasa）的说法。从古典经验主义、自由主义，一直到二十世纪，一方面为了要求知识有可靠的来源，另一方面为了在公共领域不会引起争议，于是把所有人的信仰和各自的传统放置到不必讨论、以免引起争议的地步，不论是放置于洛克所谓的"白板"，或是到了二十世纪罗尔斯（John Rawls，1921—2002）所谓的"无知之幕"，其目的都是要把过去历史形成的传统，不管是自己的或别人的，当作只是偏见或洞穴来处理，而把可公开讨论的事物定位在大家眼睛看得见，耳朵听得到的感性经验部分。所以，英国经验论和自由主义把所有的历史传统，不单是他人的传统，甚至自己的传统，都放入括号，置于私人领域，放置在白板或无知之幕里，不要在公共领域里讨论。

在这一点上，经验主义和自由主义会遇到的最主要的困难是：人心缺少一个可以高尚其志、昂扬精神的理想。其实，人都是隶属于某个传统，在传统中习取可以昂扬自己志向与精神的理想价值。然而，现在这些理想都必须放在白板或无知之幕中，以便能公平讨论公共事务。可以想象，在英国大帆船航行各地，争取并掠夺殖民地的同时，也造成了国内与国外不同势力的纠纷，为此，他们总希望主张一个可以公共讨论的知识领域，也因此会把知识定位在经验上，是为了公共论述里的客观性；至于将历史传统与理想悬置，也是为了公共讨论的公平。这样的关心，是值得同情了解的。但若因此就把每个人内心所珍惜、向往的一些价值理想都放到白板或无知之幕，放到必须批评、检讨、甚至抛弃的洞穴偏见、戏剧偏见等等里面，予以悬置，使人生顿失重心，这也是值得检讨的。

依我的看法，经验主义对于科学的确有许多贡献。随着经验主义发展起来的自由主义，也的确在政治、社会、经济上多有贡献。但是，若就它对于文化传统，对于人的历史性，以及对于人心所需借以昂扬其志的理想和动机体系而言，经验论和自由主义可谓卑之无甚高论，虽在人权、市场、公共权利与代议政治等有所贡献，但也往往沦为争夺权利的借口。

三、理性主义者笛卡尔：入境随俗与慷慨待人

相反地，从今天的角度来看，当时在西方世界能对其他文化传统加以欣赏、尊重的，是欧陆的理性主义。理性主义的奠立者笛卡尔，也是整个近代哲学的奠基者，他的名言"我思故我在"说出了近代性（modernity）的基本精神①。换言之，西方自文艺复兴运动一直到近代性或现代性完整展开的根本基础，就是"我思故我在"所宣示的人的主体性。虽然在后现代的反省里，会批判人的主体性有时是虚妄的，并不是真正的主体；更何况，在主体的内在有欲望的动力，会企求于他者，所以主体与他者之间的关系总不可忽略。话虽如此，我认为近代以来最重要的遗产仍是人的主体性的发现，虽可批评之，并要求其开放，但总不可弃

---

① Modernity 我一般译作"现代性"，有时译作"近代性"，用以指称自文艺复兴以降西欧近、现代世界的特性，被二十世纪六七十年代兴起的后现代思潮加以反省批判而赋予的概括性名称。

之不顾。

就哲学史而言,笛卡尔的思想也是有继承,同是又有创新的。从吉尔松(Étienne Gilson, 1884—1978)对于笛卡尔《方法导论》的研究①,我们可以知道笛卡尔哪些思想是来自中世纪的士林哲学,哪些是他自己的创见。虽然笛卡尔批评士林哲学,也批评他当时的科学体系,而钟情于数学,这对所有的理性主义者有很大的启发,但他仍有继承先人之处。笛卡尔重视思想中清晰而明判(clara et distincta)的观念,认为这样的观念才有显明的确定性,可相信为真实。在清晰而明判的观念中,有"无限"的观念,然而,"无限"不能由有限者来产生,也因此他认为应该有个无限者使得人们能有"无限"观念。这是中世纪存有学论证与因果论证结合的结果。

笛卡尔在法国曾受到言论管制,有不愉快的经验,于是迁到荷兰。我在莱顿大学的汉学院任教一年时,曾去拜访过他在莱顿的故居。由于莱顿是个自由土地,可以有言论自由。笛卡尔体验过文化的多样性,他的心也是慷慨的。他接受瑞典克里斯汀女王(Christine Wasa, Queen of Sweden, 1626—1689)邀请,赴瑞典为女王上课。他或许在潜意识里预感这一去恐不复返,所以在上船前曾请人画了肖像。他为了协助常坐船来看他并询问哲学问题的伊丽莎白公主,为了提高她将来的国际能见度,想先和瑞典女王打交道,推荐伊丽莎白公主,于是慨然北行到瑞典寒冷之地任教。可见,笛卡尔是一个心胸慷慨之人,不封闭于个人主体,常多为他人设想。

---

① Gilson, E., *René Descartes. Discours de la méthode, texte et commentaire*, Paris: Vrin, 1925.

第四讲 中国经典西译与西方近代哲学家的回应:理性主义者与启蒙运动的初兴

笛卡尔的哲学体系里虽然没有讨论其他的文化传统,但他的"暂时伦理"(éthique provisoire)信条,第一条就是要入境随俗,要尊重所进入的文化。让我说明一下。笛卡尔的哲学体系,正如他在给皮柯特神父(Claude Picot)的信中说的:"整套哲学体系像一棵树一样,树的根是形上学,树的干是物理学;树的枝是其他所有科学,总归为三项主要的:医学、机械学、伦理学。"[①]形上学主要是"我思故我在"所领会到的清晰明判的观念;至于医学、机械学、伦理学都还没成为科学,但是人必须有一暂时伦理学(éthique provisoire),其中第一条就是要入境随俗,尊重别的文化。笛卡尔本人曾在耶稣会神学院住了两年,这一条应该是耶稣会伦理学的翻版,因为这一条说的也就是耶稣会四处传教所采取的入境问俗的适应策略。在其影响下,笛卡尔心目中有一慷慨的伦理学,也有适应他人、尊重他人文化的胸襟。

笛卡尔与克里斯汀女王和伊丽莎白公主通信,其结果就是他晚年的巨著《论灵魂的热情》(Passions de l'ame/Passions of the Soul)。在该书里最核心、最重要的德行,就是慷慨,而且他认为:只有真正慷慨的人才有真正的自我,而且有真正自我的人一定会慷慨。这点实际上推翻了后世批评笛卡尔的封闭主体性的想法。其实,笛卡尔认为真正的主体要能对他者慷慨,而且唯有能真正对他者慷慨的人才是真正的主体。这一想法已经在近代哲学的奠基者身上,把近代性的主体性和后现代对他者的

[①] "Ainsi toute la philosophie est comme un arbre, dont les racines sont la métaphysique, le tronc est la physique, et les branches qui sortent de ce tronc sont toutes les autres sciences, qui se réduisent á trois principales, á savoir la médecine, la mécanique et la morale."; M Descartes, *Lettre-preface*, *Les Principes de la philosophie*, Traduction française de l'abbé Picot (1647), l'édition Adam & Tannery, IX, 2, p. 15.

慷慨，两相衔接起来了。

四、马勒布朗士：孔子也在神内看见

笛卡尔虽出身于耶稣会的教育，但他随后移居荷兰、瑞典等新教国家，并死于北欧，没有机会接触到利玛窦他们传输回西欧的《四书》、《五经》与孔子的典范。所幸，在他之后的法国理性主义思想家马勒布朗士不但拜读了在华传教士所介绍的中国哲学思想，而且他还写作了《一个基督徒哲学家和中国哲学家关于天主的存在与本性的对话》(*Entretien d'un philosophe chrétien et d'un philosophe chinois sur l'existence et la nature de Dieu*，1708)①(以下简称《和中国哲学家的对话》)。马勒布朗士可以说是在笛卡尔以后最重要的法国理性主义者，当然，此外还有帕斯卡尔，不过帕斯卡尔更是以他的数学著名于世，且是笛卡尔的批判者；而马勒布朗士则是以哲学家著称，且表现出与笛卡尔的连续性。马勒布朗士是司铎祈祷会的会士(Oratorian)，他在会士受训期间接受了亚里士多德哲学的训练，不过司铎祈祷会基本上更受到圣奥古斯丁的影响。可以说，马勒布朗士在哲学方面基本上是把笛卡尔哲学和圣奥古斯丁思想结合起来。他虽然也是个很好的数学家和科学家，但他不像帕斯卡尔那样批判笛卡尔，而是一个真诚的笛卡尔的推崇者。他最早受笛卡尔的启发，是读了笛卡尔过世后出版的《论人》(*L'homme*)②。当时马勒布朗士对于笛卡尔的科学和数学非常推崇，认为那是人类理性的表现。同时他

---

① Malebrache, N., *Entretien d'un philosophe chrétien et d'un philosophe chinois sur l'existence et la nature de Dieu*, in Oeuvres Completes, Tome XV, Paris: J. Vrin, 1958.
② Descartes, R., *L'Homme*, Paris: Charles Angot, 1664.

第四讲　中国经典西译与西方近代哲学家的回应:理性主义者与启蒙运动的初兴

也采取了笛卡尔对于清晰明判观念的想法,认为清晰明判的观念就是真实的。

马勒布朗士也采取了笛卡尔式的本体论证。本体论证说的是:无限(天主)是无法想象比它更伟大的概念;无法想象比它更伟大的概念包含存在;也因此,无限(天主)这一无法想象比它更伟大的概念包含存在。这一本体论证的三段论证在逻辑上相当严谨。[①] 后来,罗素(Bertrand Russell,1872—1970)也认为在逻辑上它是无懈可击的。但是,康德曾批评本体论证说:我可以想象我有一百马克,但我口袋里并不一定实际有一百马克。不过,康德这是有关一百马克的问题,并不是有关无限的问题。

笛卡尔的本体论证应该包含两方面:一方面人有"无限"的概念。我先说明一下"无限"的概念。若从算术上来讲无限,往往是没有限定的数目,可以继续再加一,不断再加下去,但这只是消极的无限。然而,笛卡尔的无限是积极性的无限概念。不是消极性的无限,而是积极的无限,是可以想象无限伟大,能力无穷的存在,也就是天主。笛卡尔的论证认为,有限者无法想象这一无限存在的概念,所以无限的概念应该是由无限者(也就是天主)所给予的。这样的论证,在我看来,应该是本体论证加上因果论证的结果。基本上,马勒布朗士也是遵循了笛卡尔这一想法。我们看到,他在《和中国哲学家的对话》里,要把这个想法搬出来,作为批评中国哲学家的基本论点。马勒布朗士在这方面继承了笛卡尔。

[①] 本体论证用三段论证表述如下:大前提:无限(的天主)是无法想像比它更伟大的概念;小前提:一个实际存在的无限要比不存在的无限来得更伟大;结论:所以,无限(的天主)存在。

另方面，马勒布朗士也继承了圣奥古斯丁的光照说，但他并不特别重视圣奥古斯丁的回忆说。我们前面说过，圣奥古斯丁受到柏拉图的影响，很重视记忆和回忆。马勒布朗士把记忆和回忆当作人的想象作用之一，但人若想象过度，往往会是错误的来源。这本来也是笛卡尔的论点，对马勒布朗士很有启发，认为人之所以会犯错，往往是因为想象过度。所以，人不能太相信想象。也因此，马勒布朗士并不强调记忆。也正由于这一观点，他对历史家、对强调记忆者，往往多所批评。他认为人最重要的能力就是智性（understanding），而不是想象；而在人的智性里，最重要的就是那些清晰明判的观念。这点也非常接近笛卡尔。

然而，马勒布朗士有关智性的最高作用，受到圣奥古斯丁的启发。马勒布朗士认为人在智性最清晰明判的概念中所见，也就是当智性看到最清楚明白时，都是在神内看见。这点和圣奥古斯丁的光照说非常一致。马勒布朗士是一个非常好的哲学综合者，为此我们不能随便说他只是一位笛卡尔主义者，也不能随便说他只是一位奥古斯丁主义者。更何况，他这一哲学论点，也正是他的信仰所在：人在神内看见。换言之，当人有真知灼见之时，都是在神内看见。他重视"看"这个字，这是来自亚里士多德的传统。亚里士多德在《形而上学》开宗明义便说："所有人按照本性都欲求知识，其中最主要的证明，就是我们喜爱感官……而在一切感官之上，我们最爱视觉。因为不但是为了想做些什么，即使当什么也不做，我们都宁愿东看西看。"[1]我想，虽然看、听、嗅、味、触都有深刻的哲学意涵，不过西方文明特别重视"看"，亚里士多德早已说出。到今

---

[1] Aristotle, Metaphysics, 980a 21—25., in *The Complete Works of Aristotle*, vol. 2. p. 1552.

天、阅读、观赏、视讯的文明,也都是看的文明。在近代哲学中,马勒布朗士的"看"包含了在神内看见之意,在此才能当作是真正看见。综合起来:人看得最清晰明判时才看得真(笛卡尔),而人唯有在神内才能如此看见(圣奥古斯丁)。

人到底在神内看见了什么呢?换言之,到底人能掌握的真理是哪些?第一,所有理性的真理,尤其数理方面清晰明判的真理,像 $2+2=4$ 等。马勒布朗士为什么推崇笛卡尔呢?就是因为笛卡尔在理性真理方面看得清楚。由于数理之真,马勒布朗士也会推崇《易经》里表现的中国人的理性,他对中国人的推崇并不因为中国人的德行,而是因其数理,认为中国人能透过神而看见数理真理。这使得马勒布朗士佩服中国人了不起,认为他们一定有神作后盾,只是中国人对此还没清楚意识到而已。在神内看见数理,这是马勒布朗士的第一个主张。马勒布朗士对于中国数理之知的重视,已经埋下尔后其他理性主义者,如莱布尼兹和沃尔夫,喜好《易经》的伏笔。于是,欧洲的中国研究,逐渐从对中国《四书》、《五经》的译介,转向对《易经》数理的研究。

第二,在神内看见"无限"概念。人的理智所能看见的清晰明判的概念,包含了"无限"概念。换言之,每个人心里都有"无限"的概念。"无限"的概念,不只是数字上不限定的无限,可以继续往上加;而是指在形而上、存有论上的无限存有者上帝。无限存有者在我们心目中,一定不是来自于我,不是来自我这个有限的智性作为原因,而是来自无限存有者本身,是它给予了我,使我能在神内看见。就此而言,他在《和中国哲学家的对话》中,运用这一论点来论证中国人不足之处。

第三,在神内人看见所有自然理性可以看见的道德法则。凡是各个民族、各个文化,如果他们见到合理的德行原理,那些德行原理都是人按照自然理性可以获得的,当然也是人在神内看见的。从基督宗教来说,这是从启示得来;然在人的自然理性里也可以找到依据,在华传教士介绍给欧洲的孔子,便是一个非常好的例子。也因此,马勒布朗士在《基督徒对话录》(Conversations Chrétiennes)一书开宗明义就推崇孔子,认为孔子是人按照自然理性便能获得道德法则的重要范例。他在该书一开始就说:"圣托马斯应用了亚里士多德的感受,圣奥古斯丁则应用了柏拉图的感受,为了向哲学家说明信仰的真理,而我如果没有错的话,也是因为这层关系,使得中国人得以从该国哲学家孔子那里得到切近于我们的学说的这些真理。"① 从以上这些话看来,马勒布朗士也是十分推崇孔子的。

五、基督徒哲学家和中国哲学家的对话

然而,在马勒布朗士后来撰写的《一个基督徒哲学家和中国哲学家关于天主的存在与本性的对话》中,他转过来对儒家有所检讨与批评。不过他所针对的,其实是朱熹的理气论,而不是针对孔子的学说。这一点,过去的研究者往往没有详加以区辨。须注意,虽然同样是在讨论儒家思想,但不能混而为一。朱熹的理气论本来也是利玛窦等人所批评的,利玛窦认为"理"是附性(accidentia),不是实体,既然不是实体之物,怎么能创造天地呢?基本上,马勒布朗士之所以写这本对话录,是来自在华传教士的要求,他们希望,为了给予中国人更多理性的证明,盼能有个数学家或像马勒布朗士这样的哲学家给他们一个用来和中国人讨论

---

① Malebranche, N., *Conversations Chrétiennes*, in *Oeuvres*, Paris: Gallimard, 1979, p. 1129.

第四讲 中国经典西译与西方近代哲学家的回应:理性主义者与启蒙运动的初兴

的论据。当时有一位耶稣会士回到法国,他正好是马勒布朗士的朋友,因此就拜托他来写作,本来只是为了供耶稣会士们内部讨论。马勒布朗士自己表明,本来没有意思要公开,但后来手抄本越来越多,怕引起误会。而且有人认为他写这文章,是在反对或批评耶稣会士们,因为他不属耶稣会,而是司铎会的成员。

更且,当时"礼仪之争"已经发端,耶稣会内部也有不同意见,法国耶稣会士们对于意大利耶稣会士们采取的文化适应策略也有意见。对于是不是可以允许中国人崇拜祖先,甚至使用中国人的"上帝"、"天"等语词,显得中国人早已有正确的宗教信仰,意见不同。对此,已经有不少道明会、方济各会,甚至耶稣会内部也有人主张不能再这样。为此,耶稣会士们才会在杭州、嘉定等地召开学术会议,讨论到底 Deus 该如何翻译,到底译作"陡斯"、"上帝"、"天主"哪个好? 文化的外推和翻译本是一件要非常谨慎的事情,需要经过冗长的讨论,此一讨论与论辩也扩散到了欧洲。

为此,马勒布朗士才会暗示,有人认为他是在反对耶稣会,也因此有必要公布此书,使大家明白他的真正想法。他的话虽然没有讲得这么明白,不过,他虽然一方面配合耶稣会士自利玛窦以来的做法,批判宋明新儒而推崇古典儒家。他在《基督徒对话录》中称赞孔子,但在《和中国哲学家的对话》中批评朱熹。然而,另一方面,他在批判宋明儒学之时,也指陈中国经典里并没有基督宗教所言上帝,像"帝"、"天"、"理"等,这些都不是天主。借此,他也就指出耶稣会士所采取的适应策略也是有问题的。如此一来,《和中国哲学家的对话》像是一把双刃刀,有利于在华耶稣会,但也有不利之处。

先讲一下关于"对话"(Entretien 或 conversation)一语的使用。马勒布朗士喜欢用"对话"的方式表达他的思想。这在西方哲学有其长远传统,自从柏拉图对话录以来,哲学家常透过对话来表达真理。在柏拉图那里,辩证法(dialectics)就是"对话的艺术"(art of dialogue),且针对所提出有关友谊、勇敢、美等的定义,都没有最后的答案,因为最后发现,对话者对于这些的观念或相,都没有最后的掌握。真理是哲学家的事业,而哲学家们彼此也都是朋友,哲学是在朋友当中的对话。苏格拉底跟他的青年朋友们对话。不过,哲学的对话在柏拉图那里多是富于批判性的对话。可以说,由于共同对真理的爱好,而在友谊之中仍有敌意:我不同意你,你也不同意我。你一提出某个定义,我就马上指出其中的缺陷。所有的知识都要经过批判性的检查。一如苏格拉底所言:"没有经过检查的生命,是不值得活的。"①在批判性的检查之时,也包含着把所提出的知识的有限性指陈出来,以致到最后都没有究竟的答案。

哲学史发展到了马勒布朗士,他的"对话"是 Entretien 或 conversation,已经有了一些改变:虽然仍是朋友之间的对话,但没什么敌意,有的只是问者与答者的对话关系;问者和答者同时都保有某些真理,为此相互可以继续前进,最后得到最终的真理。对于马勒布朗士而言,那无限的真理是人可以在神内看见的,而且那无限的真理本身也是可以展示出来的。所以,马勒布朗士本人是拥有答案的,这点不同于柏拉图。马勒布朗士的对话不是出自批判性的、敌意的友谊,而是带着相互了解、彼此扶持前进的友谊,比较像是基督徒在爱中的对话;而且可以在最后共同获致真理的显现,或说在神内观见真理。

---

① Plato, *Apology* 37e—38a.

第四讲 中国经典西译与西方近代哲学家的回应:理性主义者与启蒙运动的初兴

先前,马勒布朗士在《对真理的探索》(*De la Recherche de la vérité*)[①]一书中,已经提出在神内观见真理的见解。马勒布朗士作品中的对话观,既显示了基督徒的对话精神,如《基督徒对话》;也显示了跨文化向度,以基督徒身份和别的文化传统对话的精神,如《和中国哲学家的对话》。这是笛卡尔所没有的。笛卡尔作为现代性的奠立者,挺立了主体,并在主体性上奠立了近代哲学,但他并没有什么对话表现,更没有基督徒的对话精神,他虽主张"入境问俗",但他与其他文化传统对话的欲望也不强烈。然而,在马勒布朗士那里,他最喜爱的写作形式是对话,并且把对话精神从柏拉图式无法达至终极定义的对话,转变为朝向终极真理之途的交谈。在《基督徒的对话》里,他一开始就推崇孔子,主要是把孔子当作中国理性的代表,且其背景论点是:孔子之所以能如此,显然是因为他能在神内看见,虽然孔子并未意识及此。

然而,在《和中国哲学家的对话》中,他主要经由对话,评论朱熹理气论之不足,借此论证天主或神本身是无限的存有者。其实,这包含了他对于朱熹哲学的误会。因为就朱熹而言,在形而上层面,"理"可以在其自身;在形下层面,"理"驭"气"而行,"理"、"气"不分离。马勒布朗士只知道,"理"、"气"不分离,可是并不知道"理在其自身",且在形而上层面,是"理"高于"气",而且可以与"气"分离。只有在形而下的实际存在上,是"理"、"气"并行。

我想,马勒布朗士基本上掌握了朱熹的形而下这点。我们可以说,他对于理气论的思考,是从他对亚里士多德形质论批评的角度来看的,也因此他将理气关系视如形式与质料的关系。但这点丝毫不影响他对

[①] Malebrache N., *De la recherche de la vérité*, in *Œuvres*, Paris: Gallimard, 1979.

孔子的推崇。他从孔子那里学到：透过人的自然理性也可以看见道德的真理，这一点后来被莱布尼兹和沃尔夫加以发展，甚至引发西方启蒙运动的开端。至于他对朱熹理气论的批评，在意图上是为了呈显有一无限的存有者天主作为万物存在的原因。在这一点上，中国的宋明理学仅诉求于"理"作为原因，而没有指向超越而无限的实体作为原因。这也是利玛窦和在华传教士批评的对象，而这一批评也被近代西欧哲学家所接受，但我们不能说朱熹哲学思想的优点有被马勒布朗士体会到、吸收到。孔子虽被马勒布朗士视为典范，但朱熹则只是他用来当做批评的借镜。

《和中国哲学家的对话》一书，按照作者在前言里所表达的，其写作目的是为了改正中国人对于天主所拥有的错误观念。其所谓的"中国人"并不是指孔子，而是指宋明理学家，特别针对朱熹。按照法国名哲学史家亨利·古耶（Henri Gouhier，1898—1994）为该书新版所写的序，其实马勒布朗士并不是针对中国本身，而是针对他自己所懂的中国，然隐含在背后的，则是他针对斯宾诺莎（Baruch Spinoza，1632—1677）的批判。这一点是可以确定的，因为当马勒布朗士年老时，有人问他对斯宾诺莎的意见，他回答说："去读读《和中国哲学家的对话》就可以了。"可见在该书的背后，马勒布朗士更熟知的是斯宾诺莎的思想。他归结出的结论是：斯宾诺莎和中国人一样，都把无限的存有和某一个显现无限存有的存在物搞混了。

换言之，马勒布朗士在这本《对话》中所针对的问题，是中国人并不知道自己正是在无限的存有天主中看见其他一切，但却未能认识它；相反地，他们把天主所已然显现的某些面相、智慧或是理，当作就是天主了；这点正如同斯宾诺莎把被生的自然（natura naturata）视同能生的自然(natura naturans),也就是实体本身,当作是无限的存有了。在这意义上,马勒布朗士认为他对中国人的批评也适用于斯宾诺莎。所以,与其说他是在纠正他认识不多的中国人的错误观念,倒不如说他是在纠正他所熟知的西洋哲学中的斯宾诺莎。他是在针对他所接受到有关中国哲学的讯息,且根据自己的西洋哲学传统来懂中国。在这意义上,我们可以说马勒布朗士并没有真正进行外推的工作和语言习取的工作。他并未真正习取中国哲学里朱熹理气论的意义究竟何在;相反的,他是从西洋传统来理解之。第二,他并未做外推的工作,没有把自己要讲的哲学道理放在中国哲学可懂的语言脉络里去翻译、讲述,去进行交谈;相反地,他把中国的思想放在他自己的哲学语言脉络里讲,让西方这边的自己人能够懂。可见,马勒布朗士对于中国哲学与文化,无论在语言习取或外推上都有所不足,也因此其跨文化的对话精神仍有不足。

六、对于中国哲学的六点评述及其与朱熹哲学的比较和检讨

马勒布朗士表明,他所要批驳的中国人的错误观念包含以下六点:第一点,只有两个种类的存有,也就是"理"或"至高的理性、规则、智能与正义",和"物质"(其实就是"理"和"气")。第二点,"理"和"气"(物质)都是永恒的存有。第三,"理"并不是在己存在,也不独立于物质而存在,显然中国人将之视为一种形式(亚里士多德意义下的形式),或者像是一个分散在物质中的性质。第四,"理"既不认知也不思想,虽然它本身被当作至高的智慧和理智。第五,"理"一点都不自由,它的动作完全出于其本性的必然性,对于自己的行为既不认知也不意愿。第六,"理"把那些倾向于接受理智、智慧与正义的物质,转变为理智的、智慧的和正义的,因为按照马勒布朗士所谈到的那些中国文人来说,人的精神只不过是被

净化了的物质,或倾向于理所赋形的物质,借此而变成智慧的或有能力去思想的。显然是因为这点,他们同意说,"理"就是光,可以光照所有人们,而且人们在光之中可以看见万物。①

从这六点我们可以看出,马勒布朗士大体上是按照亚里士多德的形式与质料学说的角度来看"理"和"气",虽然这一诠释有某些时候是正确的,但对于朱熹的"理"和"气"并不是完全正确的了解。

先谈谈朱熹的理气论。我们知道,"理"和"气"在朱熹的系统里面,是有歧义性的,"气"并不只是物质,也可以说是生命力;此外,朱熹的"理"一词也有多重意含,并未一一清楚加以分辨。为了详细讨论,我们可以从语言哲学上,分析出朱熹的"理"包含三个层面。

第一个层面,有一物便有一理,物物皆各有其理。换言之,每一个物的原理、原则都称为"理"。在这个意义上,朱熹的"理"与"气"比较接近亚里士多德的"形式"与"质料"。

第二个层面,"理"也是所有万物个别的"理"的总称,所以它也是个共名(common name),"理"是全部个别的理的总名或共名,用来称呼万事万物皆有其理的"理"。就这点来讲,在亚里士多德那里并没有一个总形式来指称所有的形式,也因此这点与亚里士多德并不符合。

第三,朱熹说"太极"就是"理",所以"理"也是终极实在,是形而上的真实。对朱熹而言,理是一种非位格的、非实体性的终极实在,不像在天主教,天主是位格性的、实体性的终极真实。

---

① 以上六点,表述在马勒布朗士《敬告读者》(Avis au lecteur),见 Malebrache, N., *Entretien d'un philosophe chrétien et d'un philosophe chinois sur l'existence et la nature de Dieu*, in Oeuvres Completes, Tome XV,(Paris: J. Vrin, 1958). p. 40—41. 在此文中我略加阐述。

第四讲 中国经典西译与西方近代哲学家的回应:理性主义者与启蒙运动的初兴

朱熹本人并没有将"理"的概念从语言哲学角度仔细分析出以上这三个层面。他并没有明确意识到或指出他所使用的"理"字有这三层意义,甚至有时会加以混淆。可以了解,这是中国哲学常有的综合性思考,没有在语词的使用上做分析性的界定。不过,从以上三层意义看来,在实际的存在和运作中,"理"的确是与"气"一起的。马勒布朗士所指的情况,是"理"搭着"气"而行(朱熹的语言),"理"与"气"在实际存在中活动的情况。

但是,朱熹另外也说"太极只是一个理字",换言之,"理"就是"太极"或"太极"就是"理";所以,在形而上层面来讲,"理"是优先于"气"的。这个优先包含逻辑上的优先,也包含时间上的优先。朱熹说,在"气"之前先有"理"。这"先有"理,有两层意思,一层是逻辑上的,因为"理"既然是形而上的,而"气"是形而下的,则"理"应该在逻辑上优先于"气"。第二,"理"在时间上也优先于"气"的存在。当然,朱熹本人也说,"太极只是个极好至善的道理……是天地人物万善至好底表德。"换言之,太极既是理,理也有价值的意味、有善的意味,除了理性、理由、原理、原则等等以外,还有至善、最高价值的意思。可是,"理"并没有智慧或正义的意思,"理"是具有价值意涵的理性和原则,但并不一定要像马勒布朗士那般称它为智慧或正义。可见,马勒布朗士的第一条批判所说的,并不全然是对的。

第二条说"理"和"气"都是永恒的存在。其实,朱熹并没有这样说。因为"理"和"气"的结合之物都在不断变化中,而且"理"基本上就是阴阳变化之理,万物都按照阴阳之理来进行变化,理并不是永恒的存在物。换言之,"理"和"气"在具体事物里面都是不断运动变化的,唯一不变的就是运动变化之"理",但不能说两者都是永恒的。而且,在朱熹看来,既然"理"在时间中先于"气",所以当这宇宙消灭了之后,"理"还可以再另生发别的宇宙。这点不像亚里士多德的世界是永恒的。

值得注意，亚里士多德所谓的"永恒"和马勒布朗士说的"永恒"并不一样。因为亚里士多德说的永恒，指的是恒然在现前，恒常临在之意。在亚里士多德的思想体系中，并没有造物者天主。亚里士多德的神只是"思想思想其自身"（noesis noeseos），换言之，是一全面思想、自觉思想的神，而此一全面自觉便是至善。我们人生在世，一生中偶尔会经验到能思与所思合一，偶尔会觉得天地万物朗然在心，可以达到某种意义的自觉的思想，体味至善。然而，对亚里士多德来说，神是永恒如此。神是永恒的至善、永恒的全面自觉。思想思想其自身，也就是全面自觉的思想，而其所思想者厥为至善。对比起来，月亮以下的世界虽然变化不已，一下子呈现，一下子又不呈现，但这样的世界也是永存的。所谓时间中之物，像花开了、花谢了，人生了、人死了，凡是会临在又会不在的，称之为时间之物；凡是一直都临在的，称为永恒。世界不断变化，其中之物，如花草树木，有在有不在，时而在时而不在，属于时间；然而神一直都临在，且能全面自觉，不曾不在，属于永恒。这是亚里士多德所谓的"永恒"。

然而，到了近代以后，时间是按照先后连续地绵延，至于永恒则是在当下现在呈现所有的绵延，换言之，所有绵延都在恒常的现在全面展露了，如同天主那般。这是马勒布朗士所说的永恒。当然，这已经不同于亚里士多德的永恒之意。而且，这也不能说是朱熹的想法，因为朱熹假定了世界有开端，他曾说世界开始时像个鸡蛋，气在其中回旋，浊而重者沉淀变成地，清而轻者浮上天；而且，这个世界也可能终穷，由"理"另外再生出另一世界。至于怎么开端，怎么结束，朱熹没有说。至多，我们可以说其中有时间，但不能说其中有永恒，既不会有亚里士多德意义下的永恒，一直临在；也没有马勒布朗士意义下的永恒，如同天主那般在当下的现在呈现所有的绵延。

第三点,关于"理"不独立存在,而是存在于"气"、在物质里面。马勒布朗士的这个说法批评不到朱熹完整的"理"观,至多只说对了前述第一层意义的"理""气"关系。至于"理"作为总名、作为"太极",都不是在"气"当中的。所以,当马勒布朗士进一步把"理"当作形式,甚至是一种性质,而性质已然是个附性(accidentia),这恐怕都是根据来自东方不足的信息,或是出于马勒布朗士根据亚里士多德的形质论、范畴论所做的想象。

第四点,关于"理"是最高智慧和思想,然它本身并不想、也不知,这意思是说"理"不是位格的实体。这一说法其实是正确的。在朱熹来讲,"理"不是位格神,而且"理"也不是主宰宇宙的心。朱熹在《朱子语类》中讲得很清楚,如果你一定要设想宇宙当中有主宰的话,那个主宰就是理,只不过这个理的主宰意义不是像"心"或"天主"那样的主宰,至多只能说所有的万事万物都是依照"理"来运作,其所谓"主宰"的意思是在逻辑上和存有学上的主宰,不是神学上的主宰。例如,《朱子语类》有以下朱熹与弟子问答的记载:

> 问:"天帝之心亦灵否?还只是漠然?"
> 曰:"天地之心不可道是不灵,但不如人恁地思虑。"
> ……
> 问:"天地之心,天地之理。理是道理,心是主宰底意否?"
> 曰:"心固是主宰底意,然所谓主宰者,即是理也。不是心外别有个理,理外别有个心。"
> ……

"帝是理为主。"①

必须指出，朱熹在这里所提到的"心"，不是陆象山所说"宇宙便是吾心，吾心便是宇宙"的心。朱熹不走心学的路线，而且他也不认为有一位天主或上帝作为主宰在那里，若说帝在担任主宰，其实就是理在主宰。他不认为有一个超验的、位格的、实体的帝在那里主宰着宇宙。所以，就这第四点来讲，"理"是所有智慧的依据和思想之所向，但"理"本身则不是智者、思想者般的位格神。马勒布朗士从天主教观点出发所做的比较，指出了中与西的基本差异。

第五点，"理"不是自由的，必须按照其本性的必然来运动。这点其实是马勒布朗士针对斯宾诺莎加以批判之处。显然，对于马勒布朗士来讲，天主是无限的存在者，它之所以创造宇宙，是出自它的自由意志。既然在朱熹那里，"理"不是位格的，当然就没有意志可言。依我看，这点在某种意义下是正确的。不过，马勒布朗士进一步推论，既然"理"没有意志，一切都变成是必然的，就好像斯宾诺莎的实体，完全是按照实体的必然性来运作，这是把朱熹的"理"设想为斯宾诺莎的实体了。其实，在朱熹那里，"理"既是原理原则，也充满了许多可能性，因为在朱熹看来，这个宇宙毁灭了以后，还有别的可能的宇宙出现；"理"既包含原理原则，也包含可能性的意思，然而，可能性并不等于必然性。必然性是按照逻辑或物理的原则"非得如此不可"；但作为可能性，它没有必要在逻辑上或物理上非得如此不可。"理"并不是"必然性"。把"非自由意志"当做就是"必然性"，这种二元分类方法，并不适用于朱熹的"理"。终究说来，马

---

① 以上见《朱子语类》，卷一，第一册，页4—5。

第四讲 中国经典西译与西方近代哲学家的回应:理性主义者与启蒙运动的初兴

勒布朗士这一点批评,是出自他自己的天主论。

第六,"理"使那些倾向于能接受理智、智慧与正义的物质,变成是理智的、智慧的和正义的。针对此一批评,须知当朱熹讲"理"、"气"结合的时候,他并不说"理"使得"气"变成智慧的,而是说"理"、"气"密切结合,使得那具体存在的人可以有智慧。所以,在万物来讲,称为"理";在人来讲,"性"即"理"。朱熹接受周敦颐所讲,认为,五行在人身上最为卓越。换言之,世界的创生,是由"无极"而"太极",由于阴阳的动静消长,阳变阴合,而生五行;五气顺布,而后万物生焉;其中以人最为灵秀,人是万物之灵。于是,"五行"(水、火、木、金、土)在人身上成为"五性":仁、义、理、智、信,也就是人本具的德性。

我要指出:在此,朱熹不同于孟子。孟子认为,人有恻隐之心、羞恶之心、辞让之心、是非之心,这四端只是人性之善的端倪。人若能了解人有此善性,加以发挥到卓越之境,"若火之始然,泉之始达",使恻隐之心、羞恶之心、辞让之心、是非之心发挥到卓越的地步,就可以成就仁、义、礼、智等德行。德行如仁义理智,是我们人本有能力的卓越化,这点颇近于亚里士多德,视德行为人本有能力的卓越化。可是,在朱熹来讲就不一样了。朱熹视仁、义、理、智、信为人本有的"德性"。人在本性上就有仁义理智信五种德性,也因此才会发出恻隐之心、羞恶之心、辞让之心、是非之心等等之情。换言之,因为人有仁之性,也因此当乍见孺子将入于井,才会有恻隐之心油然而生,并立即要去救他。其余如辞让、是非、羞恶之心,这些情的表现,也都是因为人先有各相应德性在己之内才会有的自然表现。相比之下,孟子所说的"乃若其情,则可以为善矣",则是以恻隐、羞恶、辞让、是非等心中之情作为善端,进而发展出德行,以德行为四端卓越化的结果。

在朱熹的德性论中,"性"就是"理",人具有的性,是因为五行在人身上最为灵秀,变成人的本性,并不是如马勒布朗士所说,有一部分物质倾向接受理智、智慧和正义。马勒布朗士完全没有明白到,朱熹所讲的仁、义、理、智、信五性,并不只是理智、智能、正义而已。这样一来,说朱熹认为人的精神只是净化以后的物质,这是完全不正确的。因为在朱熹言,是理气结合,"性"就是"理","德性"不是将物质给纯化了,不是净化了的"气",反而就是在人身上的"理"。朱熹主张,德性就是人之理,并不是气接受了理的赋形以后的结果。

朱熹的思想是利玛窦以降的耶稣会士们一直在批判的。马勒布朗士所得到的讯息,应该是来自立场和利玛窦等耶稣会士相反的巴黎外方传教会,很可能是来自该会会士梁宏仁(Artus de Lionne,1655—1713)的转述,其实并非正确的叙述。不过,在这第六点的最后,马勒布朗士也指出,理是光,而且人们在光中看见,这是出自他自己"在神内看见"的神哲学思想。相较起来,朱熹所主张的,是人所能懂的、所了解的具体存在之物,都是理和气的结合;但是,举凡我们所能懂的道理,都是"理",但这并不表示人每次了解事物的道理,都是在"理"中看见;相反地,我们所了解的,就是"理"。我前此已经讲过,马勒布朗士吸纳了圣奥古斯丁的光照说,因而主张人是在神内看见。这在神学上也是个很有意思的论题,但仍不可以拿来和朱熹的理气论相混淆。

七、关于《和中国哲学家的对话》的小结

归结起来,《和中国哲学家的对话》一书中的论证,主要指出了:天主就是存有本身,而存有本身就是无限的;且无限是每个人都会有的观念;这一观念一定是来自于无限本身,也就是天主自己。从这里,他进一步

第四讲　中国经典西译与西方近代哲学家的回应：理性主义者与启蒙运动的初兴

推论：因此我们之所以能了解其他存有者，都是在无限的存有里了解。也因此，我们了解其他万物和真理，都是在神内看见。

在此，我们有必要略为指正，此一论题的经典依据。虽然马勒布朗士说他是根据《圣经》所载，梅瑟在山上看见荆棘冒火，而荆棘中的火——也就是天主的显像——告诉梅瑟必须把鞋子脱下，因为他正在接近一块神圣之地。梅瑟问说：你是谁？按照《圣经》所说，天主回答："我是存有，我是那自有者。"这好像就是马勒布朗士的《圣经》依据所在。我要指出，二十世纪的研究者像吉尔松和马利坦（Jacques Maritain, 1882—1973），都认为天主就是存有，且在《圣经》上有其依据。不过，这句话在希伯来文里的意思是：我是那能是者，我是你想是什么就是什么，或说当你需要我的时候，我就在你左右，成为你所需要者。这意思与说天主就是存有，存有的概念是无限的等等，这样的本体论证思考有相当的差距。在此，马勒布朗士更像是一位中世纪哲学家，虽然他自己并不自觉其论证非常接近中世纪哲学。不过，我必须指出，这并不是圣托马斯的想法。圣托马斯明白指出：上帝并不是存有，也不是全体存有者的总称。圣托马斯不是用esse(to be, Being)来讲天主，他是用Ipsum Esse Subsistens（独立自存的存有）来讲天主。所谓"独立自存"是依靠己力、不依靠他力，而能返回自身，也就是说，能达成全面自觉的存有，是更妥贴的讲法。

在这一点上，马勒布朗士和后来的吉尔松、马利坦所讲的，都是太过简单化的想法。换言之，把天主等同于存有，并不妥当，因为"存有"虽可以是人的第一个概念，但不表示它就是天主的概念。我们可以想象存有适用于所有的存有物，包含空和无，只要可以想象得到，就可称作某种存有，但这不表示，因为"存有"一词可以如此无限的运用，就代表它是无限本身,代表它就是天主,于是把存有等同天主,换言之,存有是无限的,天主也是无限的,而我们之所以有无限的概念,是来自无限本身。进一步又说,我们看其他存有物都是在存有中了解,也因此推论我们都是在神中看见。这种存有论和神学上的两层想法,都是可以再商榷的。

总的说来,马勒布朗士与中国哲学家的交谈,应该是建立在先前耶稣会士关于古典儒学,以及后来法国巴黎外方传教会在华传教士关于宋明理学,特别是朱熹,所提供的叙述、诠释与评论的材料来撰写的。其实,巴黎外方传教士并不同意耶稣会的文化适应方针,也因此他们要批判耶稣会,并批判中国人的哲学和信仰。在这样的背景下做出的作品,使马勒布朗士不能平心静气地去深思前此已经引进的中国经典,也未能多接近有关孔、孟的论述。虽然马勒布朗士也推崇孔子,但被他所选择来对话的朱熹哲学,正好也是利玛窦等人所要批评的。所以,《和中国哲学家的对话》,虽然表达了一个欧洲理性主义大师对于中国哲学的了解与批判,但对于中国传教士并没有太大的帮助,至多只能指出朱熹这套思想体系在欧洲哲学观点下是有缺陷的,然而,朱熹哲学也不是耶稣会士们要在中国进行对话的对象。倒是马勒布朗士对斯宾诺莎泛神论的批判,铺下尔后在哲学上进一步比较斯宾诺莎和中国哲学(如老子)的方向,也就是西方近代哲学与道家进行交谈的一条可能道路。可惜,这在马勒布朗士当时,并没有进行真正的交谈。

八、德国理性主义者莱布尼兹对中国的了解与向往

前面提到,柏应理曾介绍中国的《易经》、《四书》到欧洲,展现给欧洲人中国人的道德理性和《易经》的数理理性,甚至有某些自然神学想法含蕴其中,这好像是在说:没有上帝启示的民族也能展现人的理性的完整

第四讲 中国经典西译与西方近代哲学家的回应:理性主义者与启蒙运动的初兴

性。这一重点,可以说是西欧各国自从麦哲伦(Fernão de Magalhães,1480—1521)大发现直到各帝国殖民时期里,最重要的哲理发现。因为其他各民族很少有中国这样的理性表现,而欧洲帝国殖民使用的口号,正是以"文明化各民族!"为借口。然而,现在却发现了有一个没经过天启而能表现人类完整理性的国度。另一方面,在欧洲虽然有启示,但天主教和基督教之间,以及欧洲各国之间常为了殖民争执,纷争不断,战争时起,逼使许多有识者都在思考到底是为了什么。像自然法学家格老秀斯(H. Grotius, 1583—1645)在《战争与和平法》(*De jure belli ac pacis. The Law of War and Peace*)中提到:

> 我走遍基督徒的世界,我观察到战争毫无约束,甚至连野蛮的民族也会感到羞耻,为了小小的原因,甚至连什么理由都没有,就会奔赴武装,而且一旦诉诸战争,就无法可约束,无论是神的法或人的法都无法约束……相反地,中国人虽然没有神的启示,但是却度着和平与和谐的文明,完全是依赖儒家的自然理性。①

格老秀斯主张自然法论点,认为人类可以不经由神的启示,仅经由人的理性便可以获得自然法。这点看法恰与当时的虔信教派(Pietism)相反②。虔信教派主张自然法必须靠神的启示才能认识。也因此,对于

---

① Grotius. H., *The Law of War and Peace*, trans. Francis Kelsey (Washington, DC: Carnegie Institution of Washington, 1925), Prol. sect. 28.
② 康德属于虔信派,所以为了尊重教会的立场,他不太讨论中国,仅在"地理学"讲义中论及中国的儒释道,但充满偏见,虽然说他很有可能阅读过传教士们关于中国的著作,且其道德哲学的想法仍有和儒家类似之处。

虔信教派来讲，孔子的自然理性是对基督宗教的一种威胁。相反地，由于近代性的开启，也有世俗论者认为丝毫不需要诉诸神的启示，仅经由人的理性，就可以找寻到法则，而他们就在孔子和儒家思想里面找到最重要的印证。

莱布尼兹就是这样一个人。他是个有多方成就的天才，既是外交家、政治家、数学家、科学家，也是哲学家。他像儒家一样，致力于在各种冲突、二元对立里，取得和谐与中道，譬如说德国与法国的冲突，天主教与新教间的冲突，笛卡尔哲学与传统亚里士多德哲学的冲突，科学与神学的冲突等等，总希望在他们之间找到促进和谐的中道。尤其他更盼望能将欧洲文明和新发现的亚洲文明，即近代欧洲与中国传统之间，取得协调之道。

就此而言，莱布尼兹的思想不再是笛卡尔的二元论，也不是斯宾诺莎的一元论，而是主张多元论。莱布尼兹的世界观是多元的，他的哲学是建立在单子论上，每个单子都反映了全体，而全体也反映了每一个单子，这有点像华严宗的"一即多，多即一"的世界观。莱布尼兹主张多元的世界，但这样的世界在上帝的预立和谐下，都可以达到完美而充量的和谐。总之，他肯定多元的世界能够获得充量和谐，且认为这种和谐已经在儒家或中国思想找到了具体形象。我想，的确，他这想法有点像《易经》所说的"各正性命，保合太和"。

事实上，莱布尼兹主张冲突的双方可以透过交流、交谈，以达至充量和谐。因此，我们可以说，莱布尼兹看到的世界虽属多元，但他认为在多元之间应彼此互动、交谈。我愿意说，莱布尼兹已经有"跨文明交谈"的想法。他希望欧洲内部的虔信教派和现实主义之间可以习取中道；他尤其希望基督宗教的欧洲能够和儒家的中国相互交谈，认为儒家的道德哲

第四讲 中国经典西译与西方近代哲学家的回应：理性主义者与启蒙运动的初兴

学、实践哲学可以和欧洲的理论科学相互综合。他认为中国人在《易经》和朱熹思想里，已经显示出有潜能认识西欧的理论科学和哲学，而且，既然西欧的传教士已经将西方科学和哲学带往中国，反过来他也希望中国人能够派传教士到欧洲。他本人也明白表示，他很想去中国。他是一个热切期盼能促成沟通的思想家。他很勤快的和在华传教士白晋这些人写信，请教他们有关《易经》和朱熹的哲学。不同于马勒布朗士认为"理"不是无限的、完美的存有或天主，说"理"只是散布在物质当中的性质，或利玛窦等人所说只是附性，不是实体，不是位格的神明等等，莱布尼兹认为儒家所讲的"天"、"帝"或"上帝"，和朱熹所讲的"理"，都是在讲天主，都在讲基督宗教里的上帝。也因此，他批评利玛窦的继承人龙华民把中国的世界解释为唯物论的，也把朱熹的"理"解释为唯物论的。莱布尼兹的关心点，是认为中国哲学既然可以促成和谐，中国人在思想和文明上尽量避免各种会引起别人暴怒与冲突的观念和思想，也就是不倾向于挑衅，在这样的思想背后面一定有天主的意思。

为什么莱布尼兹会把中国哲学与宗教里的"帝"、"上帝"、"天"或"理"都诠释为是天主呢？这是来自白晋的启发。白晋与他的弟子马若瑟的中国经典诠释，一般称为索隐派（figurism），认为中国的经典与文字的象征，都是指向天启的隐喻。白晋是法国皇帝路易十四派到中国来为康熙服务的名数学家，来华以后教导康熙数学，康熙也请他读《易经》，因此他对《易经》有深入的研究。在罗马耶稣会档案中，发现他的《易经》研究手稿。马若瑟也继续他的索隐研究途径。

索隐派把中国的经典所说的一切美好事物都认为是一种隐喻，喻示着基督或天主，或《圣经》中的启示。他们认为中国人用隐喻的方法来说明天主或耶稣的来临，对于《易经》里讲的"天"、"太极"能生天地万物，认为是用隐喻来表示天主创造世界。白晋和马若瑟对中国古代经典有很深入的研究，他们合作有关中国象形文字的研究，非常精彩。马若瑟最早写了一本类似波爱修斯（Boethius，480—524）《哲学的安慰》（*Consolatio Philosophiae*）或但丁《神曲》的小说，名为《梦美土记》，其实是一本有关于游历天堂的小说。其中，他解释"美"就是"羊大"，而"大"，就是"一人"，于是把"羊一人"解释为暗示着耶稣是上帝的一只羔羊，为了救赎人类而成为牺牲品，至于"美土"，则是暗示着基督的来临。在小说中，主角来到天堂的时候，前来接引他的一位老翁，就像是孔子一样。所以，是孔子引他进入天堂，宛如但丁《神曲》中，但丁被诗人弗吉尔引进天堂一般。可见，《梦美土记》的故事结构类似于但丁《神曲》的天堂篇。而且，马若瑟也在其中主张，娴熟《诗经》、《书经》和《易经》就可以认识基督。

既然索隐派把中国古代经典视为天主或耶稣来临的隐喻，莱布尼兹应该也是在这样的一个解读的气氛下，使他不但认为中国经典都是预示着天主或上帝创造世界，以及耶稣基督的来临；而且他连利玛窦这些人所批评的朱熹，所谓"堕落的宋明新儒家"，也认为他们也有与他相合的思想。例如，他认为朱熹所说"物物一太极"很合乎他的多元的世界观；而且，既然说太极就是理，理就是太极，那么多元的世界中就会有和谐；也因此他认为：可见朱熹也是主张既多元又和谐的世界观。也因此，他愿意把朱熹的"太极"也理解为"天主"。他从《易经》理解到："太极"能生万物，是对于天主的隐喻。

我在这里插一句，莱布尼兹希望儒家也能派传教士到欧洲，这一想法并不合乎传统儒家的精神。一方面，儒家有圣贤、有老师，然而并没有传教士；另一方面，《礼记》说"礼闻来学，不闻往教"，儒家缺乏自我走出

第四讲　中国经典西译与西方近代哲学家的回应:理性主义者与启蒙运动的初兴

的慷慨,常持中国中心主义的思想。为此,在儒家看来,若外国人想要学习儒学,必须来老师这里听讲,没有说老师出去讲给你听的。如此一来,儒家就没有像佛教和基督宗教远出传教的慷慨精神。秦汉以降,"中"的概念被窄化诠释的结果,以自己所在之国为"中",成为儒家慷慨精神的阻碍。

儒家虽然邀请人们去信服儒学,但缺少出离中国去传播儒学的慷慨热情。反倒是乾隆年间一位落魄儒生夏敬渠(1705—1787)的小说《野叟曝言》用想象的方式弥补了这一点。① 在这本小说中,主角文素臣是一位文武全才的儒士,不但能除奸去佞,以儒家思想胜除释、道;而且他的儿子文麟征服了印度,他的朋友日京征服了欧洲七十二国,使儒家思想传播到了欧洲,建立了一个全新的儒学国度。这是一本落魄儒生撰写的乌托邦小说,在十八纪已经翻译为多种欧洲语言,颇受欧洲文人推崇。儒家没有亲身赴欧洲去传播儒学,实际传播儒家思想的,还是靠欧洲人自己,尤其是靠传教士。《野叟曝言》是在想象中完成了以儒家思想征服欧洲,建立起新的儒家国度的幻想。

回过头来,再说莱布尼兹。他在索隐派影响下,不但把传教士们认为最好的先秦儒学,而且也把传教士们所批评的朱熹理学,都解读为其中在喻示天主。这已经是在嘉定会议之后,罗马教廷根据嘉定会议的纪录,颁布谕旨,规定"上帝"、"天"这些名词不可以再用来翻译 Deus 一词,只可使用"天主"为译名。虽然如此,马若瑟仍然写信给罗马,说明他是基于个人的原因,为了要索隐研究,所以仍要使用"上帝"、"天"等语词,而这只是他个人的解读,并不是正式的教会文献。索隐派的精神也

---

① 夏敬渠,《野叟曝言》,大约出版于1772到1780之间,大约是夏敬渠晚年之作。

正呼应着莱布尼兹的乐观主义,认为这世界是上帝可能创造的世界中最好的可能世界(best possible world)。

谈到关于莱布尼兹与《易经》的关系,此前柏应理对于《易经》的译介和白晋对于《易经》的研究,给了他很多的启发。莱布尼兹比较年轻的时候,尚未接触《易经》,就已经构想了某种二值逻辑。当时的想法是:天主是从无中创造万物,天主如果是1,无就是0,如此一来,1和0便代表了所有的数字,在1和0的运作之下,譬如说由0到8:0就是0000,1就是0001,2就是0010,3就是0011,4就是0100,5就是0110,7就是0111,8就是1000。这就像今天购物时出现的计算机码的阅读法,二值的数字是根据这思想和方法来推演的。当时莱布尼兹的想法,是天主和无之间的辩证。他的基本思想,是认为所有天底下的真理,即使是精神性的、神学性的真理,也都可以用数字来表达。这就是后来,二十世纪的海德格尔所称的"普遍数理"(mathesis universalis),也就是用普遍数理的精神来思考宇宙,认为整体宇宙在天主的思考下,有一普遍语法,或普遍数理,值得人类去探索。

莱布尼兹在和白晋通信之后,发现《易经》这套数理正好是他的思想的最好的表达,所以感到非常兴奋,因为《易经》是从一直线的阳爻与断为两节的阴爻,组成八卦,再由八卦组成六十四卦,这一生卦顺序非常适合他所思考的0与1的进程。他原来的起点,本来是从天主和无中创造(creation ex nihilo)这一神学论题思考出来的二值数学。然而现在他发现,此二值数学构想早已存在《易经》的阴爻和阳爻的生卦顺序之中,也就是"太极生两仪,两仪生四象,四象生八卦",由八卦而六十四卦而后生及万物,如此生生不息以至生出芸芸万物。这一古老智慧,毫无启示的介入,便说出了他受到神无中生有影响构思的数理进程。他之所以感到

第四讲　中国经典西译与西方近代哲学家的回应：理性主义者与启蒙运动的初兴

非常兴奋，是因为他发现，用这样的系统进程去建构普遍数理，并不一定要诉诸上帝的启示，即使用人的理性去思考阴阳的运行，也一样可以构想出相同的道理。

莱布尼兹受到白晋的影响，认为易经八卦始于伏羲，相信中国在伏羲这么早的时候就有"组合数学"（combinatorial mathematics）的思想。事实上，按照我的了解，莱布尼兹当时所认知的应该不是伏羲的先天八卦，而是邵雍的后天八卦图（邵雍使用后天图配先天数）。邵雍运用更明显的阴阳构图画出后天八卦图，并加上时间考虑，也就是元、会、运、世等时间单位的推演，甚至可推及整个宇宙的历史。莱布尼兹所接受的比较属于邵雍的想法。就中国哲学史而言，莱布尼兹和白晋所接受的，应该不是伏羲的先天八卦，而是邵雍的后天八卦；然而，他却确信此一智慧出自久远的伏羲。这点表示，莱布尼兹在传统与近代之间各有抉择。他明白表示，中国人在古代就有这样深刻的知识，但近代的中国人却有所蒙蔽；就近代而言，他认同欧洲的科学知识。所以，他希望经由欧洲科学引入中国，使中国人更容易回头了解到自己在古代原有数学和科学之知，懂得传统思想中的隐喻，知道上帝、天，以及天主在无中造物。

至于在西方部分，莱布尼兹希望近代西方向中国学习传统道德，用来解决当前自己内部的宗教纠纷。显然，中、西两个传统都各有对自己内在本有资源的遗忘，对于道、理、真理或道德的遗忘。我们知道，后来在二十世纪，海德格尔有所谓"存有的遗忘"（Seinsvergessenheit, forgetfulness of Being），其实，海德格尔的哲学问题，基本上也环绕着对于莱布尼兹问题的思考，例如莱布尼兹所问的"为什么总是有某物，而不是虚无？"。

当时莱布尼兹在实践哲学上关心的问题是：为什么中国人这些道德的信念以及理性的智慧，可以在日常生活里面一一实现出来，而不会像西方人，为了一点小小的原因就武装起来，彼此战争。莱布尼兹发现，这是因为中国人有"礼"，无论是在《论语》或《礼记》那里，都可以看到一套人应该如何依以生活的"礼"。譬如，在《论语》里，孔子说"非礼勿视，非礼勿听，非礼勿言，非礼勿动"，关于什么该看，什么不该看；什么该说，什么不该说；等等，教人在生活里避免养成坏的习惯。《礼记》里，不但有祭天、祭社稷，而且一般乡人饮酒也有礼，教人与尊长讲话该怎么站、怎么坐，都有一定礼的规定；面对父执辈要如何举止，如何照料父母，也都有规矩。孔子自己讲"吾十有五而志于学；三十而立；四十而不惑；五十而知天命；六十而耳顺；七十而从心所欲不踰矩。"看来连生命的每个阶段都有其基本精神，且一直向上演进，都有道理。而且，对于礼的遵循，应重视内在精神，而不只是注意外在形式而已。譬如，对于孝顺父母，孔子说："今之孝者，是谓能养。至于犬马，皆能有养，不敬，何以别乎？"如果内心里面没有孝顺的诚意，养父母跟养犬马有什么不一样呢？

由此可以看出，莱布尼兹对中国的了解，跟当时整个欧洲的情势和内在需要有密切关系，他也看到了欧洲和亚洲之间应有的互动关系。作为一位关心世局的哲学家，他拥有更大的视野，而不是只在书本上讨论词章而已。为了国际上都能了解，莱布尼兹有许多著作都是用法文和拉丁文写作。他在《有关中国新事物》的序言里说：

> （在中国）很少有人在日常交谈中用点滴言语去触犯别人，很少显示憎恨、愤怒或激动。我们（欧洲人）的相互尊敬和谨慎说话，只在刚认识之后持续几天，甚至更短时间……中国人恰恰相反，他们在邻居和家人之前，坚持受到礼的制约，因此他们

第四讲 中国经典西译与西方近代哲学家的回应:理性主义者与启蒙运动的初兴

可以维持恒久的礼貌。①

莱布尼兹希望用中国哲学来济补西方的,就是中国这套贯穿了言与行的实践哲学。他十分佩服康熙皇帝,因为白晋曾经介绍他说,康熙皇帝每天在百忙之余一定要学数学,讲《易经》,而且充分运用理性,把国家治理得有条不紊,是一位儒家治理者。相形之下,路易十四比较像霍布斯式的君王,虽然代表了基督徒,但随时可以动兵起武,与人征战。所以,莱布尼兹更推崇康熙皇帝,认为儒家的皇帝能够展现的自然理性,要比以基督徒为名的、受神启示的君王,更完整地表现出一个皇帝应有的风范。

莱布尼兹在写给德雷蒙先生(Monsieur de Rémond)有关中国哲学的信件里提到,德雷蒙寄给他许多有关中国的书。"我很高兴阅读过你送来有关中国思想的书。我倾向于相信中国作者们,尤其那些古代的,十分合理。虽然一些近代作家的意见不然,但古代作者们毫无困难可称为理性的。"②可见,他读了许多中国的书,也在其中了解到:中国古代的人是更为理性的;中国的近代(莱布尼兹当时)走向内在化,是因为他们忘记了经典中的隐喻性质;朱熹的"理"也可以是指向天主的。不过,古典和近代之间的差别,就好像早期教父与初期教会有更虔诚而深刻的信仰,后来哲学的发展往往忽略了这点一般。在这封信件里,莱布尼兹认

---

① Donald Lack, *The Preface to Leibniz's Novissima Sinica*, Honolulu: University Press of Hawaii, 1957, pp. 70—71.
② Leibniz, *Discourse on the natural theology of the Chinese*; translated, with an introduction, notes, and commentaries by Daniel J. Cook and Henry Rosemont, Jr. Honolulu: University Press of Hawaii, 1977. p. 53.

为他所阅读的《论语》、《礼记》、《诗》、《书》都是可以颠扑不破的。相反地，近代（莱布尼兹当时）中国人的一些想法，反而比较游移不定。

莱布尼兹认为，继承利玛窦但又多少背离了利玛窦的龙华民，将"理"诠释为"原质"，第一物质，这完全是矛盾的，因为既然是用来解释一切正义、一切美好的来源，但它同时又认为它是物质的，对此，莱布尼兹完全不能接受。他认为中国人比较接近于相信上帝宛如世界魂一般，不离此一世界。这个意思比较接近斯宾诺莎的想法，将能生的自然（natura naturans）与被生的自然（natura naturata）视为同一。换言之，神不离这世界。比较乐观的诠释，是神宛如世界魂那样，这一想法虽没有完全理解到神的纯粹精神面、超越面，可是也不能认为神完全只是物质而已。

事实上，莱布尼兹比较愿意接受利玛窦的想法，承认"天"、"帝"的位格性、实体性，而视"理"为原理原则。至于龙华民，虽然是利玛窦的继承人，但他对于中国思想的诠释，已经转变为唯物论了。然而，在莱布尼兹看来，中国文化传统，无论是在古典时期和现代时期，都是讲究理性的、合理的，而且都不是唯物论、无神论的，并且可以和基督宗教相结合。对于莱布尼兹而言，这是毫无疑问的。相反的，他所要批评的，是龙华民所主张的"理"、"太极"就是原初物质的想法。莱布尼兹认为这样的说法是完全不能成立的，他甚至认为龙华民的思想是愚蠢的。

前面所谈的欧洲近代所累积的对中国的认识、同情和了解，都是积极而正面的。如此建构的中国美丽图像，虽然到了黑格尔以后有所转变，但一直有其正面影响之迹。在此，让我顺便讲一个故事。我有一位比利时的朋友，年轻时来到台湾来学中文，因为阅读了这些早期耶稣会士的介绍与欧洲人的溢美之词，在他心目中想象的中国人，都是温文有礼，平和安详，每个人走在路上都好像在祈祷一般。等到他到达松山机

第四讲　中国经典西译与西方近代哲学家的回应：理性主义者与启蒙运动的初兴

场之后,看到一片吵吵闹闹的景象,完全打破了他的想象,当下哭了出来。可见,对中国建立太美丽的想象,不见得是件好事,反而会被扯破谎言。每个民族文化都有所长有所短,应该寻求以彼之长、济我之短;以我之长,济彼之短,彼此在互动中达致相互丰富,这才是今天跨文化视野下的正确态度。而这也是理解莱布尼兹的正确态度。

九、沃尔夫与西欧启蒙运动的初兴

在十八世纪,莱布尼兹的弟子沃尔夫由于对中国的信念与赞扬,相信人的本有理性或自然理性不但可以达到像格老秀斯所讲的"认识自然法",而且已经出现了像孔子这样的圣人,出现了像康熙皇帝这样美好的治理者。为此,他结论,认为人的理性没有必要诉诸超越的神启。这一思想将会引发西欧初期的启蒙运动。

首先必须指出,有一些西洋哲学史的评断对于沃尔夫不是十分公平,认为他只不过是莱布尼兹的弟子而已;他的思想大概都和莱布尼兹差不多,只是把莱布尼兹的思想变得比较教条而武断而已。在此,我必须先给沃尔夫一个公正的评断。首先,我要指出:莱布尼兹多用拉丁文和法文撰写,显示其为国际性的思想家;然而,沃尔夫可以说是德国哲学的开宗人物。我想,在康德年轻时所读的德文书,大概都是沃尔夫的哲学吧。我的意思是说:沃尔夫是把哲学德语化的先驱,用德语的哲学名词来作哲学论述,可以说是从沃尔夫开始才建立了德国哲学传统。

其次,沃尔夫对于莱布尼兹也不是百分之百地依顺。莱布尼兹对于中国的态度和想法大概都影响到沃尔夫,但沃尔夫对于莱布尼兹的学术思想,也是有所转变的。当然,他推崇莱布尼兹对于数学的想法,而且把数学清楚的思维用到哲学上。沃尔夫之所以被有些人认为是武断的,是因为他开始把哲学清楚分类,因为他认为理性应可以对每个事物作恰当的分类,而且这种分类应可以让人们正确地对事物进行判断。为此,他将哲学基本上分为理论的与实践的两类。前面我们曾看到莱布尼兹认为在学术方面,西方近代哲学可以帮助中国哲学;在实践方面,中国古代哲学可以协助西方。沃尔夫把哲学分为理论与实践。在理论方面,他分为一般存有论、宇宙论、理性心理学。在实践部分,他区分伦理学、经济学和政治学几个部分。基本上,沃尔夫的思想并不热心采取莱布尼兹单子论。在他的存有论里,存有者是多元的,而且个体有各自的完美;但是他的宇宙论、理性心理学都不表现单子论,也没有接受预立和谐的思想。另外,莱布尼兹所强调的充足理由律,认为每个事物的存在都是有理由的,这是莱布尼兹乐观主义的来源;然而,沃尔夫认为在哲学系统上比较重要的是不矛盾律,主张哲学要表现一致性,为此,他要从莱布尼兹对充足理由律的侧重,转回到对于逻辑上的不矛盾律的依循。

另外,沃尔夫对于莱布尼兹所理解的中国,也有相当程度的不同意见。他并不接受索隐派的解释,也因此他不认为"上帝"、"帝"、"天"都指向或用隐喻的方式来说造物者、天主。沃尔夫基本上认为中国人并没有这样的想法,他们没有依赖启示,而完全只表现自然理性发现的结果。他认为:中国人按照自然理性,竟然可以发现道德法则、自然律,这才显得宝贵。

整个沃尔夫的哲学系统,讲的就是以下这一个基本要点:哲学完全是在研究可能性,而不是在研究现实性。所以,哲学不能局限于任何具体的对象和事物,而应思考可能性。就这一点来讲,沃尔夫的思想应更接近老子的存有论意义的"无",是奥妙的可能性,而非"有"的现实性与

第四讲 中国经典西译与西方近代哲学家的回应:理性主义者与启蒙运动的初兴

限制,反而不那么相似于儒家的法。① 无论在存有论、宇宙论和人性论上,沃尔夫所要讨论的,都是可能性的问题。即使在实践哲学、伦理学等方面,他所讲的也都是朝向可能性的原理去思考并且讨论其实践方式,而不拘限于具体对象。如果忘记了可能性与具体对象之间的区别,或混淆了"可能性的某种体现"和"可能性本身",那就是忘却了沃尔夫哲学的根本精神。

沃尔夫本来在哈勒(Halle)大学教书,该大学是虔信教派的大本营。沃尔夫学术地位虽然崇隆,可他在1721年在哈勒大学做的一场演讲,却给他惹来了很大的麻烦,但也变成尔后欧洲启蒙运动的开端。这也是欧洲学术史上最具戏剧性的一场演讲。他的演讲题目是"中国人的实践哲学"(Practical philosophy of the Chinese)。从前面的分类可知,实践哲学主要是在讲伦理道德、政治学和经济学。沃尔夫在演讲里推崇中国人的自然理性与道德,不需诉诸上帝的启示就能发现自然法则以及德行和完善的治理。他说:

> 所以我认为中国人将教育完全导向行善,不做任何违背这目标的事,实在值得钦佩。再者,他们全心关注实践,只求人生幸福的作法,也非常令人钦佩。那个时代是全人民都根据自己的能力而勤勉求学的时代。最后,我再次赞扬中国人,并且自

---

① 这是仅就老子"无"的存有论意义而言。老子的"无",在存有论上,指的是奥妙的可能性,"有"指的是现实性;在心灵上,"无"指的是虚灵与自由,"有"指的是实现与充实;在形器上,"无"指的是没东西、不在,"有"指的是有东西、在现前。

勉勉人,力求行善,在行为上毫不荒淫的作法。①

从以上这段话可以看出,沃尔夫对中国文化的正面评价与赞赏,大体上还是跟随着莱布尼兹的论点,然而,他更清楚地表示,是受到卫方济的著作的影响,只不过他把对于上帝的论述放在一旁。他认为,

中国人的第一原则,是小心培养理性,以达到明辨是非,未选择德行而行善,不为恐惧上司或追求报偿而行善的能力。这种对于善恶是非的清楚辨别,只能通过对于事物性质与理由得深入认识而达到。②

沃尔夫对于孔子和中国的赞美,强调作为人的理性不需经由神启,只需经由人的努力便能够达到道德真理,这一公开的论述激怒了虔信教派。于是虔信教派就拿着这一演讲内容,向当时的皇帝腓特烈·威廉一世(Frederick William I,1688—1740)提出控诉。他们用来说服威廉一世的说法是:人类既然自己有理性,那么,如果你的士兵自己认为什么该做、什么不该做,他们若不受命于你,你也不能惩罚他们。既然他们自己有理性判断,那么皇帝也不能评断或指挥他们。换言之,沃尔夫的学说,与政府处罚逃逸者的做法不相容。

腓特烈·威廉一世听此谗言,一怒之下,命令沃尔夫必须在四十八

---

① 沃尔夫:《中国人的实践哲学》,见秦家懿:《德国哲学家论中国》,台北:联经出版公司,1999,页158。
② 沃尔夫:《中国人的实践哲学》,见秦家懿:《德国哲学家论中国》,页158。唯其中"德性"一词,皆改为"德行",以适合西方哲学脉络。

第四讲　中国经典西译与西方近代哲学家的回应：理性主义者与启蒙运动的初兴

小时之内离开普鲁士边境，否则便要将他吊死。于是，在同一天内，沃尔夫就逃往邻近的萨克逊邦（Saxony）。由于此前马堡大学已曾邀请过他，所以他立刻奔赴马堡大学，担任讲座。这件事情激起全欧洲的知识分子的义愤，纷纷起来支持沃尔夫。许多知识分子都写信支持沃尔夫，而且沃尔夫在马堡大学变成非常热门的人物，不但招生增加了一倍，而且他的言论立刻受到热烈的回响。当时欧洲针对沃尔夫著作的回响，热烈讨论人类自然理性的自主地位，无论赞成或反对，总共将近有两百多篇书册纷纷出现，这一热潮形成了初期的启蒙运动。在腓特烈·威廉一世驾崩之后，继位的腓特烈大帝（Frederick the Great，1712—1786）极力邀请沃尔夫返国任职普鲁士学术院，然而沃尔夫还是选择回到哈勒大学。其后腓特烈大帝又封沃尔夫为男爵，可以说享尽了哲学家的殊荣。

总之，启蒙运动是起自对于人类理性的赞扬，而其实例则是孔子的伦理智慧和康熙的开明治国。值得注意的是，这时欧洲哲学所提倡的理性包含了理论理性和实践理性两者；对中国的推重包含《易经》的数理与儒家的伦理、政治的智慧与实践。可惜，启蒙运动后来的发展，对于理性的推崇逐渐萎缩为只着重理论理性，只关注自然科学发展的狭义理性。也就是说，理论理性又转缩成对于自然科学的研究，以自然科学表现的狭义理性作为其他理论理性的标准，甚至转向实证主义，认为所有人类道德的进步，都必须根据自然科学的进步来加以衡量。这是尔后启蒙运动遭到诟病的地方。这也是西欧人对于西方现代性发展必须负起的责任所在，而不是出自原先启发他们的中国哲学的教导。

第五讲 清初中国士人的响应与初融中西的尝试

一、清代汉、满皆有融接中西的学者

学界对于西方的亚里士多德哲学、基督宗教和中世纪士林哲学，乃至西方科学的引入及其在中国的发展与命运，通常会比较注意西方人像利玛窦、毕方济、艾儒略、庞迪我（Pantoja, Diego de, 1571—1618）等人的贡献，而比较会忽略有一批中国士人跟他们合作，提供他们中国材料，配合他们翻译，为他们达词。当然，像徐光启、李之藻、杨廷筠这些名人，已经受到了较多的注意；但其他学者，虽也颇有思想，惜较少被论及。然而他们对西方思想与中国文化的了解和综合，也作出了贡献。

耶稣会的文化适应策略，较接近我所谓的"外推策略"。耶稣会士们除了语言的外推以外，也还有实践的外推。总的说来，固然一方面有其成功之处，但另方面也遭到天主教其他修会的质疑：是不是有必要作这样的文化适应？且在文化适应中，是否会失去天主教教义的本旨？这一疑问也是后来礼仪之争的源起。

我在本书中不打算进入这一非常复杂的礼仪之争。在这方面国内外的研究已经有很多。据我所知，美国加州三藩市大学（UC San Francisco）曾有一个关于礼仪之争的大型研究计划。我也注意到，关于

第五讲 清初中国士人的响应与初融中西的尝试

西学来华在史学方面的研究与讨论比较多,至于其中哲学的部分则较受到忽略。为此,我自己设法在这方面弥补了一些。我在讲亚里士多德《论灵魂》(De Anima)时,针对其中涉及的形而上学、伦理学、人性论等方面的议题,已经讲过一些。此外,有关中国宗教学的部分,也值得加以讨论。耶稣会在华的传教工作以及后来的礼仪之争,也已经引起当时西方传教士与中国士人针对中国文化中的宗教性质,提出相当仔细的探讨。对于中国宗教的研究,也可以说是当时学术文化探讨重要的一环。为此,我想也有必要从宗教学的角度重新整理一下当时有关中国宗教的一些想法。

顺便说一句。中国人虽有深刻的宗教情操,但是对于中国宗教的研究与教育,自民国以来,政府与教育界并不重视。例如,民国初期担任教育总长的蔡元培,倡言"以美育代替宗教",不提倡宗教研究与教育,以致在中国的大学教育中,"中国宗教学"一直不发达。其结果是把"中国宗教学"这么大的一块研究领域,拱手让给了西方人。一直到现在,中国宗教学的权威仍然都是外国人。此外,由于在艺术与美学方面,西方艺术最深层的部份总会涉及宗教艺术与宗教,以致"以美育代替宗教"的结果,就是使得中国人也没法懂得西方艺术与美学最深刻的部份。

由于我在前面各讲多谈明末时期,而且像徐光启、李之藻、杨廷筠等人,学界的研究已经颇多,不必我再赘言。我在本讲中想谈的是两位较受到忽略的清代思想家。一位是我先前讨论亚里士多德《论灵魂》的翻译之后分析的《性说》作者夏大常。按照我读过他的作品之后的感觉,在清初之时,他应该是一位了不起的中国士人。他由于逃躲清兵而南下,私人藏书来不及携带,路上所携书籍终归焚毁,可他居然能够靠着记忆写出许多既引经据典且有思想、有理论的文字。他应该算是清初一位能融合中西的思想家。

另外，我想挑一位满族学者为例，那就是清朝皇族第一位进天主教的皇族简仪亲王德沛(1688—1752)，一般称他属于八旗学派。在清朝入关以后，满族了解到"马上得天下，不能马上治天下"，为了励精图治，知道要善用儒学，于是勤习儒学。在八旗学派里，像德沛、阿克敦、松筠、倭仁等人都精通儒学。在这些八期学派学者中，我特别要提出德沛及其名著《实践录》来加以讨论，以例示中国士人在实践论方面初步的中西融和。

清代历代皇族都努力学习中国文化。从康熙、雍正、乾隆等等，一位比一位勤快，无论文史哲，还有书画、诗词等等皆精通，意思好像在表示"朕比你们汉人更懂你们自己的东西，所以朕可以统治你们。"清朝一方面兴文字狱，铲除汉人中的异己思想；另方面他们自己的文章、艺术修养也都不错。说极端一点，现存清宫中国名画几乎没有一幅不是经过乾隆题词，既用以表现他的文雅之知，也表示这些都是他的财产。

以下，我要分形上学、人性论与实践论三个层面，逐层分析清初中国士人（包含满人与汉人）如何吸纳西学，并做了某种雏形的中西融接工作。我主要的例子是夏大常与德沛。

二、形而上学的视野

首先要讲的是形而上学，也就是对于存在界的性质与原理以及终极实在的基本探讨。在形而上思想方面，中国士人既受到亚里士多德、圣托马斯思想的影响，又把它们和中国思想融合起来，形成了最早期中、西思想融合的尝试。自从利玛窦、毕方济等人引进中国之后，开始了翻译亚里士多德著作的工作。虽然亚里士多德《形而上学》一书当时未见中

第五讲　清初中国士人的响应与初融中西的尝试

译本,然而其他的中译和论述作品中都默认并提及亚里士多德和托马斯的形而上学基本概念。譬如《名理探》的翻译与改写,目的就是要在逻辑学上介绍"实体"这一概念。其实,"实体"正是这一脉形而上学的基础。它所欲影响于中国信徒的,就是一种实在论的形而上学。"实体"这个概念从希腊哲学一直发展到中世纪哲学,甚至还影响到牛顿的物理学,可谓西方从古希腊到近代中期哲学与科学的基本概念。亚里士多德在《形而上学》第五章讲,*ousia* 这一语词有好几层意义,其中一个意义就是"个体",凡存在之物都是个体,而每个个体都是实体(substance);第二个意思是"本质"(essence),意思是"实体"就是那"使个体成其为个体的本质"。

我认为当亚里士多德、圣托马斯在讨论"实体"的时候,在某种意义下,他们常想到的是"本质",或者,类似二十世纪海德格尔关心的 das Wesen。"存有者的存有"的想法,其实都已是第二义的实体。但必须知道,第一义的实体是个体,指的是个体的存在物。

对于中国哲学而言,这应该是一个很不一样的形而上学概念。在中国哲学传统里,很少有对于"个体"的重视,唯一的例外,大概是郭象注《庄子》。首先须注意,郭象注《庄子》并不等于庄子本人的思想,因为庄子还主张"与造物者游",但是,郭象却认为万物不需要造物者。对他而言,没有所谓造物者。他认为,"无"既然是无,就不能产生万物;他也否定宇宙论的因果推论;为此,所有个别的物都是自生、自化,不需要别的原因。我称郭象这样的思想是"存有论的个体主义"(ontological individualism)。可是,郭象的个体主义并没有在后来的中国哲学史中获得发展。真正说来,要等到亚里士多德、圣托马斯的思想引进之后,以实体为个体,重视个体存在,认为个体就是那不可分割者(in-dividum),才在中文学界出现了个体的哲学论据。再更晚近,到了清末民初时兴起了个人主义,或政治社会哲学上的个体主义思想,那已经是近代性的产物,以个体为权利的主体。然而,个体论更早的依据应该是明末清初天主教引进的"实体作为个体"的概念,对于个体存在的肯定只有在实体概念下,才有其形而上基础。中国哲学方面,除了郭象以外,其余儒家、道家、佛家等,都未提供个体以形而上基础。

前已讲过夏大常的《性说》,我现在要讨论的,是他的另一部著作《泡制辟妄辟》。从明末到清初,天主教思想引起了儒家与佛教的批评,夏大常在本书中对批评者反过来进行批评。我们从他的批评里,可以读到他的实在论与个体论形而上思想。举例来讲,针对佛教"地狱由心造"的说法,夏大常在《泡制辟妄辟》中说:

> 尧舜传心曰执中,孔子言心曰心不踰矩,《礼记》言心曰毋不敬,孟子言心曰收放心。心居内也,境居外也,心能向乎外之境,不能造乎外之境也,犹乎主人者,不踰堂阶,能督造之,不能自造之也。安能造彼地狱耶![1]

在这段话中,夏大常讨论心与物的关系,显示他是个温和实在论者,认为世界、外物与个体都是存在着的,不是任由人用心来造的。佛教(仁捷和尚)评说:万物的存在,包含地狱,都是心之所造。夏大常对这一批评进一步反批评。他的论点中有儒家思想,强调心是主体,有主宰性;也有圣托马斯或士林哲学的"意向"概念,心可以透过意向,指向外物;但更

---

[1] 夏大常:《泡制辟妄辟》,收入《明清天主教文献》第十册,页20。

重要的是，外物本身是存在的，心虽可以指向它，但不能制造它。这就肯定了个体与外物的实在性与彼此的关系：心虽可指向外物，但心不能造物。例如：心虽可以监督造房子，可是心本身并不能够造房子。这表示世界本身有它的客观性。这点是他和佛教非常不一样的地方。

再举一例，夏大常说："妻子如可心造也，大舜何须不告而妻，文王何须寤寐好逑，召南何须百两以将也。心造妻子，旷古未闻。"①妻子作为个体的存在，不是心之所造；心若可以造妻子，那么大舜可以不秉告父母而直接娶妻。在此，夏大常的说法可以说是实体形而上学的应用。

当然，"实体"的概念也阻止了他进一步体会佛教所讲的"空"或"心"在灵修方面的意涵。对于佛教而言，空在形而上方面是指"缘起性空"，说的是万物的生与灭都是出自相互依赖的因果，没有自性或实体可言；在灵修上，"空"是指心的自由、不执着、无所得，也因此，心无所住，甚至无住于空；在语言哲学上，"空"是指所有的语言都是人建构的、没有实际的指涉，换言之，名不当实。相较起来，士林哲学的实在论肯定了世界及其中个别实体的实在性，并主张温和实在论的语言哲学，认为言说与判断必须符合于事物。这是夏大常所接受的这一套形而上学的基本旨趣，但有时也会落于形器层面，难以体会"空"在灵修上不执着、无所得、精神自由的妙义。

三、人性论

第二，有关人性论与伦理学。我在讲夏大常《性说》的灵魂论时已经指出，当时耶稣会士与中国基督徒有一种二元论的人性论，主张灵肉二

---

① 夏大常：《泡制辟妄辟》，页21。

元,重视灵魂而轻视肉体,也因此在伦理学上有一种我称为"压抑性的德行伦理学",主张德行是来自对欲望及其所在的身体的压抑。夏大常在《泡制辟妄辟》和其他宗教的论辩里,也有同样的立场。他说:

> 性法阐于诗书,所云降衷物则是矣。性者何? 灵魂是也。心者何? 肉心是也。性为体,心为用;性居先,心居后。性主纯,心主发,所以性也者,非可混同法界诸性也,人性贵于万物焉。心也者,非可混同一切诸心也,人心灵于外物焉。仁捷言人性,而曰法界性,是合犬性牛性以混人性也。殊非灵明独辟之心矣。①

以上这段话,显示了夏大常综合中西思想之迹:其一,可以看到朱熹思想的影响,因而以性为体,以心为用,近于朱熹所言,人有仁义礼智信诸德性,才会发而为恻隐之心、是非之心、辞让之心、羞恶之心等。其二,可以见到圣托马斯与天主教灵魂论的影响,强调每个灵魂都是独特的个体;不能说人性与万物的性是一样的,人心也不能混同众生心。夏大常主张有必要突出人的心性贵于万物,他因而批评佛教,如仁捷和尚说法界性,是一切存在皆有的性,而没有突显出人性的特殊性。其三,可以看到亚里士多德,在逻辑上与存在上,种类不可相混之义。如果将人性与动物之性相混淆,那是混了在逻辑上与存在上的两个种别,无以显示人的灵明独辟之心。例如,夏大常批评"言人性,而曰法界性,是合犬性牛性以混人性",而说众生皆有心,是把豺狼之心来混合人心,"合豺心狼

---

① 夏大常:《泡制辟妄辟》,页 29—30。

心以为人心，疏非聪颖透达之心"。这一有关类别范畴的想法是来自亚里士多德的。

可见，在实体的形而上学引导下，夏大常在人性论方面，把"人性"当作灵魂实体。而且，以实体为基础，人的心理作用是根据灵魂来发用的；人有其独特性，是万物之灵，若只视同法界性和众生心，是混淆了不同种类，犯了误置范畴（misplaced category）的错误。可见夏大常在思想背景上综合了西学（亚里士多德和天主教信仰）与中国哲学（朱熹），才提出了以灵魂为性，认定天所降者就是此性，人根据此性，发用其心理，使得人有其独特性。换言之，人的独特性在于人的灵魂，不同于其他万物只有生魂或觉魂。

四、实践论

第三，在实践论层面。从实践论这面向，可以看出天主教思想为什么和古典儒学走得这么近。除了形而上学、人性论和伦理学上的结合以外，最重要的是它和古典儒学一样，不停留于言说层面，而要讲求实践。从利玛窦开始，耶稣会士们和跟随他们的中国士人都很重视实践，尤其是伦理的、政治社会的实践。他们在思考上含有很重要的实践论导向。这一精神也继续在当代天主教思想家，像罗光、李震等人的中华新士林哲学思想中继续延续发展。

顺便插一句。中华新士林哲学这种实践导向，和当代新儒家忽视实践工夫，是有差别的。当代的新儒家牟宗三致力于发挥儒家的性理性智，讲究智的直觉，欲借此发展其中无执的存有论与形上学。然而，就形而上学来讲，中国的形而上思想，在体系井然方面比不上西方的形上学。就某种意义言，这是中国哲学的弱点；中国学问强的地方，是实践论。因此,中华新士林哲学一开始,从利玛窦进入中国,就非常重视实践论,在个人的道德修养上,不止于修养"论"或"学"而已,而是要笃实践履,说到做到,更进而再扩充到伦理和政治层面的实践上。

我个人感到最有意思的,是在满族入主中原以后第一位进天主教的亲王德沛,著有《实践录》。关于他的思想,当代比较少研究。虽然对于满族重要历史人物的言行,在史学界颇多研究,但中国哲学史一般不讨论他们。或许这是因为对于满族入关统治中国,汉人内心里总有难以平衡的创伤。无论如何,在中国哲学史上,往往没有把满人在哲学思想上的贡献纳入。① 其实这是错误的。既然说"五族共和",更不要说人人内在都是可能的思想家,不要因为他是满人亲王,就心存不平等,有差别心。

《实践录》收录在法国国家图书馆收藏的《明清天主教文献》第十二册,我阅读之后,非常佩服德沛。一位清代早期亲王对于儒学有像他那样深刻的体验,而且把儒学和他自己所信奉的天主教思想结合的非常好,令人刮目相看。

《实践录》认为,儒家的道统在《大学》和《中庸》里说得最明白,也因此德沛认为《学》、《庸》是道统之本。他进而认为,《孟子》更能发源继本,充其广大。所以,若要懂《学》、《庸》的实践之途,要从《孟子》下手来了解。为此,他常会引证孟子来讨论其实践之方。

德沛的基本论点是:《大学》的宗旨是"在明明德,在新民,在止于至

---

① 不过,我另曾读过一本专研满族哲学研究的专书,见宋德宣著:《满族哲学思想研究》,沈阳:辽宁大学出版社,1994。其中页275—289讨论德沛思想。在结论中,作者或许是从无神论观点,批评了德沛的有神论,说"德沛在反对中国人的迷妄思想的同时,却接受了西方人的天主教。"

善。"他认为"明明德"所要点亮的光明,就是我本性原有的至善,也就是我的灵魂。由于德沛的天主教信仰,如同夏大常一般,他也认为"性"就是本性的至善,也就是人的灵魂。所以,他以《中庸》所讲"天命之谓性"就是天主教思想所讲的上帝创造人的灵魂。在《圣经》理,上帝创造每样东西,都说是善的;到了人,则是用上帝的肖像来造,更是善的。德沛以下这段话颇能显示他的儒学修养:

> 大学所言明其明德,自得之。又推以及人以新之,而在止于至善也。明德者,本性之至善,天命之道也。为气质所牵,失其本善,……天命人之性者,非如万物阴阳寒热燥湿上下之性。乃推明格物至善之灵性也。①
>
> 大学之道也,学之言大者。……乃孟子所谓从其大体为大人之大也。……从其大体为大人,从其小体为小人。……先立乎其大者,则其小不能夺也。此为大人而已矣。夫心乃一身主宰,为性之官,非血肉之心。②
>
> 夫大体之灵性,秉天之命,大公而无私,纯善而无恶者也。③

在德沛看来,《大学》讲明明德,既然是指人本性的至善之德,是天命之性,也就是天主给每一个人所准备的灵魂。每个人更要进一步透过实

---

① 德沛:《实践录》,《法国国家图书馆明清天主教文献》第十二册,台北:利氏学社,2009,页95—96。
② 同上,页96—98。
③ 同上,页98。

践，推己及人，日新又新，一直到止于至善。个人必须不断推广内在本有灵性的至善，这是来自于天主所赐的虚灵不昧的灵魂（明德），也因此人不同于万物，人的存在在万物中有它的独特性。在这一点上，满人的德沛，正如同汉人的夏大常一样，都同样奉天主教信仰，都强调人的性是灵魂，有虚灵不昧之心。人至善的灵性，不同于万物阴阳、寒热、燥湿、上下之理。就此而言，朱熹讲的阴阳之道，只适用于天下万物。然而，人不仅止于阴阳；在阴阳之上，人还有灵明。

《大学》之所以为大，是因为它是遵从大体的成德之学。所谓的大，要从孟子下手，就是孟子所说"从其大体为大人，从其小体为小人"。所以，要先"立乎其大者"（陆象山的话），以大体为主，其小者就不能夺了。心是一身的主宰，如果人秉天之命，明其明德，大公无私，那就会成就纯然的善。心就是大体，身只是小体。所以，在德沛的实践论里，最重要的就是要先立乎其大者，要以心向德行的要求为主，大公而无私。这一点并不止于个人修身，须更提振于公共事物。在德沛看来，实践的方向，除了伦理实践，还有军事、政治等各方面。因此，以下我要特别讨论，德沛如何把伦理思想加以延伸，将伦理与政治、军事合论。作为一位亲王，如此合论，也是很可以理解的。

不过，德沛的基本论点仍是灵肉二元，大体、小体对立的思想。他认为，灵性的大体都愿意尽忠尽孝，灵魂才会安心；然而，躯壳小体只图自己安逸。他说，"如待漏侍朝于君，问安视膳于亲，灵性大体，惟愿致身竭力，以尽其忠孝乃安。若躯壳小体，则避寒暑奔劳，而惟安逸是乐。"[①]可见德沛在实践论上和夏大常一样，都秉承早期利玛窦等人引进的灵肉二

---

① 德沛：《实践录》，页99。

元论思想。对他而言,小体指身体及其欲望,大体则指灵性修德之心,虽然说大体、小体在伦理上(如侍亲),在政治上(如侍君),可以有不同的表现,但无论如何,人必须克制欲望,才能达到德行。若是譬诸军事作战,用兵行阵,又如何解,如何实践呢?德沛的诠释是:"用之行阵合战,灵性则知舍生不避锋刃,尽天命以思报于朝廷。小体惟恐利镞之穿骨,肉身之难当,而求邀幸避避耳。"①

由此可见,德沛在带兵作战时,总会鼓舞部下要勇敢作战,不避锋刃;拼了老命,也要尽天命,以杀身成仁,报效朝廷。他认定这就是大体、灵性的要求。可见,这已经把"灵性"的盼望,做了另一种诠释,不再是基督徒的灵修,而是带兵者的诠释,是军事实践的要求。他的基本架构虽仍是灵肉二元,必须遏止贪生怕死的欲望,而鼓励士兵杀身成仁,报效朝廷的勇德。如果单就去私就公,或者至少不惑于私欲而言,如此的军事实践,虽所用偏狭,仍有其道理。不过,既然是讲心学,对于心之源头、心之动力,仍必须有所觉察。

我在前面曾经批评过,耶稣会士当时引进文艺复兴时期的亚里士多德学说及其天主教诠释,较属压抑性的德行论,不同于亚里士多德创造性的德行论;其所理解的孔孟,也未能强调他们创造性的德行论,却多从窒欲、克己的角度言之,未能留意孔孟所发挥人的本有善性,比如孔子所言"吾欲仁,斯仁至矣",孟子言四善端如"火之始燃,泉之始达"的深意。

让我在此,再针对身体和欲望说几句好话。首先,我们必须区分初心的"善欲"和自限的"私欲"。须知,人打从身体层面开始,历经心理、伦理、形上种种层面,皆有一原初内在动力,不断走出自封,指向他人他物,

---

① 德沛:《实践录》,页99。

且只有在完成他人他物的善之时,才能合乎本心对善的要求,并再转进。换言之,人初心的动力也是"欲",根原于身体,而可下学上达,推至心理、精神各层面。但这"欲"的初动(first moment)总是指向他者、他物,为了多元他者的善;只有当这原初善欲限定在某对象上,在追求或享用的时候,心才会封闭起来成为私欲或贪逸恶劳,这其实已经是欲的次动了(second moment)。换言之,"能欲"是向善的;封限于"所欲",才可能为私。第一动的欲望都是初心为善,都是向着他人他物,不自私,不停留在己内;一旦定限在某一对象,拼命要追求、要拥有、占有之时,就会封闭在那对象上,甚至在享用时,变得自私自利,忘掉初心原不为己。如此"善心"与"私欲"的二元就贯穿不起来了。其实,原先并无二元对立,是一贯善心的发展与落实。

德沛亲王对当时的政治也有感叹,他尝引述孟子的话,意有所指地说:"故高堂数仞,榱题数尺,食前方丈,侍妾数百人,般乐饮酒,驱骋田猎,后车千乘以至服官临民,贪财背义,负于君而虐于民者,亦皆为娱悦躯壳小体也。"①很可能他当时已看到有些满族高官在得天下以后,胡作非为的情况。在满清入关掌权当道以后,政界也有胡作非为之情状,德沛也多有省思,也因此可以说他的实践论也包含了政治批判反省的实践。

德沛本人很有儒者风范,他到处讲论儒学,甚至在军中也讲,每讲完之后若部下有所补充,德沛都会在聆听以后,走下台阶向部下表示佩服。当然,这也可以视为满人学习统治中国的一部分技巧,然而我们不能说因为满人需要儒学来统治中国,就忽略了个别人物的儒学风范。综合起

---

① 德沛:《实践录》,页 99—100。

来,德沛又引孟子之言说:"孟子又曰,仁义忠信,乐善不倦,此天爵也;公卿大夫,此人爵也。古之人,修其天爵而人爵从之。今之人,修其天爵,以要人爵。"由此可见,德沛的政治批判除了反省政治劣迹,还包含了揭橥理想。他认为理想的情况应该是,个人修好德行,才获取人爵。换言之,道德的实践应该优先于政治和军事的实践。这也是孔孟之道一贯的精神。

诸德行中,德沛特别强调"仁"与"勇",主张伦理的实践是"仁",政治与军事的实践则是"勇",并认为到了至仁大勇,就可以守住灵性的大体,而不受小体利害的负面影响。"如至仁大勇,守灵性大体者,岂肯为小体利害所夺哉。"①在他看来,陆象山所谓"先立乎其大者"就是以仁、勇为先;先修好仁勇之德,便不为小体的利害所夺。

可见,他所采取的是禁欲式的德行(repressive virtue),仁、勇这些德行的获得基本上属于压抑性的德行,而且把世俗所谓的福当作祸、当作苦;把世间所谓的祸、苦当作是福。当然"祸者福之所倚,福者祸之所伏",这可能也有某些道家的思想在内。不过,他基本上是激励人抑欲进德。须知当时天主教强调压抑欲望,在宗教上不强调求福。德沛说:"世之所谓福者,道之所谓凶也,人之所谓祸者,理之所谓大吉也。"②所以他不接受世俗的祸福标准,要克制小体对世间福乐的追求,克制欲望才能成就德行,完成至仁大勇之德。

原则上,德沛的灵肉二元论与压抑性德行观,都与明末清初的天主教思想和儒释道伦理思想一致。就此也可看出,无论夏大常或是德沛,

---

① 德沛:《实践录》,页103。
② 同上:页105。

一位是汉族士人在逃难中思考问题,一位是新统治者满族亲王,虽因政权转移,祸福不一,但他们都信仰了天主教提供给他们的核心思想,并在这核心上融合中西传统。在我看来,无论是在朝在野,这个中西思想的初步融合逐渐形成了清代的一种思想趋势。虽然其中仍有不少问题值得检讨,但我们也可以看出他们中西融合的努力,以及他们对融合天儒的贡献。

五、夏大常的中国宗教诠释

从17世纪至18世纪,发生了举世闻名的"中国礼仪之争"。在其中,罗马天主教与各修会,如耶稣会、方济各会、道明会、巴黎外方传教会等在华传教士,与中国政府当局,就天主教徒是否应该遵守中国传统礼仪,以及教友遵守中国传统礼仪是否背违天主教义,产生了激烈的争议。对于这一公案,中外历史学界都已经有了许多研究。本人不拟在此对此项研究多所赘语,只简述一点与我的论述相关的脉络。我的论述将聚焦于早期中国天主教的华人学者融合中西的视野,尤其是他们对于中国宗教的解析与看法。

简单地说,耶稣会在礼仪之争中遭到质疑,基本上是针对其文化适应策略是否改变了天主教信仰的特质?但若反过来说,如果不进行适应,天主教是否能获得中国士人的信奉?像利玛窦等这样的耶稣会士也都了解到,中国文化重视孝道,且根据孝道延伸,就有敬祖的祭祀礼仪,其作用即在孔子所谓"慎终追远,民德归厚矣"。此外,凡是文人士绅,都会敬拜孔子,在孔庙也都有定期的祭祀典礼。文人、士绅在地方上都是领袖人物。宗庙聚会时,他们通常都是主礼者,必须领导祭拜祖先。更不用说,中国还有很多其他地方礼俗,各地方有各种庙祠,祭祀古今了不

第五讲　清初中国士人的响应与初融中西的尝试

起的人物,有些甚至在生时就有人祭拜,称为"生祠"。譬如有些人会为其恩人设像,每日为他烧香。有些英雄人物,在世时就有人祭拜,更不要说还有其他各种各类的祭拜仪式。针对这些祭祖、祭孔、祭圣贤、英雄、恩人等的礼仪行为,耶稣会基于了解而采取文化适应策略。但是,耶稣会以外的其他各修会则会质疑:这些是不是宗教行为?基本上,这些礼仪的确有其宗教上的涵义,但也有其伦理上、政治社会上的涵义,必须厘清。

在礼仪之争中产生的实际问题是:如果天主教禁止祭孔、祭祖,这些信教的士绅会在自己的乡里和宗族里失去领导地位,也因此涉及了教友们的社会生存中非常现实的问题。然而,像道明会、方济各会、巴黎外方传教会等修会,不断批评耶稣会,并向罗马教皇报告,认为祭拜祖先与孔子,是多神的宗教行为,应予禁止。清朝皇帝如康熙,则认为你们传教士根本不懂中国文化,还在门外指指点点屋里面的人。最后,清廷下令把天主教给禁了,下令传教士返国。之后没多久,耶稣会也于1773年被教皇克莱孟十四世(Pope Clement XIV, 1705—1774)解散,到了1814才由庇护七世(Pope Pius VII, 1742—1823)解禁而重建。耶稣会这一惨痛遭遇与它的中国经验有密切关系。基本上,礼仪之争是一场文化的冲突,由文化、宗教,进一步产生了社会现实的冲突,其结果是以禁教收场。

然而,中西文化的交流过程,起自十六世纪末,发展将近两百年,可谓波澜壮阔,其中充满了友谊的同时又不乏冲突。一方面利玛窦等人带来了欧几里得几何学、亚里士多德哲学、西方科学思想与仪器等等,在中国造成很大的吸引力,影响很大;甚至连清朝皇帝都要请传教士担任钦天监,担任画师或其他官职。以康熙皇帝为例,他本人非常勤快,每天一定要学习西洋科学、数学、天文学。

另一方面,礼仪之争前后,耶稣会也动员了他们影响的中国士人。由于耶稣会主张可以敬拜祖先、孔子,因此有中国士人觉得天主教适合中国,有些认为天主教与儒家可以兼容,还可以补儒家的不足,甚至有人认为天主教可以超越儒家的限制,于是有种种"合儒"、"补儒",乃至"超儒"的主张。不少中国士人受到天主教影响,接受了亚里士多德、圣托马斯等人的思想,也接受了天主教的信仰。在礼仪之争前后,不少中国士人致力提供中国经典与民俗材料与诠释给耶稣会士,让耶稣会士们为其文化适应路线的正确性辩护。同时,他们也重新整理了中国经典,找寻文本根据,并加以适当诠释,来证明祭祖、祭孔不是在崇拜其他神明以代替天主,借此也厘清了中国人祭祖、祭孔的宗教性质。此外,道明会、方济各会也动员旗下的中国士人去研究、说明这些宗教行为的宗教性质。总的说来,在礼仪之争这段时期,中国士人被双方动员起来,对中国文化中的宗教意涵进行了严肃的反省,其实这也是一个很有意义的学术、文化论辩。

在礼仪之争里,有一部分重要议题涉及一些对中国宗教现象的了解和诠释。这有如今天所谓的宗教学研究。在礼仪之争中,耶稣会受到的批评,是他们接纳了中国的祭祀,如祭祖、祭孔。天主教其他修会认定耶稣会所谓"文化适应策略"迁就了中国人,因此会损及天主教信仰。这其中涉及宗教礼仪的问题。其实,礼仪(ritual)是组成宗教的本质部分,当然也是中国宗教研究的重要成分,其中涉及到几个问题:一、中国宗教礼仪究竟有哪些种类?二、中国宗教礼仪的性质和意义究竟如何?三、中国宗教礼仪有什么重要性,和天主教信仰究竟合不合得来?于是,这就涉及另一个问题:耶稣会该为其设法适应的中国礼仪辩护吗?如果与天主教信仰不兼容,中国士人态度应该如何?要不要尊重罗马的决定?

夏大常对于以上问题,都有引经据典的答复。他对于中国礼仪相关文献非常娴熟,虽在战乱之中遗失典籍,但仍能靠记忆写出很多文章,富于中国宗教研究的学术涵义。基本上,我们可以说,夏大常所提供给耶稣会神父们的材料,有甚多中国经典文本的支持,并赋予这些经典文本以富于宗教学意涵的诠释,可谓中西初融时的重要中国宗教学者。

在进入前述问题之前,先让我一般性地说一下夏大常的基本态度。首先,针对祭祖,他的基本论点是:祭祖是出自儿女对父母的孝心。子女于父母在世时要能侍养,父母去世后要能祭祀,好像仍在供养他们一样。孝心是人最重要的天性,是应该保存的。所以,祭祖是完全出于尽孝、慎终追远之心,并不是把父母当作神来崇拜。

其次,关于祭孔,理由也颇类似,是为了尊重圣人。孔子是中国文化思想的开创者,所以,所有的文人都要尊敬孔子。但这种尊敬并不代表把孔子当作神来崇拜,而是基于对文化、理想和人可以达到的圣人典范的推崇。所以,目的不是在求孔子的降福保佑,而是尊师重道的表现。

再次,关于其他的祭祀,譬如生祠或死后立庙,夏大常也做了很详细的考察,认为立生祠的意义主要在于尊敬某人的功劳、功勋,崇敬他是一位人间英雄;至于死后立庙,则是纪念所做过的善事或功德,或立功、立德、立言的三不朽,而不是把某人奉为神明,更不是向他求福。

夏大常的说明,是放在前述有关中国礼仪的种类、性质与作用、与天主教相合度等问题的系统思考中,依据中国经典的诠释来答复。透过夏大常的书写,我们可以了解到他对中国古代礼仪的理解与诠释。从以下的分析,我们可以看到,初期的天主教徒中国士人,他们虽然在形上思想、人性论、实践论上作了某种雏形的中西融合,但他们对于中国文化的了解,基本上仍继承中国传统士人的诠释理性,换言之,是立基于对中国经典的诠释来思考。虽然他们在西学影响下,思路比较系统化,也可以说是在"诠释中建构"。但是他们底子里的精神还是中国哲学的精神。①

首先,关于中国礼仪的种类。夏大常在《礼记祭礼泡制》里说:

> 古王为治,不尚刑名法术那多事物。惟此礼制,乃为第一要紧事情。经文(按:指《礼记》)所云五经,即为五礼也:吉礼、凶礼、军礼、宾礼、嘉礼也。吉礼者,祭祀之礼。凶礼者,丧礼也。军礼者,兵礼也。宾礼者,朝会飨宴之礼也。嘉礼者,生子娶妻,加冠嫁女之礼也。此五礼者,乃为至重之礼,故称之曰五经焉。经也者常也。……然兹五礼之中,尤有极为重大而关紧要者,固莫重乎祭矣。祭礼者,吉礼也。是以五经之礼,必列吉礼居先。②

依乎此,礼分五种:吉礼、凶礼、军礼、宾礼、嘉礼。在此五礼中,以吉礼为先,可见祭祀在所有五礼之中,是最为重要的。中国人自古以来的祭祀,包含了对父母、祖先、圣贤(如祭孔),乃至对于天、地的祭祀。对于天的祭祀,只有天子可以为之;对于大地、山川河流等的祭祀,皇帝往往派代表去祭祀甚或亲自主祭,而封建诸侯也可以祭祀山川、河流。至于

---

① 基于两个理由,我不赞成黄一农在《两头蛇》一书中将这些早期天主教徒儒者称为"两头蛇":其一,正如我以满族亲王德沛和汉人学者夏大常为例说明的,他们已经初步程度在形而上思想、人性论、实践论上作了某种雏形的中西融合,不再是"两头蛇";其二是,他们底子里还是中国儒者的精神,立基于对中国经典的诠释来讲中国文化。另外,我不知道黄一农在如此命名时,有没有想到中国有关见到两头蛇将会不幸的传说,或有思及孙叔敖打两头蛇的故事。如果有,则如此的命名,在意向上值得商榷。
② 夏大常:《礼记祭礼泡制》,收入《明清天主教文献》第十册,页94—95。

一般百姓,只能祭祀自己的父母、祖先。

其次,关于祭祀的性质和作用。夏大常在《礼记祭礼泡制》论及《礼记·曲礼》所言"祷祠祭祀,供给鬼神,非礼不诚不庄"时,他引述陈澔《礼记集说》的注曰:"祷以求为意,祠以文为主,祭以养为事,祀以安为道,四者皆以供给鬼神,诚出于心。"夏大常据此以说明祭祀的作用和目的,他认为,"祷以求为意,求者求福也,然此求祷之祭,只闻求于上下神祇,未闻祷于祖父也"①。由此可见,所谓"祷"并不是向祖先求福,更不是把祖先当作神明。至于"祠以文为主"的意思,是因为家里有大事发生,如娶媳妇、嫁女儿、生小孩、升官等,必须"告闻祖父,以明不敢自专也。"换言之,向祖先秉告家里发生了些什么大事,表明不敢自己专断。按我的经验,如此的祷意,在台湾一直到现在都还继续进行着。

再来,"祭以养为事",是因为家族血缘的延续源远流长,所以要"慎终追远",为此,祭祀的目的在于广义的养,虽然人已过世很久了还是要供养,名为"追养"之祭。至于"祀以安为道",是说祀的意义主要是为了求心安,名为"继孝之祭",是在父母亡后仍能继续孝顺,以安孝心。以上是有关礼的种类、功能和目的。

夏大常进一步厘清,中国的祭祀里面有没有为了求福而祭祀鬼神,答案是:没有。罗马天主教会当局关心中国人的祭祀是不是有用祭祀鬼神、祖先,代替了对于天地的主宰天主的信仰的情形?夏大常回答此一问题的主要策略,是要表明中国的这些祭祀没有理由向父母或祖先求福。他指出,祖先与父母在天地之间并没有特大的权力,不像上帝是万

---

① 以上关于《礼记·曲礼》所言,见夏大常:《礼记祭礼泡制》,收入《明清天主教文献》第十册,页81。

能的,可以赐福。在祭祀时,也不清楚祖先会不会来飨用祭拜的鸡鸭鱼肉,心里面都没有打确定的底,怎么会知道他一定可以给你降福降灾呢?如果说子孙做的不好,祖先就会罚;做的好,就会降福,那表示祖先有如上帝般的能力。其实不然,中国人深知祖先不是上帝。为此,"祭祀非为求福矣"。中国人祷祠祭祀,"不诚不庄",主要的目的在于表达诚心,而不是为了求福。"中国奉祭之心,明知死者并无权柄力量也"。结论是:祭祀不是为了祈福。夏大常在讲解《礼记·礼器》时又说:

> 君子曰,"祭祀不祈",……乃是孔子教人奉祭之心,惟当尽道,不当求福也。得其道者,是言尽我诚敬之心也。若能尽诚敬之心,便为受福之道。……可知中国祭礼,并无求福之心矣。①

夏大常诠解《礼记》孔子之言,以明中国祭礼之义不在求福,而在表达孔子所教的"诚敬之心",这点可以印证《论语》中孔子所言"祭神如神在"之意。这话说出了礼仪的本质在于诚敬之心,而不是为了一种功利的交换:我向你祭祀,你赏给我福报。换言之,宗教行为之义不在于功利主义,更不在利益交换,而是出自人的宗教情感诚心的宣泄,包含对自己尊崇的人,或对自己的亲人的一种怀念。人若不如此做,是不会安心的。

夏大常进一步引《祭义》篇说:"君子生则敬养,死则敬飨,思终身弗辱也。"指出中国礼仪中祭拜祖先的性质只是一个不忍忘亲之念。所以,他解孟子言"大孝终身慕父母"之意说:

---

① 夏大常:《礼记祭礼泡制》,页88。

> 终身云者,非终父母之身,乃终孝子之身也。生则敬养者,尚未欲以我之爱亲者,而求亲之爱我。惟于死则敬飨之日,亲既不能显爱于我,而我独能爱亲于不忘焉。斯为大孝终身慕父母矣。①

很有意思的是,夏大常这一诠释,虽指出"生则敬养","死则敬飨"都出于孝爱之情,在爱父母上都是相同的,但是"生则敬养"还有"求亲之爱我"的相互性的意思;然而,"死则敬飨"则是再无相互性之意,因为父母过世了,再也不能因我之爱他而爱我,是完全超越了相互性之爱的表现。在此,夏大常很了不起地指出了中国宗教情操与礼仪有其超越相互性、甚至超越功利性、交换性的层面,而纯属爱的表现。更有意思的是,他在如此讲完"斯为大孝终身慕父母矣"之后补上一句:"此与未见天主而信天主者,约相同矣",以对父母纯粹爱的表现来讲对天主的信仰。请注意:"约相同矣"一句,初稿原来写作"同此心矣",后来大概意识到"终身慕父母"与信天主只有模拟的关系,同中仍有不同,所以其后改为"约相同矣"。

以上,夏大常大体讲出了中国祭祀礼仪的意义。他在探讨中国宗教现象时引经据典,加以诠释,以回答耶稣会士们的询问,同时也顺便把中国人自己的礼仪分析清楚,这中间已经有针对中西沟通、天学与儒学关系的探讨。同时,这也是最早在跨文化视野下,提出的中国宗教研究,惜仅止于雏形。更可惜的是,尔后由于中国人自己的忽视,未能继续发展,倒是西方学者成为中国宗教研究的领航者。

---

① 夏大常:《礼记祭礼泡制》,页89。

最后，夏大常也讨论中国礼仪与天主教义有无不兼容关系的问题。他为了逃避清兵而南逃，已经看到耶稣会的文化适应含有此一问题，且耶稣会士也请教像他这样的教友文人的想法。夏大常基本上是从中国所谓"立教"之意，指出其与西方"宗教"有不同而实相通。我在后来讲到马丁·布伯（Martin Buber，1878—1965）时，还要再回到"立教"的概念。在此，先讨论夏大常的"立教"概念。夏大常认为：中国是以礼"立教"，是为了让人们发挥其"人性"，使生活有所依循；至于宗教则是为了发挥人的"超性"，以侍奉天地万物的主宰天主。必须先通人性，否则安能通于超性？中国人以礼立教，不能因为礼会有被滥用的弊端，就禁了礼本身。夏大常说：

> 祭礼亦犹是也。若禁祭礼，中国人心必疑圣教中人，来乱教法矣。故立教者，惟当去其毒害人心之实，不必改此空疏无用之名。求福之祭当禁矣。追养继孝之祭，不当禁也。土神之祭，当禁矣。视死如生之祭，不当禁也。犹之生子者，惟当禁邪淫，不可禁其生子，以绝人类也。①

换言之，如果祭祀里有迷信求福等不当之处，可以改之，但不必因噎废食，禁掉全部祭祀之礼。中国以礼立教，在五礼当中以祭为先。祭的不同种类，各有其意义。祭祖先是为了奉飨，安孝子之心，显示诚意，秉告祖先，不敢自专等等，有这许多合乎人性的意义，因而不可废祭之名。他说："求福之祭当禁"，表明如果是为了求福之祭，是一种功利式的、交

---

① 夏大常：《礼记祭礼泡制》，页82。

换式的祭祀，是应该禁。但若是追养尽孝之祭，则不当禁。若是塑造土神模型，当作神明来膜拜，这当禁。若是视死如生之祭，像祭孔子这样的圣人，不当禁。就像人要结婚，有男女之事，要生小孩，可以禁止人邪淫，禁人到处拈花惹草，宣泄情欲，可是人总要延续后代，总要生小孩，这是不能禁的。所以，祭不能禁，就像人要生小孩不能禁一般。换言之，中国以礼立教之意，是出于人性的需要。所以夏大常在辨明中国宗教的意义之后，进一步表示祭祀不能禁。他进一步说明，祭祖之礼并不与天主教的诫命有实质上的冲突。他说：

> 中国立祭之心，原相合于天主教人孝顺父母之诫矣，唯此一祭之名，特恐有碍于钦崇一天主之义，然亦只是此名相碍，并无伤碍之实。奉祭天主者，奉其为天地万物之大父母。奉祭祖先者，不过奉其为一家一身之小父母而已耳。①

夏大常指出，祭祖之礼合乎天主教规十诫中第四诫"孝顺父母"；然而他也意识到，用祭祀来表达孝心，按天主教这边的觉识，有可能会妨碍到第一诫"钦崇一天主于万有之上"。然而，他也指出这种冲突，只是由于"祭祀"此一名义的相似性，因为天主教所献于天主的弥撒，也称做"祭献"。然而，夏大常认为，这只是名目上的，并无实际上的任何伤碍。可见，他区分"名义上的冲突"（nominalist conflict）与"实质上的冲突"（substantial conflict），认为祭祖只是和弥撒有表面上的、名义上的冲突，实质上毫无冲突。他这一分辨，以及对中国宗教的定性，重点放在其内

---

① 夏大常：《礼记祭礼泡制》，页91。

在实质的意义,认为不能只停留于表面,甚至望文生义。换言之,他不赞成唯名论的宗教阅读。他的主张,是认为实际上天主教的第四诫不会与第一诫相冲突;就中国而言,第四诫孝顺父母,其实是与第一诫孝顺天地的大父母是一致而延续的。他说,"奉祭天主者,奉其为天地万物之大父母。奉祭祖先者,不过奉其为一家一身之小父母而已耳"①。

这样一种想法,试图把中国人与父母的关系、甚至家庭的概念,扩张到理解天主教会,理解人与上帝的关系。这是一般中国人比较容易接受的关系性思维:天主是创造天地万物的大父母,天主教会是由天地大父母与众子女形成的大家庭,这样的想法使得天主教显得颇有亲和性。其实,孝敬父母、祭拜父母,跟弥撒祭拜天主,并不相冲突。一个是祭祀天地大父母,一个是祭祀一个家庭里的小父母。就此一家庭之爱而言,他认为在父母、爱等名相上,本性与超性并不相反,却有所契合。他说:

> 况乎本性中之立名者,亦多有合乎超性中之名者矣,言超性者,曰爱天主也;言本性者,亦曰爱父母矣。言超性者曰,敬天主也;言本性者亦曰,敬父母矣。言超性者曰孝天主也,言本性者亦曰,孝父母矣……②

夏大常透过扩大化的"家庭关系"、"父母"、"孝、爱、敬"等概念来看,认为即使在名义上其实也无冲突可言,从祭父母一直到祭天主,在名义上也不相反。表面上,肤浅看,好像名义相反;事实上,本性的立名者,像

---

① 夏大常:《礼记祭礼泡制》,页 91。
② 同上,页 92。

第五讲 清初中国士人的响应与初融中西的尝试

孝顺父母、爱父母这些名称,也都合乎超性的孝顺天主、爱天主。所以他主张:超性和本性可以相合。他用这一伦理论证来讲儒家发挥了人本性之义,而天主教进一步发展了超性之义。不应该以超性废本性,因为本性也是由超性所造;也不该只停留在本性上面而忽视人有其超性根源。就此而言,夏大常已经订定了一个天主教与儒家融合的良好理论基础。他又说:

> 超性不能相通于本性者,亦非真为超性者也,西洋言超性者,即为中国所言天道矣,天道人道其理一也。谓超性之奥,无过三位一体,然有粗像可比也。论天主全能全知全善,真为人世无可比拟之处。然而朝廷之威莫测,圣人之出类超群,可比也。超性固当反本报始于天主,本性亦当反本报始于父母矣。①

在此他将西学所讲的超性与中国所讲的天道相比拟。在中国哲学言,天道与人道是相通而连续的,不是相背反的、相压制的。他也认知到天主教三位一体的道理最为深奥,"谓超性之奥,无过三位一体"。可见,夏大常是个深于教理的天主教徒。关于三位一体,这是天主教的一个基本教义,极其玄奥难懂。对此,圣奥古斯丁曾讲过一个故事,说有一天他在沙滩上漫步,思考三位一体如何可能,看到一个小孩正在沙滩上挖洞,把海水往洞里灌。他就好奇地问小孩:挖洞要做什么?小孩回答说:"我要把海水都倒到洞里去。"圣奥古斯丁就问他说:"洞这么小,海那么大,

---

① 夏大常:《礼记祭礼泡制》,页92—93。

怎么可能都倒到洞里?"对此,小孩回答说:"人的思想脑袋有限,为何你认为可以解决三位一体的道理呢?"

这故事也许是圣奥古斯丁自己编的,来说明三位一体的奥秘难懂。不过,夏大常认为,天主圣三虽奥妙难明,然也有圣三画像,虽然画像粗糙,也大致可获得类比的了解;对于天主的全知全能,人世虽无可比拟,然亦可在朝廷之威与圣人之超凡获得类比的理解。类比(analogy)之哲学意义曾在圣托马斯那里获得深入的发挥;夏大常在此则用于他的伦理论证,使用类比的方式来理解本性与超性的关系。"超性固当反本报始于天主,本性亦当反本报始于父母矣"。

最后,夏大常指出:西方人要了解中国,要好好去读中国经典;如果不读中国经典,就不懂中国人在那些深刻文字里所表达的,人性如何要求成全,而人性的成全与超性可以相接。他甚至指出,西方传教士若要避免别人无谓的批评,必须先好好读懂中国经典,开口便要博引中国古书,方能开启人心。他说,

> 若要免人妄证,需先明透中国本性之情。若要明透中国本性之情,须先博览中国之书籍。……未有不读中国之书籍,而能视透中国之本性者。亦未有不能视透中国之本性,而能阐扬超性之理于中国者。[①]

对于夏大常来讲,中国经典和书籍是圣人之教。圣人体察人的本性而能够任万物的面貌睹现,因此知道人应如何发展本性,不但不与超性

---

① 夏大常:《礼记祭礼泡制》,页96—97。

相反,而且可进一步衔接超性。也因此他另外写了《性说》,综合了中西人性论,其中衔接了人性与超性,助耶稣会士们发扬超性之理于中国。这其中有一贯串的道理,那就是"追本溯源",正如同人的生命是来自父母、祖先;天地万物也可追溯到最初来自天主的创造。

换言之,对于夏大常,本性之理可以直通超性之理,好像是理所当然的。人都有其根源,都是生自父母,可以一直追溯到最早的祖先;同样的,宇宙总体也可以追溯根源,直到开端。这一想法,就今天来讲也仍有道理。譬如说今天关于宇宙的起源,有科学家提出了大爆炸理论(Big Bang Theory)。但是,人总还可以追问:在大爆炸之前又如何?大爆炸理论本身是个宇宙有限论,认为宇宙有一个开端,虽然在最先前三秒大小如豆子般的宇宙猛然膨胀,然后继续扩张,但是,其最初根源何在?就这点来讲,夏大常用以连接本性与超性的"报本返始"概念,仍有其深刻的启发。

但我必须指出,在《性说》中,夏大常的人性论仍有灵肉二元的框限。灵魂是迈向超性的,但身体中的欲望则会堕落,为此,人必须克制欲望以培养德行。人必须透过自己灵性中的理智、意志和记忆三者来接近超性的天主;同时,人必须克制欲望,避免堕落。也因此,夏大常对于有求福、交换式、功利性的祭祀的批评,也有压制欲望或功利的目的之意。另一方面,他又认为人的孝心要表现在实际的行动上,透过身体的动作来祭祀,徒有孝心的意向是不够的,必须要能敬养、敬飨。

六、灵肉二元与颜元、戴震的身体哲学之修正

在这里有一颇值得探讨的哲学意涵。夏大常一方面假定了灵肉二元,借以寻求超越、克制欲望,提心向上,追求德行;另一方面,他也认为

孝心应能表现为行动,如同道成肉身。就如同天主之子取得人形,来到人类历史当中;同样的,人的孝心也必须透过祭祀行动和祭物实然体现,换言之,在行动中体现心意。这里可以看出,夏大常的思想里可能有某种不一致性:以他灵肉二元对立的人性论架构,如何能证成身体行动可落实孝心,恐怕会有疑义。

例如,夏大常引《礼记·祭统》方氏注说:"尽其心者,祭之本;尽其物者,祭之末。有本,然后末从之。"①换言之,祭祀主要是为了全盘地展现诚恳心意,至于三牲、四果等供物或奉香等等,只是祭之末。然而,他又说:"心有所感于内,故以礼奉之于外而已。……发于心而形于物者,君子也。故曰,惟贤者能尽祭之义。"②君子既是用祭的行动与祭物来表现孝心,的确有某种落实于身体的意味,心意必须实现为行动,透过祭礼祭物才能表达孝心,否则孝心无从表达。

既然夏大常坚持要维系对祖先的祭祀,无论是祭礼或名义,其目的是在维系人心的实际表达方式。然而,这点与他的人性论、伦理学的二元论之间,的确有某种内在的紧张性。如果继续将灵肉二元论和禁欲伦理学发展下去,那他应该也可能看轻祭品。他既称祭品为末,那么再极端一些,也可以忽略之,仅存心意在即可,不必要有行动和祭品。那么,为什么仍然一定要有祭品,且视之为具有敬养与敬飨的意义呢?

在西方文艺复兴时期的灵肉二元论与禁欲的伦理学,基本上类似于明末清初时尊崇德性、压抑欲望,"存天理,去人欲"的伦理学。然而,这样子的思想框架,无法对于"道成肉身"、"心形于物",以及祭礼本身提供

---

① 夏大常:《礼记祭礼泡制》,页94。
② 同上,页94—95。

终极的证成,也无法提供祭祀和伦理行动有力的哲学基础。可见,灵肉二元论和禁欲的伦理思想,无论在欧洲或中国,都有其困难。

但是,到了十七、十八世纪以后,中国哲学家如颜元(1635—1704)、戴震(1724—1777)等人,他们都批评朱熹"去人欲而存天理"的压抑性伦理学与宋明理学中灵肉二元的天命之性和气质之性的区分,更批评他们将气质之性视为恶之根源。颜元认为,"礼"就体现在身体的动作,所谓"格物"就是要身体力行,亲下手一番,确实作出每个动作。他说:"譬如欲知礼,任读几百遍书,讲问几十次,思辨几十层,总不算知;直须跪拜周旋,捧玉爵,执币帛,亲下手一番,方知礼是如此。"①换言之,在清代儒学中已经出现了一种身体的哲学,以克服天命之性和气质之性的二元论。譬如颜元说:

> 譬之目矣:眶、皰、睛,气质也;其中光明能见物者,性也。将谓光明之理专视正色,眶皰睛乃视邪色乎?余谓光明之理固是天命,眶皰睛皆是天命,更不必分何者是天命之性,何者是气质之性。只宜言天命人以目之性,光明能视即目之性善,其视之也则情之善,其视之详略远近则才之强弱,皆不可以恶言。②

以上颜元以身体(眼睛)的功能为喻,说明气质之性无须与天命之性分隔,更不必将身体视为恶的。颜元指出,天理就是善之所在,在身体来

---

① 颜元:《四书正误》,卷一,北京:四存学会,1923,页2。
② 颜元:《存性篇》,卷一,《四存编》,收入杨家骆主编:《中国学术名著》,台北:世界书局,1980,页3。

讲,眼睛之所以能看,是靠着眶、炮、睛,既然能够看见便是善,那么眶、炮、睛也就是天理所在。如果人的眶、炮、睛不好,也就看不见了。正如同"能看之善"不离于眼睛,同样的道理,天理与身体不可分。为此,人也不能压抑身体,主张"去人欲而存天理"。

我想,清代哲学自从王夫之(1619—1692)主张道器不分,道就在器中,器中有道;到了颜元,主张天命之性之善就在气质之性、身体之中;到了戴震,更进一步认为基本上"理"就在宇宙生生而条理的过程中。换言之,整个宇宙是一生命发展的过程,生命的目的是为了保存生命并发展生命,其中会发展出越来越高层的秩序或理。理也者,条理也。理就是条理万物的动态秩序,而器物的世界在动态过程中会发展出秩序。生命由较低层逐渐发展到较高层,会逐渐发展出越来越高层的理。人人都求保存生命、发展生命,也因此每个人自己要保存生命,为此需要生小孩、饮食、男女;进一步还要发展生命(按:例如有科学、艺术,追求更高的智慧,这些都是为了生命的保存与发展)。戴震认为个人要保存生命,也要让别人保存生命;要发展生命,也要让别人发展生命,这就是"仁"。至于在世界的动态发展过程中会条理出更高的秩序,人能认知秩序,便是"智"。对于戴震而言,"仁"与"智"两者是人可以达到的最高之德。圣人便是在仁与智上达到最高成就。然而,仁与智并不离生命本身的保存与发展。人类虽因拥有仁智而不同于万物,然所有生命都倾向于保存与发展。在这一点上,人与别的物种仍有连续性。

可以说,戴震在18世纪从二元论转化出一套动态发展的形上学、人性论和伦理学,也因此在哲学视野上更有所改弦更张。这点可以说比20世纪西方哲学在现象学思想引导下发展出的身体哲学,要早出现了两百年。像梅洛·庞蒂(Maurice Merleau-Ponty,1908—1961)所谓的

"己身"(corps propre)、"取得身体"(embodiment),在某种意义下,还是基督宗教的"道成肉身"(incarnation)思想在现象学里的变奏和俗化。可惜,夏大常当年,在耶稣会引进的灵肉二元论框架下,没有接受到王夫之"道器不分"的启发,也未能对于天理、人欲关系作更为正面的反省。虽说他已表示了祭礼要"发于心而形于物",但其中灵肉二元的张力仍在。其实,王夫之、颜元、戴震等人的思想,若早被近代西方哲学所吸收,或被来华耶稣会士及追随他们的中国士人所吸收,或许也可早点改正其灵肉二元对立和压抑性伦理学的困境,[①]使中西哲学在跨文化交谈下早一些臻至相互丰富之境。

[①] 康德认为德行就是压制欲望而遵从道德的无上命令(categorical imperatives)或实现道德义务,对我而言,仍然属于压抑性的德行观。

第六讲 批判中国哲学：黑格尔与马克思

一、从赞颂到批判

欧洲哲学与思想界，发展到了黑格尔与马克思，开始从欧洲人对中国的赞颂，返回以欧洲为主体对中国进行批判性的阅读。原先，从利玛窦等人引进汉学，到初期传布于西方，西方都是从赞美、同情与了解的立场来看中国文化。重点在于：在一个非基督徒国度里，竟然能够发挥人的自然理性，达到这么高度的文明和思想境界，这是他们所称赞的。尤其到了沃尔夫更为明显，甚至由于一场颂扬儒家与中国自然理性的演讲，引起了尔后欧洲启蒙运动发端。虽然在今天从后现代观点对于启蒙运动多所批评，殊不知当年启蒙运动初期是起自对一个完整理性（而不只是自然科技理性）的追求，以及它能完美实现为人间的善治，因而获得称扬。其实，后现代所批评的是启蒙运动后期，昂扬人的狭隘的理性并把自然科学成就变成是人的理性的表现，更以后者的进步作为人文道德的衡量标准。换言之，后现代对于现代性的批评，应该是针对启蒙运动后期窄化了的理性，与其所限定了的现代性。

我在前面也讲过，在礼仪之争过程中，马勒布朗士在《与一个中国哲学家的对话》里，已经开始进行某些批判，主要是从基督宗教的立场，也

第六讲 批判中国哲学:黑格尔与马克思

就是从基督宗教一神论的信仰,来针对中国哲学,尤其宋明理学,所言非位格性的"理"的批评,以显示位格性的终极实在观和非位格性的终极真实观之间的对话。但是,当时还有某种"群峰并立"的想法,基本上马勒布朗士仍然佩服中国人,尤其佩服孔子;只不过,从基督宗教的立场来看,终极真实不能只是非位格的,必须要有一无限的位格神,它能够思想、能够爱、能够创造,如此才会有宇宙的创造,有爱与智慧的世间,也使世人(包含中国人),能"在神内看见"。不过,这仍只是在理论层面的讨论上交锋。毕竟,马勒布朗士作为一个神父,又将论点转回到了欧洲基督宗教的立场。

可是,到了黑格尔与马克思,由于礼仪之争也暴露出中国本身有不少问题,在跨文明交往一段时期之后,由于康熙、雍正、乾隆的禁教措施,使得在中西交往上,中国也开始采取封闭的态度,而西方的传教士从检讨利玛窦的开放政策、外推精神,反而回到基督宗教本身的立场上。于是,从双方相互的了解,转为各自的坚持。欧洲从开放学习到返回自己的主体精神,因此开始对中国多有批判。

二、近代哲学集大成者黑格尔眼中的中国哲学

以下我将以黑格尔的论述为例,讨论以上这种转变在哲学上所显示的思想内容。我将首先讨论黑格尔对于"道"的理解,进一步再讨论他所理解的《易经》以及中国的语言的特质,最后再转到历史哲学、道德哲学,以及宗教这几个层面的想法。

黑格尔对"道"的理解

首先,关于黑格尔对于"道"的理解。黑格尔哲学虽说是近代欧洲哲

学的集大成，但他生活在十八、十九世纪，那时已经是欧洲近代性的巅峰；然而，在他之前，中国哲学早已发展了两三千年了，而且都关心"道"这核心概念。当然，"道"在中国哲学是一个最重要的概念，无论是在道家或是儒家，连后来的佛教，都使用"道"概念。为此，从黑格尔对于"道"的理解，可以看出他的中国哲学认知，以及他的跨文化哲学素养。

黑格尔在他好几本著作里都讨论到"道"，例如他在《哲学史讲演录》里说，"道"是导向之意，或理性法则之意，他也提到雷暮沙（Jean-Pierre Abel-Rémusa，1788—1832）曾经表示对于中国哲学"道"一词最好的西方表述是希腊文的 logos。这个说法奠下了以后中国人在比较哲学上自己对于"道"的了解，将"道"与 logos 相提并论。另外，他在《宗教哲学讲演录》里又说，"道"一般被称为路（Weg），可以说是精神的正途，也就是理性；他又说，中国思想的原理是理性和道，它是一切万物的基础，并且也是推动万物的本质所在。

从以上黑格尔对"道"的说法可以看出，他已经用"路"一词来诠释"道"，并且把"路"和精神、理性联系起来看。这一想法影响了后来西方哲学家对于中国哲学"道"的了解，无论赞成或反对。例如，在二十世纪，海德格尔把路、语言联系起来思想"道"，也提到了"道"往往被解释为理性、logos 等等，这些说法其实都显示他曾阅读黑格尔、并延续黑格尔或针对黑格尔来思考的痕迹。海德格尔仔细阅读了黑格尔，清楚认识黑格尔对中国"道"的解释，虽然说他自己尔后的解释并不一样，这点我们将在下一章论及海德格尔时仔细讨论。

基本上，黑格尔认为"道"是理性或精神之路，因为对他来说，存有者的存有（或终极真实）就是精神，所以终极真实并不是道，后者应该是精神所走的正确途径。但对他而言，精神所走的路子是一种辩证法的路子，也就是说透过肯定、否定、否定的否定来进行的。譬如，逻辑是思想的抽象与普遍的表现，但当逻辑发展到最高峰时，就会觉得自己单只是逻辑，太空洞了，必须走出自己、走到自己的对立面，因此就产生了自然。进而，在自然里的各种万物都是个别而殊相的，因此必须迈向具体中的普遍，于是兴起了人，任由人去发展精神，于是，精神的发展便是既普遍又个别的，既抽象又具体的。我在我的《物理之后——形上学的发展》一书里讨论到黑格尔的形上学。其中最根本、最值得注意的，就是指出辩证是一个弃而存扬的过程（Aufhebung）。更详细地说，就是先否定、弃绝原有的缺陷，譬如说否定原有逻辑的抽象性，走向它的对立面，产生具体的自然万物；然后抽出其中的优长，也就是其中的普遍性加以保存；然后进一步再发扬、提升到一更高的地步，于是发展出既特殊又普遍、既具体又抽象的精神。

顺便说一下，德文的 Aufhebung 一词，中文学界早期采音译，翻译成"奥伏赫变"。其后，在马克思主义影响下，翻译成"扬弃"，这对翻译黑格尔原义而言，是有所不足的。虽然说马克思主义比较强调一弃一扬，既弃又扬，否定有缺陷的旧阶段并发扬理想的新阶段；然而，黑格尔的辩证不只是一弃一扬，还有保存的因素。因为在否定之中抛弃了前一阶段的缺陷，但仍要提炼并保存其中的可普性，并加以发扬，以便纳入理想的新阶段。所以，应该是一个弃而存，存而扬的过程。总之，在否定以后还要加以保存，并且加以发扬为更大的可普性。总之，"扬弃"这一译法忽略了黑格尔的"保存"这一面。譬如，按照《精神现象学》里面所言，精神在发展的过程中，从感觉发展到意识；再从意识发展到自我意识；然后再从自我意识发展到精神；在精神层面，从主观精神发展到客观精神，再从客观精神发展到绝对精神。以上每一步骤都对前一阶段加以否定，同时保存其可普性，也就是保存前一阶段中可普化的因素，再加以提升、发扬到更高阶段。

不错,在这过程中,有一个很重要力量,是来自否定,必须不断地否定前一阶段的缺陷,才能有进一步的保存和发扬。也因此,在黑格尔辩证法的整个过程中,"否定"扮演着极为重要的角色。举例来说,黑格尔所懂的"无限",大不同于前此笛卡尔正面积极的无限者,黑格尔的无限其实只是对于有限性的否定。凡是已经展现出来的每个阶段,都已经是有限的,必须不断加以否定再继续发展下去,继续对前面有限的阶段加以否定。所谓"无限"(Infinite)就是"无一限"(In-finite),也就是否定有限之义。就此而言,在黑格尔的思想里,有一种我称之为"否定性的胜利",并透过否定去提炼出在每一个阶段里所可保存的、可再普化的概念。然而,黑格尔这样一条精神所走的,以否定为动力的辩证之路,是否可以通到中国哲学那边呢?在此,我愿将他的想法取来与中国哲学比较一下。

首先,中国哲学一定要先肯定生命。生命可以提升,可以昂扬,可以推己及人,推至天下,不断推而广之,乃至"为天地立心,为生民立命,为往圣继绝学,为万世开太平。"然而,生命本身是不能否定的。也因此,朱熹说"天地之大德曰生。"为此,像西哲苏格拉底会说"未经检视的生命不值得活。"然而,就中国哲学而言,生命本身就值得活。只有活下去,才能检视生命,甚至走出宇宙与人生命的大道,完成生命。然而,为了完成生命,也必须能与终极真实相契合。在此,就由必须肯定的生命,走上生命之道,甚至与终极真实的大道相契合。

须知,中国哲学里所讲的"道",无论在任何再大、再深的层次,譬如讲宇宙的大道、讲天道;或说以"道"作为终极真实,视为那能自行开显的存在活动本身;无论如何,道都不离开与"道作为走得通的路"这个形象相连结。在中国哲学里对于终极真实的思考,无论是道家名之为"道",

或儒家《论语》所讲的"仁"或《中庸》所讲形而上的"诚",或喜怒哀乐未发之"中"①;或孟子所说的"心",或佛家所说的"众生心"、"一心"②等等,都是与文字上的形象相联系的。总之,说"道",说"仁",说"诚",说"心",说"天"③等等,都是与形象不离的。我认为在中国哲学里,即使终极真实也不是纯粹的观念,而是形象化的观念。

换言之,中国哲学的"形象观念"不像柏拉图所讲的纯粹观念,后者甚至把观念转为哲学概念,再拿概念和概念相连结,形成命题,然后再透过三段论证来加以推论。比较起来,如此奠基的西方哲学精神,与中国哲学不一样。中国哲学的终极真实,即使表达为哲学的观念,也脱离不了与形象的关系,而在其形象思维里,也都展现了某种观念。为此,我称之为是一种"形象观念"或是"观念形象"。

中国的形上学没有纯粹的概念,相反地,它要用有图像的隐喻来说,不同于西方哲学把概念和概念加起来,重视主词,透过系词,形成语句;再在命题中进行大前提、小前提、结论的三段式推论。中国哲学喜欢用隐喻,讲故事。往往讲个道理,就是讲个故事。尤其像庄子,例如在《逍遥游》里说"北冥有鱼,其名为鲲……",讲的是鲲鱼变成鹏鸟的故事。这故事要讲的哲理是:鱼是在水中自由的,它能进而转化成鸟;而鸟是空中自由的,但两者都是有条件的自由。可见,这故事讨论的是自由的问题:

---

① "诚"有两个意思,其一是在形而上层面,指终极的真实;其二在道德心理学上,是指心理的核心之诚,发自内心的至诚,且言行合一。两层是可以相通的。同样,喜怒哀乐之未发之"中"是可以与作为终极真实,能使天地位、万物育之"中"相通的。
② "众生心"就是"一心",虽说"众生心"的重点在于多数,但为一体,为一心;"一心"虽比较强调统一性、单数,但不离"众生心"。
③ "天"也与形象不离。能够站立为人;当人的肩膀开始负责任,成其为大,是为大人;而在大人、圣人之上加一横,那就是天了。

鱼和鸟虽然都是生而自由的,但都是有条件的自由;鱼依赖水,鸟依赖风,虽然地位较水为高,但是鹏鸟仍必须怒而飞,振奋直上九万里高空。毕竟,九万里高空也还是有限的,因为它还是由空气所支撑,庄子所谓"乘风背,负青天"是也。换言之,鸟必须乘风飞行。如果把风拆掉,大鹏也就掉下来了。可见,它还是有条件的自由。为此,《逍遥游》进一步讲如何由有条件的自由转化成无条件的自由。

以上这些都是透过隐喻、故事来讲哲理,而不像西方哲学透过概念、论证来讨论。就黑格尔否定的辩证法与一直在否定中追求更高的普遍性的精神道路而言,黑格尔已经离开中国哲学所言的"道"甚远。黑格尔将"道"解释为理性、规则,并与具有言说意味的 logos 相提并论,其中的哲学意趣与中国哲学的"道"大不相同。对此,黑格尔也不能体会,以致产生误会。这点更会在他讨论《易经》的时候,特别显示出来。

黑格尔对于《易经》与中国的思想和语言的看法

黑格尔在《哲学史讲演录》里对于《易经》的讨论,主要是针对莱布尼兹。莱布尼兹肯定中国的书写,尤其是六十四卦的卦象,且在卦象的产生顺序里隐含着理性的逻辑,甚至隐含着莱布尼兹所谓"普遍数理",或"普世语法"的想法,也就是说,在图像式的文字书写里,有严谨的逻辑含蕴其中。然而,相反于此,黑格尔在《哲学史讲演录》里批评莱布尼兹,认为他未经批判性思考就肯定了中国的文本、语言和文化。他觉得莱布尼兹这样讲,只注意到形式,其实内容上并不令人满意。他认为,不但莱布尼兹自己是如此,中国哲学就是这样。中国的卦象和书写在形式上看来好像有逻辑可寻,可是哲学家必须注意它实质的内容,看看它有没有进行自我反省。在黑格尔看来,真正的哲学家在思想上应该透过主体的自觉进行自我反省,以便发展出真正的概念来。他认为中国哲学做不到这点。

所以,黑格尔在《哲学史讲演录》的引言中讲到东方哲学的部份,批评东方的文化,认为都比不上西方的。他说:"当人们让他们自己被形式所迷惑,把东方的形式和我们的平行并列,或者还更爱好东方的形式……"①这话读起来很像是在批评莱布尼兹这类中国哲学的推崇者。从这几句话可以见到,黑格尔的态度已经扭转回欧洲自身的主体性,他不像莱布尼兹那样还有一种跨文化哲学的态度,可以欣赏中国文化,而且从中获得启发,达到某种相互丰富的目的。相反地,黑格尔转回自己的思想观点,也就是他从检视希腊以降,以及自己所发展出来的西方哲学观点,以欧洲为主体,进而批评中国的语言和思想。在他看起来,那些形式性的或抽象符号,譬如说卦象,乃至于中国的文字,的确是有某种意义的可普性和形式上的抽象性,可是他认为这些东西如果没有主体的自觉是不能成为哲学的。必须要有一些普遍的形式,再加上主体的自觉,才会形成为"概念"(Begriff)。他所谓概念包含两个层面,其一要掌握某种普遍性;其二要对此掌握有所自觉。譬如说,黑格尔批评牛顿没有概念,因为他认为牛顿虽然掌握到惯性、有作用必有反作用等定理,可是牛顿懂得这些原理只具有抽象性,并没有他自己的主体自觉。为此,黑格尔认为牛顿根本不知道自己在讲什么。相反的,黑格尔认为康德有概念,因为康德不但讲普遍的观念,而且他的批判意识有内在的自觉。

所以,在黑格尔看来,哲学应该既掌握到普遍的、抽象的观念,还要加上思想者主体本身的自觉,如此才能够形成概念。而且,概念不能只停留在概念层面而已,还必须从概念实现为历史的事实。就好像你只有

---

① 黑格尔:《哲学史讲演录》,贺麟、王太庆译,北京:商务印书馆,1983,页119。

一百马克的概念是不够的，你还必须去赚得一百马克。康德用像拥有几块钱（如：一百马克）的概念并不等于你就有那些钱，这类的论点来批评本体论证。本体论证说上帝是最伟大的，而有存在要比没有存在来得更伟大，所以上帝存在。黑格尔对康德的批评，指出康德虽指出了脑筋里面有一百马克不代表你口袋里面有一百马克，但是，单这样想仍是不足的，还嫌太静态而胆怯了。相反的，人应该采取行动，好好努力去赚得那一百马克。如此一来，概念才会变成实在。就此而言，黑格尔虽然只是个坐在书房里思考的哲学家，但他这一积极行动，化概念为历史的想法，隐含着某种革命思想，主张必须努力行动挣得价值，一直到赚到了才算数。这一想法对后来的马克思思想有所启发。其基本的想法是：普遍观念要经由自觉成为概念；而概念应在历史中实现，才成为理念，而理念则是实现成为历史事实的概念。

　　黑格尔认为《易经》已经掌握某些普遍性，譬如说卦象、对人事和自然的某些判断，但这些还仅只是抽象的普遍性而已，缺少主体的涉入，换言之，其中缺少主体性（subjectivity）；其次，黑格尔认为这些卦象与卦辞也没有内在性（interiority）可言，换言之，其中缺乏人内在的自觉。

　　在黑格尔看来，卦象、卦辞、爻辞都仅有形式上的抽象，更何况这些抽象的形式仍摆脱不了某些自然信念，换言之，易卦仍然和占卜与相关的迷信联系在一起，而且占卜和迷信都是依赖非常独断的偶然性。相反的，哲学应该掌握必然性、普遍性和有自觉的内在性。

　　在此我要指出，黑格尔忽略了中国哲学提出的"形象观念"或"观念形象"，中国哲学透过这些形象观念或观念形象来喻示终极真实，也因此包含了一种隐喻的形而上学。透过这种隐喻或象征的指向，类似海德格尔所谓"形式指引"（formal indication），借以指向终极真实。海德格尔在

《存在与时间》中发展出一种"形式指引"的思想。黑格尔尚未了解到这一地步。海德格尔的"形式指引"是我们透过形式指引,可以指向存有的体验。中国哲学里透过这些形象观念所要达至的也是实存的体验。《易经》的实存体验怀有忧患意识,然其中仍追求着"其道甚大,百物不废"的可普性,而且与对终极真实在宇宙间生生不息历程的体验息息相关。

换言之,中国哲学里的终极真实,是在人深刻的实存体验中开显的。由于中国哲学和中国文字的象形性与指事性有密切的关系,凡是在体验中的开显与揭露,其表达都与形象有密切的关系,以致无论"道"、"天"、"心"等等都与隐喻的形上学有密切关系。

比较起来,黑格尔所要掌握的就是"概念",一方面要有普遍性,另方面要有内在的自觉性。这是由于西方近代性强调主体的觉醒,并从觉醒的欧洲主体性出发,去批评其他的文化与哲学没有主体自觉,包含中国哲学在内。然而这么一来,就忽略了中国哲学里面的胜义、胜景,更不知道中国历代对于《易经》的诠释历史,已经透过注疏方式,把各卦的卦象、卦辞、爻辞、象传、系辞传等等中的哲学意义诠释出来了。包含莱布尼兹和黑格尔在内,他们所知道的都是来自传教士所引进的,尤其是索隐派所引进的《易经》诠释,但他们对于中国历代《易经》的诠释、注疏及其中的哲学并不了解。

然而,中国思想史上对于《易经》的诠释与注疏是有长远历史的,且其中都富于哲学意涵,这点正与中国哲学的特质息息相关,[①]因为中国

---

① 以易经为例,像王弼《周易注》、韩康伯《周易注》、孔颖达疏《周易正义》等等,都有其哲学诠释意涵。又,在道家哲学上,郭象注《庄子》,和成玄英疏,便是透过注疏来建构论述的最佳例子。

哲学家往往是在诠释和注疏之中，表达自己的哲学意见的。哲学的思想虽然在思想长流中继续发展，但它往往扣紧或联系着原有文本，做进一步诠释，并在诠释中进行建构。这就好像中国哲学的观念一定脱离不了形象，因为它不愿意抽离人们的体验来思考，相反地，它既愿意跟这世界的形象有所联系；同样，中国哲学也愿意跟每一个思想的历史与文本的源头保持联系，为此会从诠释先哲的文本与言行来建构论述。这样子的哲思特质，是黑格尔一点也不能了解的。

虽然如此，中国哲学，尤其易经哲学，仍然在思想过程中要保持一种净空澄明的境界。就以黑格尔所说《易经》与占卜、迷信不可分割来讲，东汉的徐干在《中论》一书里就曾经表示，《易经》由于能空其心，才能受而能应。说白一点，是因为能净空其心，占卜者才能接受终极真实的启发，也因此能有所感应。可以说，像这样的思想就有某种非主体性的境界，因为既然空其心了，就不再执着于主体性，也因此其中包含了对主体性的超越。虽然在《易经》里，我们仍可看出主体的挺立，但在类似的注疏里显示，主体性必须空虚，才能感应神妙。

在我看来，整个《易经》的结构与意义的确是经历了一段演进的历史才形成的。在第一阶段，也就是最早的时候，《周易》确是占卜之书。然而，在占卜中，若要预知道事情的发展，一方面要联系到自然的法则，另方面也要联系到主体的觉醒，必须兼顾两者。于是，转进到第二阶段，也就是伦理诠释时期。依我看，《易经》最早的卦辞、爻辞讲的多是根据自然法则与人事关系而言；但是，大约自文王画卦之后，到了春秋时期，大约公元前七、八百年出现的象辞、彖辞，已经演进为伦理的解读了。到了第三阶段，在系辞传、说卦传、乾文言、坤文言等，提出了相当高深的义理，可以说是属于哲理建构的阶段了，其中含有对宇宙和人生的整体思考。

简言之，我认为《易经》经过了长远的演进，从占卜显象，到伦理诠释，到哲理建构，历此三阶段。黑格尔无知于此，认为《易经》与占卜、迷信、武断的偶然性密不可分，丝毫不知它在藉占卜而兴起之后，朝向伦理诠释和哲理建构演进，而且黑格尔也对《易经》注疏传统中的哲理成份毫无所知。话说回来，莱布尼兹对《易经》虽然给予友善的称赞，甚至受到启发，但主要仍是经由白晋等传教士的引介，仍未探索《易经》本身的义理演进与其诠释传统。

值得注意的是，黑格尔认为《易经》的六十四卦要和中国文字联系起来思考。他认为卦与字是密切相关的，两者都是对于武断的经验现象加以静态抽象而成的图画。他所谓武断，是因为其中缺乏主体自觉的反省。黑格尔当然也没有以海德格尔所言"形式指引"，或我所谓"形象观念"来看待卦象与文字。所以，黑格尔把卦与字视为掺杂了一些自然信念，未经主体省思的经验，尚未成为概念等等，并从这一思路来批判《易经》的卦象与中国的文字，借以拉出他自己对于概念、主体自觉，以及应在历史中实现为理念等等想法的框限之下。

也因此，从文字学上来讲，黑格尔认为西方的文字是由字母所构成的，是属于语音性的语言，不再停留在物质性的图像上；由于其离物质更远，也因此在思想上的纯度更高。这一点可以从黑格尔的美学思想中获得印证。在他看来，绘画是比较低的艺术，因为它还依赖线条、颜色等等物质性的表达；音乐就属于比较高的艺术，因为在音乐里没有图像，只剩下乐音的游戏，其物质性较低。至于最高的艺术形式是诗，因为诗连乐音都不依赖。诗纯属语言创作，不像音乐还有一些声音的材料，语言却不需要依赖音料而致力于意义的表达。在语言方面，黑格尔认为语音化的语言要比象形文字更为高级。也因此,黑格尔要批判性地追问:莱布尼兹怎么可以把中国文字的形式拿来与欧洲文字等量齐观呢?

我们知道,在二十世纪,德里达反过来批评语音化的语言高于象形文字的想法,认为这是一种逻各斯中心主义(logos-centrism)。不过,值得注意的是,德里达的基本立场还是和黑格尔一样,认为哲学仍然是属于希腊的传统,而且他还批评莱布尼兹的学术计划并没有真正介入逻各斯中心主义的发展。这些争执的确有些"理有难明"的情况,但有一件事可以确定的是:无论黑格尔或德里达,他们的跨文化胸襟都要比莱布尼兹差多了。

黑格尔历史哲学的视野

对黑格尔来讲,人类历史是一部自由的历史。换言之,历史所迈向的是自由的实现,其中不但要发展出普遍的观念,而且要能够有自觉,进而在实际历史中体现成为理念。由此可见,黑格尔在每个议题上的思想都是相当一致而系统的。黑格尔的历史哲学,是从东方开始讲起,也就是从他所谓"神权专制"的地区开始,讲的就是中国和蒙古。我想,黑格尔在构想上是要从神权专制逐渐讲到自由观念的兴起,然而,他把中国和蒙古相提并论,在历史事实上是混淆了。大概是因为蒙古人在十二、十三世纪时,以强暴的武力攻入欧洲,欧洲人受创记忆犹深,视为黄祸。虽然到了十九世纪的黑格尔,已经过了六百多年了,但他还记得那段痛心的历史,于是把蒙古帝国拿来与中国帝国相提并论。如果说的是专制帝国,那么中国早在公元前三、四世纪秦朝之际已经形成帝国了。从秦朝到蒙古,中间有一千五六百年这么长的时间距离,不可以同日而语。至于黑格尔所谓的"神权",在公元前一千七百多年前建立的商朝,的确

第六讲 批判中国哲学:黑格尔与马克思

是一种神权政治,可是到了公元前十二世纪建立的周朝,改用周礼和封建统治,并非神权专制。总之,中国历史是非常丰富而复杂的,不可以简单化,以"神权专制"一语带过。

黑格尔认为历史开始于东方,因为在东方已经有某种普遍性出现,所以理性开始有某种程度的自由,然而这东方的自由仍缺乏主体的自觉。他以有自觉的普遍性及其体现于历史为判准,把自由的历史分为四个时期:一、历史始于东方,在神权专制下,仅有皇帝一人自由;二、希腊开始懂得自由,但仅有少数人自由;三、基督宗教开始兴起自觉的自我意识,使自由成为黑格尔所谓"概念";四、日耳曼人把自由概念体现在历史中,成为其所谓理念,因此他以日耳曼为最高文明。关于东方,也就是黑格尔所懂的中国和蒙古,他在《历史哲学》里评论说:

> 我们首须讨论者系东方,其基础为未反省的意识……在东方的政治生活里,我们看到一种理性的自由,逐渐发展而仍未进而成为主体的自由。这是历史的幼年时期,其客观的种种形式构成了东方"帝国"的堂皇的建筑,其中虽具有一切理性的律令与布置,但各个人仍然只是偶然的。他们围绕着一个中心,围绕着那个元首,他以大家长的地位居于至尊。①

> 东方人不知道"精神"是自由的,人是精神〔精神是有历史性的,也就是由普遍发展为有自觉,自觉以后又知道在时间中去实现它〕,因为他们不晓得这一点,所以他们不自由,他们只知道一个人是自由的,唯其如此,这一个人的自由仅是放

---

① 黑格尔:《历史哲学》,王造时、谢诒征译,上海:商务印书馆,1936,页174—175。

纵恣肆；鲁莽……所以这一个人只是一个专制君主，不是一个自由人。①

可见，黑格尔把中国的文化称为历史的幼年期，是因为其统治形式虽开始有小小程度的普遍性，但尚未有自由的观念，至多只能说皇帝一人是自由的。对他来说，哲学开始于希腊，在那里开始以理性方式讨论"自由"观念，也因此只有希腊人才开始懂得自由，也就是在哲学上探讨了自由观念。但古希腊仍区分自由人和奴隶。像柏拉图和亚里士多德这些大哲学家，他们虽然自由，也严肃地讨论"自由"观念，但他们都仍主张要有奴隶，而且古希腊文明是建立在奴隶的服务上的。为此说，古希腊只有少数人自由。

一直到天主教出现，强调人人应有纯正意向的自由。尤其对黑格尔来说，基督新教强调个人直接面对上帝，个人信仰不需经由教会中介，这才挺立了个人的主体，有了个人的主体自觉，于是自由的历史更进到有自觉的"概念"阶段。然而，自由的概念仍须在历史过程中落实，体现为理念。在黑格尔看来，一直要到日耳曼各邦，才知道如何把自由实现在历史中，也因此他以日耳曼为最高文明，认为是自由的历史的最高发展阶段。他在《历史哲学》和《法哲学原理》中，都有这种以自己的文明为最高的论断。

黑格尔这种发展式的历史观，是与我在前面讲的辩证法，也就是普遍性经由主体自觉发展为概念，并在历史中落实体现，想法是一致的。但这仍然是欧洲中心的观点的看法，也因此对于中国历史，以及中国哲

---

① 黑格尔：《历史哲学》，页28。

学在中国历史中扮演的角色,有所不知;对于中国人的道德生活与自觉方式也缺乏了解。在中国,孔子早已主张道德的自觉。孔子所谓"仁",是经由人的自觉而与他人他物相感通。"仁"就是自觉和感通。再"由仁生义",于是由自觉与感通就生发出对他人、他物的尊重和适宜的对待,所谓"义者宜也",然后才进而发展出"义"作为义务、该当的一面。再来,"由义生礼",由于要尊重并适当地对待所有人,所以要发而为"礼",目的是要人们在制度、仪式、礼仪和形为规范中,显示"敬"与"宜",借此协调起来成为和谐的。所以,"礼"的意义,是"美感与和谐"。

反过来说,人在行礼的时候,必须能"摄礼归义",因为礼的目的是为了达致美感与和谐,但若没有对人、对物的尊重与适宜的对待,是达不到美感与和谐之境的,所以要"摄礼归义"。然而,如何能对人、对物都有所尊重,举措适宜呢?这就须要"摄义归仁",要有自觉与感通。基本上,孔子所讲的道德就是这样一个由自觉到实现的过程,其意义有双重:

一方面,就生发的顺序而言,要"由仁生义"、"由义生礼"。换言之,由于内心有仁的自觉与感通,才生发出义的尊重与适宜;再由尊重与适宜之义,表达为礼,"礼以行之",因而生发出和谐与美感。

另一方面,就奠基的顺序而言,要"摄礼归义"、"摄义归仁"。换言之,在执行礼仪、规范、制度的时候,要回归到对人、对物的尊重和适宜的举措;进而,在对人、对物行义之时,要能回归到仁的自觉与感通。

孔子提倡的道德生活本来就是双向的,一方面有开显、生发的顺序,要能"由仁生义"、"由义生礼";另方面对已经生发、已制定的秩序或礼法,要能"摄礼归义"、"摄义归仁"。

黑格尔对于孔子这种自觉与实现的道德生活,完全缺乏认识,只用自己的哲学系统和欧洲中心观点来生搬硬套,以致他在《历史哲学》里,有如下这段偏颇的说法：

> 在中国人的心目中，他们的道德法律简直就是自然律——外在世界积极的命令所强力规定的要求，是相互礼貌上强迫的义务或规则。"理性"的各种重要决定若要成为道德的情操，本非有自由不可。然而他们没有自由，在中国道德是一桩政治的事务。①

可见，黑格尔只看到外在的礼法，无知于"由仁义生""由义生礼"或"摄礼归义"、"摄义归仁"等既自觉又实现的道德生活。所以他才会认为中国的道德律只是一种自然律，是外在的规则，必须迁就他人作形式上的呼应。你对我行礼，我也对你行礼，这是一种外在世界的命令、礼貌上的强迫；也因此，黑格尔把"礼"视为不是自由的表现，认为其中没有主体的自觉。

在以上的偏见下，黑格尔把启蒙之前引进的理想中国所含有的整全理性与明君善治的理想形象，都用他自己的哲学给除魅了。按照黑格尔的解释，在中国，皇帝就是大家长，民众都必须遵守外在的法令，如此一来构成了一个大家都依循礼法生活的群体，它本身就是宗教，不需要再信仰一个最高的上帝。黑格尔以这样的说法来解读、了解启蒙运动初期发起者所推崇的，中国基于自然理性就能有的善治，将它诠释为一种国家的宗教。也因此，他在《宗教哲学》里说：

---

① 黑格尔：《历史哲学》，页116。

中国人在大家长的专制政治下，并不需要与最高的存有（上帝）联系或调和，因为他们感到有需要的那一切联系或调和已经包罗在教育、道德和礼制的法律以及皇帝的命令与行政中了。①

换言之，中国的天子既是一国的至尊，也就是宗教的教主，结果使得宗教在中国本质上就是国家宗教了。他用这种方式，解释掉了启蒙运动前欧洲所赞叹的，中国不需要基督宗教的天启，便能发挥整全理性，拥有明君善治了。在此，他完全忽视了中国人道德生活的本质，完全忽略了"由仁生义"、"由义生礼"，"摄礼归义"、"摄义归仁"历程中的自觉与实现的辩证，更忽略了中国人与天、与终极真实的关系，也忽视了中国人的宗教情操（religiosity）的本意，反而坚持于自己的概念体系，拘泥于肤浅而武断的误判，认为对中国人而言，国家就是宗教，皇帝就是教皇，法令就是教规。虽然在黑格尔的哲学体系中，他能自圆其说；但是，从跨文化哲学的素养看来，黑格尔只是逞其武断而已。

三、马克思：坚持道德原则的半野蛮人将兴起中华共和国

与莱布尼兹、黑格尔等人相比之下，马克思（Karl Marx, 1818—1883）对于中国的哲学、思想和文化本身，并没有太大的兴趣。马克思虽然是研究哲学出身，也曾仔细读过黑格尔著作，也知道中国哲学与黑格尔哲学有很大的差别；然而，他的《资本论》、《共产党宣言》等书，基本上是在批判资本主义，并未特别针对中国进行哲学思考。马克思主张，资

---

① 黑格尔：《历史哲学》，页211。

本主义必然会扩张成为帝国主义，并从此一角度批判了西方资本主义对于中国的侵略。尤其是在 1840 年左右，他在伦敦期间写了许多社论和评论，批判英国对于中国进行的鸦片战争。他所持的观点也是批评资本主义的帝国主义，批判鸦片战争期间帝国主义的作为。然而，这并不表示他曾深刻地同情与了解中国，因为他的目的是在批判西方的道德错误。单就批判鸦片战争一事而言，马克思可以说是西方的良心与先知。他甚至预示：中国将会出现民主共和国。

马克思对于中国的讨论已为大家所熟知，所以我没有必要多所着墨。他的社论、评论和其他著作里，讨论到中国的部分，在民国期间很早就引进中国。1937 年延安解放出版社已经出版了《马克思、恩格斯论中国》。后来在 1949 年以后，又重新修订，并且在人民出版社重新出版。马克思对于中国的讨论，涉及他对资本主义帝国主义的批判，并在此一角度下，检讨中国与欧洲的关系。此外，他主张东方并没有私有财产制，认为中国之所以在经济发展方面一直停滞不前，主要是因为其"亚细亚生产方式"。这一概念也影响到后来马克思主义者对于东方经济形态的分析，成为其理论基础。这些都是众所周知，我都不必赘言，也因此不在此讨论了。

马克思对于中国儒家文化的道德主义也有所了解，只不过他认为：道德主义的实效，再怎么样也比不上资本主义帝国主义的侵伐。也因此，他在评论鸦片战争的时候说道：

> 当半野蛮人坚持道德原则时，文明人却以自私自利的原则来与它对抗。占人类差不多三分之一，不管时势如何变迁仍然停滞不前，强行拒绝对外的一切往来而与世隔绝，并由此以天

朝尽善尽美的妄想自欺——这样的一个巨大帝国在一次生死斗争的时候,竟然终于被命运所打垮,而在这生死斗争中,古老世界的代表显得是以道德原则来鼓励自己,而那不可抗拒的现代社会的代表,却为了取得贱买贵卖的特权而斗争,这的确是一个悲剧式的对比。①

马克思这段话读起来令人动容,颇能感动读者。这并不是说他同情中国的道德主义,因为马克思总觉得道德是不够的。对他来说,道德只是上层建筑,取决于下层建筑,而下层建筑便是经济与物质生产。下层建筑若不发达,上层建筑道德、宗教、文化、意识形态再好,也没办法拯救自己。他认为中国失败的主要原因在此。当时,马克思对于中国的道德哲学和黑格尔式纯哲学的讨论没什么兴趣。他学习黑格尔哲学,但总是把黑格尔的思想颠倒过来,完全注重于经济。所以,他写作《德意志意识形态》一书,其实是要与德国诀别,也就是要脱离当时经济落后的德国,并且指出当时所有的德国哲学思潮,都只是意识形态而已,也就是反映经济"实情"(Darstellung)的思想"表象"(Vorstellung)。所有的德国哲学学派(包含康德哲学在内),都只是经济现实的阴影而已。那些自以为具有革命性、批判性的思想表象,说穿了都只是阴影而已,其论述再如何狠毒,也都只是像照相机黑箱中的倒影(camera obscura),都只是颠倒见。用那样的思想论述去批斗其他思想论述,宛如用影子去批斗影子,是不会胜利的。必须要实际上进入到经济现实,发展经济,才能革新思

---

① 引自刘纲纪:《马克思:以人道的真诚谴责殖民主义》,收入周阳山、傅伟勋主编:《西方思想家论中国》,台北:正中书局,1994,页86。

想。虽然如此,马克思仍然对中国有一种正面的期待,认为中国将会出现一个民主共和国,他在《马克思恩格斯全集》第 7 册的国际评述中说道:

> 就让中国的社会主义与欧洲的社会主义,像中国哲学与黑格尔哲学的相差一样罢,可是有一件事终究是值得我们高兴的,就是世界上最古老、最坚固的帝国,因为受到英国资本家纺织品的影响,八年来已处于社会革新的前夜。这种社会革新对于文明无论如何都有非常重大的结果,……安知在他们那里不会碰到"中华共和国——自由、平等、博爱"(Republique Chinoise — Liberté, Equalité, Fraternité)这几个大字呢?①

由此可见,当时马克思已经预言了中国将会因为鸦片战争而开始走向革新。如果从波普点滴工程式(piecemeal engineering)的历史观看来,马克思这种历史预测难以成立,可信度不高,而且马克思本人也是以"安知"的问句来提出的。然而,至少从这预言的提出可以看到,马克思对于中华道德文明潜藏的可能性的肯定,也可以看到他的历史辩证法,认为一个道德文明在受到物化暴力侵凌之后,会走向社会革新。实际上,为了因应这历史性的挑战,随后清政府本身就发动了自强运动、维新运动、清末新政,直到中国在孙中山领导下,于 1911 年辛亥革命成功,成立了亚洲第一个民主共和国。以上,可以说有某种程度实现了马克思的

---

① 引自刘纲纪:《马克思:以人道的真诚谴责殖民主义》,收入周阳山、傅伟勋主编,《西方思想家论中国》,页 87—88。

预测。

大体上，马克思如此的期待，曾鼓舞了中国士人在二十世纪初期引进了马克思主义。其实，在民国肇造前后，马克思主义便已引进了中国，甚至启发了中国知识分子，并凝聚了庞大的力量，甚至成为1949年成立的中华人民共和国的指导思想。不过，究竟到了今天，中国引进马克思主义已将近一个世纪，深思马克思所言的"中华共和国——自由、平等、博爱"这几个大字，仍是一个很有现实意义的问题。

四、结语

为此，让我顺便谈谈，马克思思想引进中国的历史意义。在我看起来，中国士人在二十世纪初期引进马克思主义，是为了批判资本主义现代性（capitalist modernity），并为中国寻找出路。实际上，近代性或现代性（modernity）的兴起除了与欧洲启蒙运动有关，当然也与资本主义有密切关系，尤其与资本主义所挪用的人的主体性，造成主体性的封闭，变成自私自利的趋势相关。我把现代性定性在主体性，表象文化，启蒙理性，以及上述三者滥用所造成的宰制性，使得如此的现代性在强大以后，扩而张之，转成帝国主义，去宰制别的国土、别的人民，殖民化别的地区。马克思在资本主义开始产生问题的时期，便做了深切的反省。基本上，马克思是一位对现代性的困蔽做彻底省思的思想家。在我看来，中国之所以引进马克思主义，基本上一方面是为了了解现代性，另一方面也是为了超越现代性的困弊，走出中国的道路。

自从十九世纪末、二十世纪初，无论是尼采或马克思，他们都清楚看到西方现代性的困蔽，并因此提出各种不同的批判性的反省。我认为：中国哲学家在十九世纪末、二十世纪初，甚至在民国初年以后，无论是引进自由主义、实用主义、进化论、尼采思想和马克思主义等等，都是由于当时的中国知识分子想引进西方思潮来敦促中国进入现代性，并且也已开始反省西方现代性的弊端。

就马克思主义的引进而言，1905年国民党的朱执信在《民报》发表了《德意志革命家小传》，介绍马克思、恩格斯（Friedrich Von Engels，1820—1895）的生平以及《共产党宣言》和十条纲领，并且开始评述《资本论》。1912年孙中山在上海发表演说，也提到马克思和《资本论》。然而，紧接着不久，西欧就发生了第一次世界大战。当中国知识分子，像梁启超，在赴欧洲访问期间，看到科学技术文明的滥用造成战争与宰制的惨状，于是引起他在《欧游心影录》里对西方科学产生怀疑。此外，张君劢讲人生观不同于科学观，也是在这种情况下提出的。这些想法都表示，中国知识分子针对西方近代性产生的科学技术和文明弊端，开始有所省思。

就在这个时期，李大钊和陈独秀对于资本主义宰制下的欧美政治，也开始产生怀疑，进而寻找解决中国问题的新道路，思考并且引进阶级斗争和由劳动阶级占领权力的想法。在俄国十月革命成功以后，马克思主义在中国得到迅速而广泛的传播。1918年，李大钊发表了《法俄革命比较观》《庶民的胜利》《布尔什维主义的胜利》等等，开使用马克思主义的观点和方法来分析中国问题和世界问题。基本上，我们可以看出，当时的动机是为了要批判资本主义式的现代性，为中国找出路。在今天，若从后现代的角度来反省现代性，我的看法是：现代性是多数的。因为我认为，各民族、文化根据各自不同的历史和文化背景，可以运用不同的方式进入现代性。资本主义的现代性只是一种现代性的形式之一，而且已经弊端丛生。

关于西方资本主义现代性的困弊应如何克服,这是马克思思想的核心问题,也应该还是今天世局的基本问题。虽然说问题的呈现方式已然有所不同,但应如何择优去弊仍是要点所在。中国本来就重视正德、利用、厚生,以人民的生活与发展为本,要如张载所言"为天地立心,为生民立命,为往圣继绝学,为万世开太平"。我想,中国人应该常记得原先引进马克思思想以批判西方资本主义现代性弊端,寻找中国人的出路的初衷;进而发挥中华文化"仁民爱物"的精神;应常记得马克思对于中国的期待:坚持道德原则的中国人将建立一个自由、平等、博爱的中华共和国,在其中发挥原有中华文化传统生生不息的创造力,形成一个光照普世的中华现代性。

第七讲 欲近还远：马丁·布伯与马丁·海德格尔

到了二十世纪，由于西方的现代性已经弊端丛生，疲态百出，使有识者开始向其他文明寻求更原始的创造力。其方向，或是走向更原始的文明，例如非洲、大溪地；或者探寻更遥远的地方，例如日本或中国。由于现代性的扩张造成的国家冲突，甚至发生了第一次世界大战，引发西方哲人、思想家对于西方文明本身的忧虑，再也不能像黑格尔当年那样霸道地对中国人说三道四。相反地，他们开始向中国智慧讨教。以下我将举马丁·布伯与马丁·海德格尔为例，来说明在跨文化脉络下，中西哲学互动在二十世纪的新境。这两位马丁，一位主张"我与你"，愿意学习中国的"道之教"，可以说比较强调我标题所言"欲近"的部分；另一位，虽曾试图了解并意译部分《老子》文本，引起中国学界兴奋喝彩，然而，探到底他还是主张只有希腊一脉的哲学，而且他用自己的思想强解老子。他比较近于我标题所言"还远"的部分。

一、马丁·布伯：庄子故事与道之教

马丁·布伯是著名的犹太思想家，尤其他的《我与你》(*I and Thou*)一书影响很大，其中他主张人们应以我与你的关系相待，为世人所传颂。他跟一些传统的犹太思想家是有区别的，譬如说列维纳斯主张他者(the

第七讲 欲近还远:马丁·布伯与马丁·海德格尔

Other)的面容与正义,并不是我与你的关系。还有,犹太思想家斯宾诺莎在其《伦理学》(Ethica)中,讲的是唯一的实体如何经由显发过程,产生了自然,一直到在自然中有人的兴起,而人所拥有最原初的动力便是欲力(conatus),而他所谓的"伦理"也包含了人透过欲力的发展返回唯一实体的过程。斯宾诺莎这种一元论的想法与前两者都不一样,既非列维纳斯的我与他者,亦非马丁·布伯的我与你。

马丁·布伯对庄子的兴趣,标示出西方从黑格尔、马克思对中国的批判,转回到从跨文化角度对中国文化的向往与学习。他在出版《我与你》之前,曾经在1910年出版了 *Reden und Gleichnisse des Tschuang-Tse*(《庄子的言说与寓言》),后来他也将蒲松龄《聊斋志异》的故事改写成德文。有关庄子的部分,的确显示了他研究道家的看法与成果。可见马丁·布伯是有一种跨文化的视野,是"以他者为你"、"我向你学习"的心情去了解道家思想,无论是老子、庄子还是列子,他都有所论述。其中,他对庄子最为喜爱,我们可以说,马丁·布伯跟庄子曾有一诚恳的相遇。

《庄子的言说与寓言》大概可以分为两部分。第一部分有54篇,内容并不是对庄子的翻译,因为他对庄子的论述内容已有所转变,不过仍可称为是一种改写,并在改写之后加上自己所订篇名。虽然马丁·布伯的书是用德文写的,但他也参考了翟理斯(Herbert Giles,1845—1935)的英文翻译和理雅各(James Legge,1815—1897)的著作,并承认自己受他们很多影响。他在全书最后承认自己引用了翟理斯的书《庄子:神秘家、道德家以及社会改革者》(*Chuang Tzu*:*Mystic*,*Moralist and Social Reformer*),该书在1889年出版于伦敦。另外,他也承认用了理雅各的《道家的文本》(*Texts of Taoism*),收在《东方的圣书》第39与40册(*The Sacred Books of the East*,Vols. 39 & 40)。他自己明言:自己尤其受翟理斯颇多启发。

不过,马丁·布伯也明确表示,他所要讨论的是道家之教(teaching);不是宗教的"教",而是"圣人立教"的教。他讨论的是教育之教,而不是宗教。他不追随西方汉学家,而是按照自己的看法来写作。第二部分是一篇《后语》,是他对于道家之教的讨论,铺陈自己的论点所在。他指出:在自己所翻译的寓言和后语当中,也许可以找到不是庄子所说的话,但是,根据他所体会的教旨,自己仍忠诚于庄子,而且唯有如此忠诚的方式,才是适当的。就像庄子所谓的"重言",是一种创造性的诠释,马丁·布伯认为自己创造性的诠释性论述,才真正合乎庄子的精神。为此,我们也不能用汉学家做学问的方式,来检核他的论旨。此外,马丁·布伯还参考了当时刚出版的巴尔福(Frederic Henry Balfour, 1871—1908)对于庄子的英文翻译。[①]在中文的阅读方面,他还请教了当时从上海来,在柏林东方语文学院任教(1907—1911)的 Wang Ching-Dao,在中文文本意义的解读上,给他协助和核对。

马丁·布伯该书有一英文译本,名为 *Chinese Tales*,是由 Alex Page 翻译的,前面附有伊爱莲(Irene Eber)的引言,对于马丁·布伯与老子思想的关系做了比较详细的研究。不过,英文 *Chinese Tales* 一书包含了马丁·布伯的庄子故事和《聊斋》故事。

马丁·布伯的《庄子的言说与寓言》一书计收庄子故事 54 篇,其中有 21 篇是来自于《庄子》内七篇,有 26 篇来自庄子门人,分属外杂篇,也有属于原始社会论者(primitivists)的篇章。晚近的学者葛瑞汉(Angus

---

[①] 参见 Frederic Henry Balfour, *The Divine Classic of Nan-hua: Being the Works of Chuang Tsze, Taoist Philosopher*, Shanghai: Kelly and Walsh, 1881.

第七讲 欲近还远:马丁·布伯与马丁·海德格尔

Charles Graham,1919—1991)说《庄子》一书可分为庄子自己的作品内七篇,庄子门人的作品,以及原始社会论者的作品。过去,我在夏威夷的国际中西哲学家会议中见过葛瑞汉,曾与他讨论,指出他用结构语言学的来研究庄子,可能不会彻底了解庄子。葛瑞汉曾翻译庄子内七篇,也对《庄子》内容做了分类,我想他的分类也可能接受了一点马丁·布伯想法的影响。可见,西方汉学研究也从马丁·布伯受到启发。这54篇的英文翻译,在不同版本中多少有所调整,但他的《后语》则从未改变过,可见是马丁·布伯的定论。至于所译庄子故事,只是为了说明其"教"旨。

关于他所叙述的庄子故事,举一些例子来说,内七篇中,《逍遥游》所言,有一棵大树,名谓之樗,由于太大,无所用之,也因此匠人弃而不顾,说的是因为大而无用,而能全其身。另外,《齐物论》说及,大块噫气,其名为风,吹在不同形式的洞穴上,发出了不同的声音,然而整体产生的交响乐则是和谐的。《齐物论》结尾所言的庄周梦蝶,是马丁·布伯最喜爱的故事:庄周梦为蝴蝶,栩栩然蝴蝶也……不知周也,终然分不清究竟庄周梦为蝴蝶或是蝴蝶梦为庄周。此外,《养生主》里的故事,除了众所周知的庖丁解牛以外,还有另一故事,是说老子死了,秦失吊之,质问到底哀悼死者是不是要痛哭流涕,旨在指出,死亡是解脱,不必痛哭如丧考妣。人之生,适时而来,适时而亡,所以要潇洒而来,潇洒而去。还有,在《人间世》中,颜渊受邀担任重要官职,向孔子辞行,与孔子产生了深刻的有关世间政治生活的对话。

以下我将会集中在马丁·布伯在《后语》里所表达的思想。他在《后语》中说明自己对于道之教的看法。马丁·布伯认为,整个东方精神有三部分:第一部分称为"学",有别于西方的科学,因为东方的学都要关涉到整体存在,无论是天或地,都是无时无处不分离;相反地,全体存在彼此相合，形成一个完整的整体，是东方学的主题。西方汉学常会将之切割，撷取其中一、二，当作知识来看，这是错误的。后来，在二十世纪中叶，牟宗三、唐君毅等人的《为中国文化敬告世界人士宣言》里说到，中国学问是一整体，不能分割，与马丁·布伯有点切近。当然，他们在精神上仍有所不同，因为唐君毅和牟宗三的哲学，旨在学习西方的现代性，返回到中国人的主体性。

第二部分是"法"，并不只限于法律，还包含法则、道德义务等，所以"法"包含一切的义务要求，无论是道德的或法律的，无论是神的或人的法，它们都不分离。在马丁·布伯看来，东方的超越界的法与此世的法不相分离，而且彼此相合，形成一个整体的法，这才是法的主题所在。

第三部分是马丁·布伯的重点。"教"不再有别的主题，"教"的主题就是它自身。"教"是指向人生命中必然要有的一，所以它超越任何存在和义务，超越"学"和"法"，超越"存在"与"义务"，超越"信息"与"命令"，其目的只为了实现一个本真的生活。本真的生活不在于天，不在于地，不在于神，不在于人。本真的生活不是"学"的主题，而是"教"如何拥有一，而且体验、实现一。它不是义务，也不接受命令，所以不是"法"，并非来自于人或神的"法"。"一"只能在生命中予以实现，而生命的唯一目的便是实现一，换言之，以实现生命本身为目的。所以，马丁·布伯认为，在任何情形下，即使涉及整体存在，"学"也都还立基于实在与认知的二元，而"法"则立基于命令或要求和人的需求之间的二元；然而"教"则立基于统一性，立基于一，立基于生命中必要之"一"，而且这一可以进而转化"学"所论的存在以及"法"所论的义务。就在这时刻，"一"超越过任何论述、言说。

马丁·布伯认为，"学"和"法"无论如何都需要呈现为言说，就这点

第七讲 欲近还远:马丁·布伯与马丁·海德格尔

而言,"学"和"法"有可能变成荒谬的。所以"立教"不只是教育,也不只是宗教,宗教也是包含在"教"里面。马丁·布伯说"立教"和"宗教"不像"学"和"法"那样是属于局部的,他认为"教"和"宗教"涉及生命的整体性。就"立教"而言,一切的对立、二元最后都要消融于一,而"宗教"中的一切对立、二元最后都要消融于宗教的共融。他用一个比喻来说,就好像七种颜色融于彩虹一般,多元生命相合于共融,则是宗教,或是融于最后、绝对、必然的一,那就是"教"。他一方面讲"教"和"宗教"相关,一方面又指出中国的思想旨在"立教",不同于宗教。

马丁·布伯喜欢寓言和神话,也因此他要翻译庄子的寓言,和改写蒲松龄的《聊斋志异》,侈谈鬼神出现的故事。马丁·布伯认为寓言和神话正好是居存在"教"和"宗教"之间。寓言归于"教",是所谓的"立教";而神话则是归于"宗教"。什么是寓言呢?寓言所讲的,都是绝对的一如何进入到这个事物世间的方式;什么是神话呢?正好反过来,神话讲的是事物或人进入到绝对世界的方式。马丁·布伯讲庄子的寓言,其实是要讲那必然的"一"、绝对的"一",如何进入到世间,如何开显为世间的方式。"教"由于超越言说,也因此需要透过不断更新地说,不断透过各种不同方式来说。就此而言,道论是属于"教",必须按"教"的方式思考,不能把它当作纯粹只是理论的、哲学的,或"学"的一种;也不能当作只是一种规范的、"法"的,像儒家那样地思考"道"。"教"所论之"道",并非一种认知上的训练,而是在讲人的生命核心如何达到纯粹的实现。

马丁·布伯认为有三种"教"的开显方式:中国所讲的"道之教",印度所讲的"解脱之教",和犹太与基督教所讲的"上帝之国来临之教"。马丁·布伯有一种比较哲学和比较宗教学的视野。他这种想法隐含着把中国的"道之教",印度的"解脱之教",以及犹太与基督宗教,都视为是属于东方的。① 在这个比较的视野下,他认为"道之教"基本上不会废弃其他的言说,其重要目的是为了人的生命的实现。他说:就像耶稣说的,"我来,不是为了废弃法律,而是为了完成法律",换言之,不是为了废除犹太人旧约时代所讲的法,而是要用爱来完成法。马丁·布伯认为:老子也是一样,老子的"道之教"不是为了废弃其他的教,其重点在于实现、在于完成。老子说:"人之所教,我亦教之。强梁者不得其死。吾将以为教父。"②马丁·布伯是在讲庄子之时引用了老子,借以指出暴力、自我突出、突出主体,都不能真正实现生命,而应多向他教学习,相互成全。

马丁·布伯也认为,老子的"教"是隐秘的,而且老子本身的一生也都是隐秘的,最后不知所终。老子和庄子的差别,在于老子没有用寓言故事来表现出绝对的"一"如何临现在世间;而庄子最善于运用寓言故事。所以,他认为庄子是老子的忠徒和最大的发扬者。庄子生在老子之后,应该可以把庄子视为是老子的忠徒,就像圣保罗之于耶稣一样。当我们读林语堂英译的《庄子》时,林语堂在该书前言里说到,庄子之于老子,就如同孟子之于孔子,保罗之于耶稣一样。其实,这话是马丁·布伯先提出的比拟。我在想,林语堂先生博学多闻,或许曾经读过马丁·布伯的庄子翻译。对马丁·布伯而言,老子把"道之教"传为语言、成为诗;而庄子的工作更将它转成寓言故事。马丁·布伯翻译庄子寓言故事的目的,就在于讲述庄子怎么体会并发展老子的思想,使"一"如何临现于事物的世间。换言之,庄子的工作就在于把"道之教"跟事物的世界联系

---

① 犹太教是在西亚地区的游牧民族希伯来人中产生的;基督宗教诞生于罗马帝国的犹大省,也是属于近东地区。基本上,犹太与基督宗教的源头是在东方,在亚洲。
② 老子:《道德经》,第四十二章。见《老子四种》,台北:大安书局,1999,页37。

第七讲　欲近还远:马丁·布伯与马丁·海德格尔

起来,也为此开始使用寓言故事。马丁·布伯希望人们阅读庄子的目的就在于此:透过寓言故事体会到"一"如何临现于事物的世间。

庄子看到当时世界的混乱,认为必须要能懂得无用于世间,才能体会到"一"的临在。庄子第一篇《逍遥游》讲到一棵大树,其名为樗,由于树太大,没有合于规矩之用,于是匠人都弃之而不顾,也因此使得这棵大树可以全其生命。在第十六篇《缮性》说到"由是观之,世丧道矣,道丧世矣,世与道交相丧也。……虽圣人不在山林之中,其德隐矣。隐,故不自隐"①。诚所谓"窃钩者诛,窃国者侯",偷偷一钓鱼钩的小偷,会被砍头而亡;然而窃国的大偷,却能为王为侯。可见当时政治混乱,所以庄子主张无用于乱世。他认为,世界丧失了道,也因此道也失去了开显于世界的机缘。在这道世双丧的时代,"虽圣人不在山林之中,其德隐矣"。即使圣人不住在山里躲起来,然他的德也是隐藏着的。"隐,故不自隐",他因为能够把德隐藏起来,所以才不必隐退山林,表面上好像不隐之时,其实是真在隐;而在隐之时,反而能开显道而不自隐。所以,表面上是说"无用于此世",其实他关心的是:如何让这个世界不会世丧道,也不会道丧世,而能使道临在于此世,换言之,用隐的方式任道临现。

马丁·布伯认为,如果把道理解为对世界的一种解释,像黑格尔所谓的道、理性,那都是从"学"的角度,或从理性的角度来看的,离"道之教"甚远。马丁·布伯说:其实"道之教"最根本的道理,是在说出存在的整体意义,也就在本真的生命中实现"一"。只有体验到"一",才能体验到存在整体的意义,而这"一",是绝对的"一"。

至于道为什么会隐了呢？道应如何体现在这个世界呢？马丁·布

---

① 郭庆藩:《庄子集释》,台北:世界书局,1982,页245。

伯引用《齐物论》的话说："道恶乎隐而有真伪？言恶乎隐而有是非？道恶乎往而不存？言恶乎存而不可？道隐于小成，言隐于荣华。"[①]可见，道下坠成了真假的分辨，那就是把它当作对世界的解释，有真有假，此时道就不见了。若言说变成了是非的论断，此时言就失去了揭露"一"的意义。所谓"道隐于小成，言隐于荣华"，如果只见事物，那就不见于道；如果修辞过度，也就见不到言语的真正目的是在揭露道。我想，后来海德格尔说的存有者与存有本身的"存有学差异"（ontological difference），以及言说旨在"任存有以自己的方式开显或揭露"，其实已经在马丁·布伯的道之教的论述中显露出来了。

庄子在《秋水》篇里指出，道超越过有限的时间与空间；反过来，必须将时间与空间变成无限，扩至无穷，才能真正揭露并开显道。也因此，如果人只想依恋在天地时空之中，就好像"学"只能讲论天地之间的知识，然而，在天地时空之间，寻道不可得。但天地、时空以及这世界的众多事物，都是因着"一"的临在才获得力量。所以，马丁·布伯指出，老子所说"天得一以清，地得一以宁，神得一以灵"，已经清楚指出"一"在这世界临在的方式。至于庄子，更进一步指出：一之开显，要与本真的存在联系起来，所以他说："天地与我并生，万物与我为一。"

由此可见，马丁·布伯很仔细地读了庄子。他体会到：只有怀一之人，才能跟这个世界合而为一。所以，绝对的"一"，仍然要进入、得到、并体合多元中的"一"。圣人能体会到这点，因为他能理解并真正实现"一"。就像《齐物论》所讲："大块噫气，其名为风"，大块（自然大地）之风吹在不同形式的洞穴，发出不同的声音，但加起来总体仍是一个大合唱、

[①] 郭庆藩：《庄子集释》，页30—31。

第七讲 欲近还远：马丁·布伯与马丁·海德格尔

一大交响乐。合唱与交响的"一"，是多元中的"一"，也是"一"在多元中，而且在多元中呈现"一"。一个能够具有本真生命而守一的人，就是圣人或真人，或至人、神人。至此，才能够体会到这境界，并且使这"一"进入世界而形成多元中"一"的统一。这"一"就宛如圣人对这个世界的礼物。

这点很有意思，因为早在海德格尔所言存有之赠礼（Ontological gift：Es Gibt）之前，或者，更早在列维纳斯赠礼的伦理学（ethics of gift）之前，马丁·布伯早就透过对《庄子》的理解、欣赏与体会，掌握到赠礼（gift）的概念。马丁·布伯解读庄子《大宗师》"道可传而不可受"，也就是说，道是可以给予，而不能个人拥有的。他理解为：道是一种礼物而不是占有，而圣人的传道，其慷慨就像是给予不求还报的礼物一样。在此，马丁·布伯说的真精彩！其意涵，真是深远！而且更早于海德格尔和列维纳斯，我不知道后两人是在无意识中欠了马丁·布伯的债？或是明知有此债而不说？或只是心同理同？

马丁·布伯这其中的想法，也包含了一个意思，那就是说：道是体现在完美的人身上，无论是称为圣人、神人、至人，或真人，皆是已经掌握到"一"并展现"一"，而且能够过一个本真生活的人。就此而言，道必须经由圣人来返回自身。道生万物，遍在万物，游于万物，但仍要经由圣人的掌握、体会与展现始得重新返回自身，成为真正的实现，这时的道才是真正的永恒。由此看来，马丁·布伯对于庄子的哲学有非常深刻的体会。

马丁·布伯进一步说，既然只有"一"才是真正的力量所在，所以，得一者才是真正的治理者。只有当圣人任凭"一"像礼物一般，分散给大家，又透过圣人使"一"返回它自身，这一双向给予的过程，就像老子所说的"天得一以清，地得一以宁，神得一以灵，圣人得一以为天下贞"。在此,马丁·布伯将道之"教"扩张到政治哲学,认为政治思想必须法"一"、与"一"为伍,才是真正的统治力量。同样,将他的赠礼概念发挥到政治哲学,也可以有一慷慨的政治哲学了。相反地,一如老子所言"强梁者不得其死",若统治者想用暴力、强力手段去统治百姓,一定会失之、毁之。且读《老子》:

> 天下多忌讳,而民弥贫;民多利器,国家滋昏;人多伎巧,奇物滋起;法令滋彰,盗贼多有。故圣人云:"我无为而民自化,我好静而民自正,我无事而民自富,我无欲而民自朴。"①

我们可以如此解读:包含法律和政令,甚至连科技的操控,都可能成为暴力统治的工具。所以,马丁·布伯主张:让"一"的力量赠礼于人人物物,让人人物物都接受"一",让人人物物都分享"一"。这里面也孕含了后来海德格尔所说的:任物物各成其自身。马丁·布伯又引《老子》七十五章说:"民之饥,以其上食税之多,是以饥",借此指出:统治者或在上者吃老百姓的税,造成老百姓饥饿,这种暴力本身就毁掉了统治、治理的正确意义。

马丁·布伯在结论中说明自己的义理所关心之处,是在于透过寓言的方式显示"一"、那绝对者如何临在于世界,而神话所讲的,则是世间要怎样接近那绝对者。他主要关心道之"教"里的"一",人的本真生命必要之"一"及其实现。所以,其旨不在讨论"教"的历史发展。为此,他也指出,庄子之文,尤其在美妙之时,已然是"道之教"在其笔下变成了诗。庄

---

① 《老子》第五十七章,见《老子四种》,台北:大安书局,1999,页49—50。

第七讲 欲近还远:马丁·布伯与马丁·海德格尔

子把老子之教陶炼成诗,是寓言之诗,然诗中仍蕴含着哲学。马丁·布伯觉得,庄子可以取来和柏拉图相互比较,因为他们都是哲学的诗人。他认为自己在讲"一"及其实现过程中,才真正忠诚于庄子;他在"道之教"的概念下真正与庄子相遇相知了。

所以,马丁·布伯写的,是一个与庄子相遇的经验。他也把自己的犹太传统列为东方之一,也因此,他大不同于他之前的黑格尔或他之后的海德格尔那般,认为哲学基本上只是希腊的传统。马丁·布伯愿意与庄子相遇,并受教于庄子的"道之教"。我认为,当马丁·布伯主张不能从"学"的角度来讨论"道之教",就某种程度来讲,这想法已然具有一种跨文化的向度。

马丁·布伯的跨文化向度不同于莱布尼兹。莱布尼兹虽能够欣赏中国的卦象、语言,并受启发于其中的逻辑构造;然而,基本上,这在马丁·布伯来看,那只是一种"学"的进路而已。然而,马丁·布伯的特色所在,就在于能体会并实践"道之教",就类似于后来牟宗三所说的"生命的学问",不同于"分解的学问"。马丁·布伯说的是道之教或生命之教如何体现"一",并且实现"一"为本真的生活。这一点既富有深刻的道理,然也不止于理论的关心而已。相反的,它包含了整全之一的体现以及整体的本真生命的完成。虽然,在马丁·布伯之后的马丁·海德格尔也讲人对存有的开显,并且也设法去诠释一些《老子》篇章。不过,在我看来,马丁·布伯对老子和庄子的道之教的体验、笃行与忠诚,远胜过海德格尔对于老子鸟尽弓藏式的利用。在我看来,海德格尔虽然也诠解老子,并受其启发,然而并不公开承认,甚至遮掩其迹。至多,老子只是他自己思想中所谓的"可用之物"(Zuhandensein)之一,或其所谓"工具整体"(Zeugzusammenhang)中的工具之一而已。这点将在以下讨论海德格尔时再论。

二、海德格尔与老子

当代大哲海德格尔曾受老子影响,虽然说他并未公开承认此事。然而,由于萧师毅先生在德国《镜报》(das Spiegel)的文章刊登,揭露此事,其后该文的英译收录于夏威夷大学帕克教授(Graham Parkes)编辑的《海德格尔与亚洲思想》(*Heidegger and Asian Thought*)一书,引起学界注意。只不过,海德格尔对此从未公开承认,而他的后代也三缄其口,所以研究者要提出证据,多少有些困难。有关萧师毅先生的文章,大家可以在 das Spiegel 或 *Heidegger and Asian Thought* 书中读到,为此我不拟多言。我倒是愿意说说萧师毅先生亲口跟我说的这段学术公案。

萧师毅先生生前曾来访我在木栅的家,与一群研究德国哲学的朋友聚会,带来一瓶他自己做的酒送我,取名 aletheia,希腊文"真理",可能取意来自拉丁谚语 in vino veritas,"在酒中有真理"之意。聚会中,他讲了不少自己与海德格尔交往的事情,其中有些收在他的文章中,有些则没有。我以下先从海德格尔与东方学者交往的故事起头,再转述萧师毅与海德格尔的合作;再进一步检查他的思想,尤其盼能找出他已出版全集中的蛛丝马迹,虽然他自己不愿意公开自己对于中国哲学的欠债。

早在萧师毅先生之前,已经有不少的日本人,如九鬼周造(Kuki Shuzo,1888—1941),与海德格尔交往。九鬼周造原先游学法国,本来要写柏格森(Henri Bergson,1859—1941),时当法国学界正关心研究偶然性或适然性(contingency),为此他进而研究偶然性与时间的关系。于是,法国友人劝他去接触胡塞尔(Edmund Husserl,1859—1938)的现象学。所以,他早在海德格尔以《存在与时间》成名之前就去了德国见到海

第七讲 欲近还远:马丁·布伯与马丁·海德格尔

德格尔。我记得曾在胡塞尔的一份笔记里看到一份记载,在1911、1912年左右的某一天,胡塞尔写道:"今天我介绍Kuki给海德格尔。"可见,九鬼周造先拜访了胡塞尔,胡塞尔知道他对时间有兴趣,就介绍他给海德格尔。胡塞尔并不是好交朋友的人,而海德格尔接待九鬼周造并跟他深谈甚多。后来海德格尔在《与一个日本教授关于语言的谈话》文中就提到九鬼周造教授。海德格尔的思想本来就是在特定的时间空间展现存有,九鬼周造回到日本以后,将海德格尔Dasein的概念,及其所含在时空定中开显存有之意,放在日本文化的脉络中加以发挥,写了一本书《意气的构造》(*Iki no Kozo*)。"意气"较接近中国哲学所说的"元气"。该书把日本的精神,也就是在日本时空定在中开显的意气结构分为三层,从(一)、歌舞伎的爱美、美感精神;到(二)、武士道的勇敢、朝闻道夕死可矣的精神;一直到(三)、僧侣的空、心无所住的精神。这书可以说是研究近代日本思想的重要文献。①

萧师毅先生跟我说,他是二战之前由当时在北平的辅仁大学,派他先到意大利,本来是要学习编撰哲学百科全书。在意大利期间他以意大利文翻译了《老子》,由意大利哲学家、美学家克罗齐(Benedetto Croce, 1866—1952)作序。二次大战争结束,他转到德国弗莱堡,认识了海德格尔。由于当时中国是战胜国,萧师毅以战胜国留学生的身份,分配到香烟和Vespa摩托车。当时马歇尔计划还没开始,德国尚未重建,物资缺

---

① 这书后来影响哈佛大学研究日本思想与九鬼周造的Arthur Golden写的小说,后来拍成电影"艺伎回忆录"(*Memoirs of a Geisha*),对这三层精神皆有著墨。另,在九鬼周造之后,像和辻哲郎(Masako Watsuji, 1889—1960)也曾列海德格尔门墙。传言说海德格尔最怕的批评者是日本人,因为日本人了解他,海德格尔当胡塞尔助教的时候就有日本学生跟着他念胡塞尔的《逻辑研究》。

乏。于是，他将香烟分送给海德格尔，有时骑机车带海德格尔太太赴菜市场买菜。

海德格尔有个读书习惯，他读任何人的著作都读全集或阅读所有作品，不漏过任何一篇。于是，他读到克罗齐作序、萧师毅翻译的《老子》意大利文译本。当时德国有四本德文翻译的《老子》。读了萧氏译本，他就很有兴趣地，主动提议和萧师毅先生一起翻译《老子》为德文。于是，在1946年夏天，按照萧师毅先生的回忆，他们一起翻译了将近十章。然而，海德格尔在《存在与时间》出版之后，已经是非常有名的世界级哲学家，对于思想有其定见。至于萧师毅先生，人比较像是位儒家，其儒家气味和海德格尔并不投合，反应在对《老子》文本的解读上各异其趣，所以到后来两个人就合译不下去了，只好戛然而止。过了几年，海德格尔曾写信给萧，表示怀念他们过去一起合译《老子》的时光。萧师毅先生也给了我一份该短笺的影印本。大体说来，当时已经有好几本《老子》的德文译本，海德格尔之所以要与萧师毅先生一起翻译，是因为他不懂中文。然而，对于海德格尔来说，语言是存有的安宅，而特定的语言有特定的揭露存有的方式，为此他希望能读懂中文《老子》的意思。

三、浊与清

其实，在所有《老子》的章节里，海德格最喜欢的是《老子》第十五章。在1946年分手之后，1947年10月9日海德格尔写信给萧师毅先生，提到要求萧师毅用中国书法把第十五章的句子写成对联，挂在他的书房。这两句话的左联是："孰能浊而静之徐清"，右联是："孰能安而动之徐生"，萧师毅先生在写了两联之后，加上了横披"天道"两字。事实上《老子》第十五章原文里并没有以"天道"作为对两个"孰能"的答案或主词。但也

第七讲 欲近还远:马丁·布伯与马丁·海德格尔

许因为加上了这两字,就因此误导了海德格尔。因为海德格尔在他对这段文字的德文翻译的最后一句,加了 Himmelsweg(天道)。可见海德格尔是把"天道"理解为两个"孰能"的答案。海德格尔喜欢《老子》第十五章,在别的地方也还继续引用,觉得心有戚戚焉,很受启发。原来第十五章的原文是这样的:

> 古之善为士者,微妙玄通,深不可识。夫唯不可识,故强为之容。豫兮若冬涉川,犹兮若畏四邻,俨兮其若容,涣兮若冰之将释,敦兮其若朴,旷兮其若谷,混兮其若浊。孰能浊以静之徐清,孰能安以动之徐生。保此道者,不欲盈。夫唯不盈,故能蔽而新成。①

或许由于全章最后一段有"保此道者"一语,为此海德格尔将"此道"理解为"天道"。不过,我们若细读原文,按照上下文脉络,原文的意思应该是说"孰能"指的是"古之善为士者",而不是指"天道"。"保此道者"可以说是在讲"善为士者",不是在讲"天道"。

这段话为什么会深刻地启发海德格尔呢?海德格尔理解的重点是:原先有"浊"的状态,然后可以静而能清,海德格尔把浊懂成是黑暗不明,但由于浊里能静,于是渐渐展露光明。他将"静"(still)理解为此有(Dasein)的内在性,并且透过此有使存有渐渐揭露出真理来,这是显示了思想与存有之间的关系。须知时当1946、1947年间,海德格尔已经对存有之思(Seinsdenken)做过一番反思,且在存有(Sein)一词上面要再打

---

① 《老子》第十五章,见《老子四种》,台北:大安书局,1999,页12。

个叉,意思是:一方面哲学家若不说存有,没人会知道存有;然而,另方面,一旦说出来就已然不是了,所以必须打个叉,划掉。我记得,在过去排版印刷的日子,若在字上打叉是表示删除,会被手民拿掉。或许因为如此,海德格尔在德文里另外创了一个字 Seyn。总之,他认为存有是透过此有来揭露真理,然而一旦揭露,一方面虽有了开显的示意,可另方面马上就有撤退。所以说,存有本身一定是留在黑暗与混浊中,至于光明只是个暗示、示意而已,并没有纯粹的光明。也因此,所有的光明都是跟随着黑暗,光明的显现就像在森林中的空地,令人一下子惊艳,在空地里看到月亮朗然在天,可不要忘了:朗然在天的明月是在整个黑暗的森林陪衬之下,才愈显得光明。所以,光明中有黑暗,黑暗中有光明;浊而能清,可是清不离浊。

中国人常说"水清则无鱼"。换句话说,在哲学上如果讲得太清楚,内容往往就没有深度。浊要能清,给出光明;但同时又会撤回黑暗与混浊。这在海德格尔哲学的术语称为 Ereignis,可以译为"原初朗现",意即在根源上的呈现。存有(Seyn)在揭露之时呈现,但同时又立即撤退。在此,海德格尔同时讲两个道理,其一是在存有论上存有本身的揭露;其二是就思想方式而言,人在思想上有所了悟,当下开悟,是从浑沌、黑暗中揭露出光明。由于有了这原初开悟的经验,才会进一步更清楚地去思想。也因此,浊而能静之徐清,是从海德格尔的 Ereignis 来讲的,不是在讲老子。

话虽如此,海德格尔在《与一个日本教授关于语言的谈话》文章里面明确表示,"静之徐清"接近日文的"意气"(Iki)。按照他的体会,"意气"是指在宁静中吐露出的光芒。

关于第二句"孰能安以动之徐生",在此,海德格尔把"生"翻译为 zu

第七讲 欲近还远:马丁・布伯与马丁・海德格尔

Sein bringen,"带入存有",或说"带到存有界"。换言之,这已经是透过他的存有论和思想论这两轴来诠释了,因为对他而言,存有和思想是密切相关的。其实,我必须指出,在思想的模式上,海德格尔比较接近古希腊先苏时期的思想方式:从混沌当中,因着人和宇宙之间的密切关系,经由古希腊人的原初体会,因而朗现出一些思想的光明。

对于海德格尔,这样的思想还没有经过后来巴门尼德(Parmenides)或柏拉图那样转变成观念(Ideas),然后又把观念转推到可以定义的概念(concepts),再进而使用逻辑推理,追求概念的明晰性与论证的清楚性。在我看来,海德格尔对于"孰能浊以静之徐清,孰能安以动之徐生"的解读,基本上是融合了先苏时期思想的海德格尔式解读。其实,《老子》原典的意思并不是这样。老子的意思是说:因为宁静而使浊能渐清,因为动而能在安中孕生万物。老子这样的思想和海德格尔存有论的解读之间,以及后者对于先苏思想的解读之间,还有一些差距。

我个人觉得,海德格尔在存有论上比较接近《庄子・大宗师》所谓"撄宁"之意:宇宙原初状态既"撄"又"宁",一方面在扰动中有能动性,可另一方面又本体宁静。也就是说,道在开显宇宙、产生万物的初时,是静中能动,动中能静。海德格尔很少引述《庄子》,据闻他早期的日本学生建议他读《庄子》第四章《人间世》,也因此有人认为,海德格尔的 in-der-Welt-sein (Being in the world)"世间存有"以及其中的"间"概念,是来自《庄子・人间世》的启发。

不过,在我看来,庄子的"人间世"是讲人间世界的复杂性,不同于海德格尔的"世间存有"。庄子的"人间世"仍在人间,是立基于其关系的存有论,涉及人间关系的复杂性与权力的宰制性之中的处世之道,不同于海德格尔那般强调祁克果式的个人以本真开显存有,反而视人们为堕落

(falling)之机缘。举例来说,海德格尔的日本弟子和辻哲郎(Tetsuro Watsuji, 1889—1960)回到日本以后,担任哲学教授,出版了《伦理学》,该书深受蔡元培推崇,后者并受其启发写了一部《中国伦理学史》。和辻哲郎说得很清楚,伦理是在人与人之间,人不可脱离社会。但海德格尔的"间"不一样,他认为人在时间中不断跃出,由出生跃出到未来之"间",是在生与死之间,或说是由"已是"到"能是"之间,人若不达成本真,总是在迈向死亡。海德格尔把社会或人间当作"人们"(das Man)非本真的存在;然而和辻哲郎所懂的"人间",还是东方伦理所钟爱的人间。至于早期海德格尔把"间"解释为生死之间或从已是到能是之间,其所谓"共在"(Mit-sein)要以个人本真的在为前提,并没有多少伦理的关怀。

从以上可看出,海德格尔虽然受到老子第十五章的启发,把"天道"当作存有揭露之道,然而他的解读方式,希腊哲学意味较重,或许也有西方密契论者如艾克哈特大师透过"黑暗之云"体验上帝的意味。但在西方哲学的理性传统脉络,并不强调"浊而能静"、"光明生于黑暗"的想法。或许在这地方海德格尔有较大的开启性,近似于东方,但其思维仍属古希腊传统。

四、光与暗

海德格尔1957年在弗莱堡演讲,讲题为"思想的基本原则",里面讨论思想的三原则,也就是一般所谓的同一律、矛盾律和排中原则。他指出,我们常以为一定要按三原则思考,思想才算清楚。然而,随着上一节所讲的"浊"和"清",其中存有论和思想论相关,现在就思想原则来讲,海德格尔认为这三个思想原则好像是要讲出一个使思想光明的逻辑,然而事实上世间到处充满着矛盾。在此,海德格尔跟随黑格尔,后者认为宇

第七讲 欲近还远：马丁·布伯与马丁·海德格尔

宙中到处充满矛盾。为此，海德格尔特别引述荷尔德林的诗句："生即死，死即生。"单就命题而论，这诗句就触犯矛盾了。但是，海德格尔引述这诗句，用来说明矛盾正是运动和生命的根源，如此一来，就不完全等同于黑格尔了，因为黑格尔所谓生命与运动的方式必须在精神层面来懂；他认为精神（Geist）都是在走出自己、否定自己之中运动。黑格尔说的是：精神本身是按照矛盾来运动。

至于海德格尔则认为，人在运用同一律、矛盾律和排中律来思想以前，若想要清楚思想，便是要在光明中思想。然而，思想的根源应该是矛盾。海德格尔引诺瓦历斯（Novalis，1772—1801）的话说：努力去否定矛盾的逻辑法则或许就是逻辑的最高任务。海德格尔认为这思想三原则好像是清清楚楚、光明无阴霾，然而思想的基本原则仍是遮蔽在黑暗中。这就和上一节所言的浊与清有关。思想家有任务去探寻思想的光明，是在黑暗中出现的光明，也是在出现之后仍有黑暗的光明。思想三原则最重要的是不可以矛盾。然而在海德格尔来讲，真正深刻的思想是要克服矛盾，也就是产生辩证，然而并不同于黑格尔的辩证。海德格尔认为思想家要探寻的光明，正是根源于黑暗，与黑暗同在的光明。

在这脉络里，海德格尔说到《老子》第二十八章，主要是针对"知其白，守其黑"一句。海德格尔将"白"理解为清或光明，而"黑"就是浊或黑暗之意。他说：人在思想的时候，就好像要见到天上的星星，必须进到深井里面才看得到。这倒不像我们中国人嘲笑"井底之蛙"。按照海德格尔，思想这件事是非常困难的，只有少数人做得到。西方哲学一直在探寻光明，从巴门尼德，经过柏拉图、亚里士多德的逻辑，对于任何概念，务求清清楚楚定义、推论、分析。对此，海德格尔认为是一种不适当的光明，主要是因为在他看来，同一律、矛盾律和排中律三原则都是过度清晰而再无任何黑暗背景。他认为最适当的、真正的光明应该是与黑暗同行,在光中带着黑暗,也是人的思想之光开显之处,就好像星空要在深井才得看见,或是有如林中空地,使人走在森林的黑暗之中突然眼睛一亮,眼前朗现一块空地,而空地也更在森林的黑暗衬托之下愈益凸显光明。

按照我的经验,我曾欣赏过在海德格尔之前的欧洲画家,深能体会及此,像法国画家葛罗(Jean-Baptiste-Camille Corot,1796—1875)画的一幅森林空地,画中显示在森林深处有一空地,突然有一只鹿跃然而过,让人心中一阵惊奇。我想,当人在思想中有所得的时候,就好像在黑黑暗暗的森林中行走,突然眼前一亮,有一空地朗然出现,有一只鹿跳跃过去,带来一阵惊喜。海德格尔讲的道理就是这样,真正的光一定是根源于真正的黑暗,而真正的黑暗也不是无光可言,却总伴随着、孕育着深刻的光明,如此才有真正开悟或开显的经验。这就如海德格尔所说,真理作为揭露遮蔽(a-letheia)的经验。他曾在《存在与时间》一书里表达出这意思。他更在《老子》的言语里明白找到"知其白,守其黑"。其实,《老子》里面有三项对比:"知其雄,守其雌,为天下溪"、"知其白,守其黑,为天下式"、"知其荣,守其辱,为天下谷"。我们可以假定海德格尔读通了这三句,而不只是"知其白,守其黑"而已。可惜,海德格尔并未论及雌雄、荣辱两段文字。

总之,老子在此讲的,应该和修道者的体验有关,老子用"溪"、"谷"、"式"说的是谦虚为怀,像溪谷一样低下,像山谷一样能容,也因为虚而能容,因此可以回归到最原初的存在状态,像婴儿一般;知其白,守其黑,能够复归于无极;知其荣,守其辱,复归于朴。老子说"朴散则为器",朴是原初的整全;当原初整全分化(散),就成了万物或有限之物(器)。老子

第七讲 欲近还远:马丁·布伯与马丁·海德格尔

这段话的目的,是要引申出他的政治哲学,"圣人用之,则为官长,故大制不割"。

可见,海德格尔对于《老子》是有所选择的,他把"知其白,守其黑"当作思想的根源,是光与暗的辩证运动。我感觉到,海德格尔这想法,或许也与《庄子》有些关系,如《齐物论》所说:"滑疑之耀,圣人之所鄙。"如果思想的光芒太过显露,而没有一点幽暗深沉与背景的圆融,圣人会鄙视如此锋芒毕露、过度张扬的光明。圣人不会推崇那些虽然把话讲得清楚,但什么内容都没有的闪耀才华。在此,庄子是在批评惠施。惠施的论述逻辑分明,论辩清楚,可是虽能服人口,而不能服人心。

我个人觉得,从上一节的"浊"与"清"到这一节的"光"与"暗",看来海德格尔的思想与日耳曼族的雅利安族根源有关。雅利安人原来在古波斯(今伊朗)高地,至少有一点可以说,在伊朗早期未信奉伊斯兰教之前,像索罗亚斯德(Zoroaster, c. 628—551 BC)或祆教讲的是光明与黑暗相连。有一年,伊朗教育部所属信息研究所请我去德黑兰开会,曾带我参观一位伊朗画家的画展,画家本人亲自接待。我看他的画描绘伊朗人生活世界里的场景,光与暗的运用非常好,我马上指出:你这画表现的是索罗亚斯德式的光与暗,不是伊斯兰教思想,这位画家立刻点头。我体会到,伊朗虽然已然变成伊斯兰教国家,但伊斯兰教并没有完全吸纳了他们的全部心灵。伊朗人的原初心灵还是索罗亚斯德式的。我那年参加的那个会议中,有一位建筑学者,是伊朗古迹修复专家,曾邀我去拜访他家,并赠送我他的著作。我在他家看到许多伊斯兰教以前的波斯神明雕像。我跟他说,在他的论文里用到梅洛庞蒂的"双重性"(ambiguïté),可见(visible)连着不可见(invisible),光与暗相连,而光就在黑暗中透显。我看了一眼,就了解了他心中的想法。他的建筑原则也是建立在光与暗的辩证上。

以上我用我个人对于现代伊朗人残存的古波斯信仰的经验,来说明我为何觉得海德格尔这部分比较接近古波斯光与暗的思想。这点大不同于犹太与基督宗教所讲,天主或上帝造物之时最先造了光,且在每创造一物之后,都说是善的;而且在造物的最后,人是依据神的肖像来创造的,当然也是善的。在此时,所言的"善",还没有人的道德意味,而是存有论上的积极性。原则上,存在是善的,而人的本性原初也是善的。海德格尔虽然也是天主教徒,但他自己的思想基本上是光暗相混的。当然,这种思想在后来基督宗教的密契论中也是有的,密契者必须在黑暗之云中经验到神。不过,这说的是人的密契体验,不是说的神本身。对于天主教,虽然人只能在既开显又遮蔽的方式经验到天主,但天主本身则是纯然光明,而无黑暗;另外,就天主对于宇宙与人的揭露言,在开显中仍有遮蔽,但天主自身则是纯粹精神光明体,而且他第一个创造的,也就是首先在所要创造的世界中揭露的,就是光明。也因此《圣经》创世纪的首造是光。上帝说:"有光",于是就有了光。

海德格尔所持光与暗同在的想法,可以联系着存有论上的善与不善同在的思想来一起考虑。如果用佛教唯识宗的思想来讲,阿赖耶识是善不善因,这是由于阿赖耶识里有一切种子,有善有不善,可以显发出来而经过熏习,变成善或不善果。从前方东美先生说过,如此善与恶同在,光与暗同住,宛如上帝与魔鬼同在一般。早期引进中国的"地论"("地"就是后来讲的境界)要提出"第九识",并以之为纯然是善的。后来的天台、华严、禅宗、净土都要讲一性清静心、一心、心净即土净等。至于强调"有情无性"的唯识宗,传没几代就断传了。说来中国哲学还是喜欢讲纯然

第七讲　欲近还远:马丁·布伯与马丁·海德格尔

是善或本善或向善①,无论孟子所讲"四端",或朱熹所讲的"德性",②都是强调人的本有善性。也因此中国佛学也较为强调众生皆可成佛,甚至在禅宗里说"众生已然是佛",都是强调本有的善根或善的本心。这点不太同于海德格尔或索罗亚斯德,光与暗同源同根的想法。

实际上,单就海德格尔与老子而论,海德格尔光暗同源的想法也不同于老子。就老子而言,由于道的慷慨走出,才产生了宇宙万物,于是"道生一,一生二,二生三,三生万物",生生不息。而且,"天道无亲,常与善人"。针对海德格尔强调的"知其白,守其黑",就老子来说,在道分化为有无、阴阳、动静、黑白等之前,道的本身是超越黑白及其他种种对立元,不能说以道为黑暗的根源,也不能说道就是有无、阴阳、动静、黑白。这点和海德格尔的思想还是有所别的。在老子而言,因为"道生一,一生二,二生三,三生万物",之后并存在于万物之中,使万物各有其德,都有其本然的创造力。可见,无论道本身或万物自己,都有内在的本然善性。在我看来,海德格尔不能只引老子一句话"知其白,守其黑"来为自己思想作证。他所想的黑暗与光明互为根源,光根源于黑暗,黑暗暗示并走向光

---

① 阿赖耶识是第八识,善不善因,有善有恶,主旨在强调因果。因为你若一直行恶,其后就永不得翻身。在印度,有必要解释为何有第四个阶层永不翻身,是因为他们前世行恶太多,因果造成如此。此处说"有情无性",按照佛家,众生皆有情,但有情而没有佛性,是因为过去作恶太多,积累长远的因果关系,以致不能成佛,此一说法其实是为了劝人不要作恶之意。玄奘在中国当然知道地论,也知道中国人喜欢全然是善的第九识,然他于印度回国时,其师戒贤谆谆告诫不可以忘记"有情无性"的理论。由于国情相反,也因此唯识传了没几代就中断了。
② 朱熹不同于孟子,因为他认为你一定有仁义礼智等,才会表现出来有恻隐之心、羞恶之心、辞让之心等。孟子是说,你可以观察到每个人都有恻隐之心、羞恶之心等,让它如火之始燃,泉之始涌,可以扩而张之,那就变成德行了。朱熹讲的是形而上的德性,人的本性,而"性即理",也就是仁、义、礼、智、信。

明,虽然深刻,也有其根据,但仍与老子或中国哲学相距甚远。

五、本真与他异(外地风光)

前面讲海德格尔所理解的"清"与"浊","光"与"暗"有其一致性,但我也指出了,他那种古希腊哲学式的,以及他自己的阅读方式,远远有别于真正老子的思想;海德格尔有些地方接近庄子,可是他还是从人的思想体验来讲,而不同于庄子是从道、从宇宙来看,有一宇宙论背景。我现在想进一步看看,海德格尔究竟是迷恋于本地风光,或者是对他乡的风景,或者更明确的说,对中国哲学这个他者、差异,有没有真正的向往,或只列为他的工具整体(Zeugzusammenhang)之一,加以利用而已,缺乏跨文化的素养与眼光。

1965年5月29日,海德格尔写信给老朋友恩斯特·云格尔(Ernst Jünger,1895—1998),当时后者正将有亚洲之行,海德格尔在信中引述了《老子》第四十七章全章:"不出户,知天下;不窥牖,见天道。其出弥远,其知弥少。是以圣人不行而知,不见而名,不为而成。"[①]海德格尔使用的是 Ulenbrook 的德文译本,然略微改动了一点:将其中"见天道"改译为 um den Himmel ganz sehen(见整全之天)。"天道"本来是 Himmelsweg,但海德格尔此译,变成"见天"之意了。虽然"道"这个概念在老子而言非常重要,可是海德格尔此一改变,转为见到天。可以看出,他没有把"道"或 Weg 当作关键概念(key concept)或核心概念(core concept)来看待。当然,他自己也说过,老子的"道"不能翻译,若勉强要讲,只好用 Weg 或 Way 表之。

[①] 见《老子四种》,页40。

第七讲　欲近还远:马丁·布伯与马丁·海德格尔

海德格尔在 1965 年这样的改动,主要的原因可能是配合他晚年时提出了天、地、人、神四相合一的想法,也因此只称"天",不讲"天道"。不过,海德格尔引述的第四十七章全文,其中有"不出户,知天下;不窥牖,见天道。其出弥远,其知弥少。"可见海德格尔的这封信之所以引述老子文,是意在讥讽云格尔:为什么要老远跑去亚洲呢?"其出弥远,其知弥少",如果不是表示讥讽,至少也表示朋友虽有亚洲之行,但自己则对此种远行丝毫没有兴趣。

这里面有很多值得思考的问题。首先,就文字来讲,海德格尔用的 Ulenbrook 翻译本,最后是"不见而名,不为而成"。然而,在很多其他版本则是"弗为而成",就是不必做什么比较具体的细节,事情就成了,这个意思可能比较妥当。海德格尔引的"不为而成",可能被他懂成"无为而成",其中"无为"是个一般性的哲学概念,而非特定的概念(不作个别具体的事)。所谓"无为"并不是什么都不做,而是要有普遍的作为,不是做偏私的作为;要有自然自发的作为,而不是意识控制、算计的作为;是任事物显现其自身本性的作为,而不是干预、介入的作为。但是,海德格尔引述《老子》第四十七章,却嘲讽即将远行的朋友。可见,老年海德格尔会让人感觉到一股酸味,虽得到全世界大哲学家的名望,但并不能使他心胸开阔、心眼丰富,对于朋友即将远行访问异域文化的勇气表示赞美或祝福。

我想,这其中除了显示海德格尔缺乏跨文化的眼光与胸襟之外,也显示他对与己不同的他者尊重不足,他者至多可以成为他自己本真的"工具整体"之一。我觉得,心中若无他者,或更好说,若无多元他者,是毫无伦理可言的。一般学界的评价是:海德格尔的道德情操不足,尤其他一生中曾跟纳粹合作,犯了很大的错,我想也是出自这工具使用的心理。海德格尔的思想不重视伦理,内心也没办法因着伦理道德情操而得到充实。他甚至强烈指出,那些向往异国情调以及外国趣味的人,那些探险者，都是为了平息自己的良心而远赴他乡。他暗示云格尔就是这样的一个人。在他看起来，人应该专心集中于属己的世界，而不应该走向遥远的、异国情调的外在世界。我觉得，海德格尔的思想由浊到清、由暗到明，是在黑森林砍木头、散步等这一个他所熟悉的世界里形成的。他缺乏对其他文化、对多元他者的慷慨。他的慷慨只表现在自己思想的倾吐，写成作品。这是一种本真、创作的慷慨，可是并没有伦理上的慷慨。不像老子"既以为人己愈有，既以与人己愈多"，换言之，你为别人越多做，你越慷慨赠与他人，你的生命越丰富。这种道德实践和伦理思想上的慷慨，海德格尔非常缺乏。

海德格尔不太出国，一生大概只去了两个地方。其一是应他的作品的法文译介者包佛瑞（Jean Beaufret，1907—1982）之邀，去访问法国，以便在法国推展自己的哲学思想。其二是，他也去了希腊，因为对他来讲，希腊是一切哲学的根源，而且他甚至清楚地讲，其他地方虽有思想，但只有希腊有哲学。这一论断深深影响了当代哲学家，包括德里达和利科，他们即使是伟大的哲学家，但他们仍认为只有一个希腊哲学，没有其他的哲学传统。中国也许有思想，但没有哲学。这点也是在海德格尔笼罩之下的同一想法。对此，他也许会这样讲：有一种本真的他者与外国；和一种肤浅、无意义的他者与外国。对他而言，所谓"本真的外国"就是希腊，因为哲学传统的根源在于希腊。在《佐立空讲习会》（*Zollikoner Seminare，Protokolle-Gersprache-Briefe Herausgegeben von Medard Boss*）[①]一书

[①] *Zollikoner Seminare，Protokolle-Gersprache-Briefe Herausgegeben von Medard Boss*（2001年出版英译本，其中刊出海德格尔的Zollikon Seminars，包含他的Protocols（记录），对话和他与心理分析家梅达特·鲍斯（Medard Boss, 1903—1990）的信件往来。

第七讲 欲近还远:马丁·布伯与马丁·海德格尔

中,刊出海德格尔在讲习会中的谈话原始记录(Protocols)、对话和他与心理分析家梅达特·鲍斯(Medard Boss,1903—1990)的信件往来。其中,他曾提到:"有一点名气是非常可怕的事,甚至连外国机构都会来找我,他们派一位日本人邀请我明年离开这里(信里面特别强调)去日本几个月。"但是,海德格尔拒绝了。可见,海德格尔自己也是一个时空定在,依恋并思考于本地风光,不愿意离开本土远赴异域。

在我看来,海德格尔只有思想上和写作上的原初慷慨,但他没有伦理上的原初慷慨,也就是走出自我,走向他者,用他者能懂的语言来说自己的主张,或是把自己的思想放到多元他者的社会组织或实践脉络看它会不会继续生效,或者经由对终极真实的迂回去理解他者的生活世界与宗教世界。总之,海德格尔没有外推的精神。他虽然在《存在与时间》中讲"跃出",说人的存在本身就是自我跃出。其实,他所谓自我跃出是自己在时间中跃出,也就是在这个刹那和下个刹那之间中跃出,而不是跃向他者,更不是走出自我封限,迈向多元他者。所以,海德格尔所谓跃出只是在时间里跃向未来,此外,就其晚年而言,也是在思想中带出存有的光明,或说从黑暗中带出存有之光,是存有的思想。

比较起来,老子晚年见周之衰,西去而后出关,虽经太史公司马迁载之于《史记》,毕竟只是个传说。不过,这也说明,在道家眼光中,他们开宗祖师爷老子是向异域开放的。晚年老子在写下五千言之后,不知所终,可能是西出关外,走向异域了。这表明了老子思想不但强调道和圣人的慷慨,而且他本人就慷慨走出家园,迈向异域,走向多元他者。相形之下,海德格尔的思想虽然缅怀古希腊先苏时期的思想,而且他的心态也类似道家,可惜他并没有老子慷慨外推的精神。在某种意义上,海德格尔迷恋于本地风光,没有对于他乡异地的向往与慷慨,更缺乏全球化与多元文化的视野,甚至有着对于科技的恐惧症,不能作为全球化、跨文化的哲学家。

六、有与无

海德格尔在 1943 年时写了《诗人的独特性》(Die Einzigkeit des Dichters)一文,其中的"诗人"一词是多数,但我觉得他心里面想的只是很少数几个诗人,应该是荷尔德林(Friedrich Hölderlin, 1770—1843)和特拉克尔(Georg Trakl, 1887—1914)等人吧。在我的《物理之后——形上学的发展》一书中曾选译了这两人的诗。《诗人的独特性》一文是收在他的《全集》第七十五本,第 35 到 44 页。在这篇文章里,海德格引述了《老子》第十一章的全文,他的思路是这样子的,他追问:诗人不同于别人的独特性究竟何在?

海德格尔认为,答案大概有两种。第一是历史的,可以透过文学史上的比较和与别的文学类型的比较,来看诗人的独特地位。第二是非历史的,透过诗本身的性质来说,就像黑格尔认为,图画与美术是最低的,因为它仍依赖于颜色、线条和形式;至于音乐只有形式没有颜色,非物质化程度高;到了诗,则是最高的,因为诗的独特性来自它的纯粹性,丝毫没有物质依赖。

然而,对于海德格尔来说,这两种答案都是不够的,因为它们都离开了诗人之所以为诗人,诗之所以为诗的原初朗现(Ereignis),因而使得无论是历史的比较得到的结论或黑格尔那种非历史的研究,都变得肤浅、外在而且武断。海德格尔把"历史"区分为"史实"(Historie)和"史理"(Geschichte)。Historie 是讲事件的发生与比较,例如哪一年发生了什么大事,或什么人写了什么东西,其彼此关系如何?至于 Geschichte is

Geschick,史理就是命运。然而,什么是命运呢?它能说出那能开显者最原初的开显,正是人类的未来。这就诗人的独特地位。其实,就海德格尔思想而论,那要来的,也就是《存在与时间》所说的"能是"(Seinskönnen),那未来将要来到,我将成为的能是,综合了我所有的过去和现在。海德格尔心目中最伟大的诗人,像荷尔德林,在他看来,是命运派遣来的,因为荷尔德林的诗是呼应了存有的召唤而写的,使得存有在浑沌当中由浊而清,由暗而明,因而揭露出来。

可见,诗是存有的语言,存有的语言在诗人心中揭露了。在成为语言之前,诗人就早已掌握了;然而,诗人也是后于言语,因为言语说出了,还有要来者,还有其他要来者。也就是说,诗人说出存有如何获取自身而成为一种命运。存有在成为存有者之时揭露、开显出来。海德格尔要我们留意到存有的根源性揭露。在我们单纯思考存有和存有物的存有学差异时,我们就能单纯地体会到历史之为命运之意。也就是说,在"存有学差异"中,揭露出存有不同于存有物;如果你只注意到存有物,那你再如何使用隐喻去描写或建构,也仍没办法了解。于是,人必须回到原初世界里存有的揭露,才会知道存有本身,而不是存有物。

讲到这里,海德格尔说:要知道存有与存有物的差异,就像《老子》第十一章所言(在此,海德格尔用了 Ular 的德文译文):"三十辐共一毂,当其无,有车之用。埏埴以为器,当其无,有器之用。凿户牖以为室,当其无,有室之用",并将 Ular 的译文略改,主要就是针对"用"一词。Ular 译"用"为 Wesenheit。与此不同,海德格尔把"用"译为 Sein,不过他仍依照Ular,把"无"翻译成 Leere。老子的结论是"故有之以为利,无之以为用",然而,海德格尔改过的译文整个变了,依他看:"有之"是指 Seiendes(存有物),于是,按照他的读法:看到存有物(beings)就可以得利。对于

"无之",他读成 Nicht Seiendes(非存有物,否定存有物),才会显示出存有(Sein)。

海德格尔这说法当然是个错误的解读,或更好说说是利用老子来讲自己的思想。其实,"用"并不是 Sein。很有可能,在此海德格尔是想把"用"解为 zu Sein bringen 的意思,也就是"带到存有"之意。于是,对他而言,"用"和"生"类似,都是把某物带入存有界。为此,海德格尔把《老子》第十一章当作是在区分存有与存有者的差异,也就是所谓"存有学差异"的想法。

其实,《老子》讲的是:三十辐共一毂,当着三十辐的空无,而能有车轮的用途;扭捏陶土为器皿,当其空无之处,才能盛水;造房子时,开窗户,造门,是由于房间的空间之无,才可以住在其中,"有室之用"。所以"有之以为利,无之以为用",老子说的是,用物的时候,要有"无"。

老子所说的"无"有三层意思:其一,是形器(ontic)的无,像是杯子中空之无,车轴之间的无,房室空间之无。其二,精神之无(spiritual),是在我们内心里体会到的"无",也就是空灵与自由。至于儒家道德的实践,可以获得内心的充实。但老子要讲的是:人内心不执迷于某个定在,而能怀想可能性的奥妙,于是得到自由。其三,存有学的"无",指的是可能性。在存有学层面,"有"指的是实体、万物、临现;但"无"指的则是可能性、无穷、超越任何实现。这是由下往上说的顺序。

若由上往下说,须先说存有论或本体层面的有、无。在此,"无"是指可能性,"有"是指实现性或实体。当老子说道的创生过程时,他指出:道是原初的、能生的动力,它在生的过程中首先展示无穷的可能性。由于可能性不是一般可见、可碰触的存在,所以称之为"无",指奥妙的可能性。至于"有",说的是"道生一,一生二,二生三,三生万物",生生不息所生不测之物。从"无"奥妙的可能性里,只有一小部分的可能性实现为实际存在、为身体。可见,身体是比较稀少的,而"无"的可能性无限。

第二,就灵修来讲,"有"是指价值的实现与内心的充实,儒家所强调的成德之教,归这一类。至于"无"则是内心的虚灵自由。

第三,就形器层次说,"有"就是临在,"无"就是不在,像房间里没有别的东西充塞其中,使人可以住于其中。如果有物充塞,人就没法在里面居住了。换言之,"有之以为利,无之以为用"是因为万物皆因其有,而有其利便;但用物之时,不要执泥其有,却要想到各种可能性,且心中常有自由。换言之,老子真正的智慧,在指出身体是稀少的,所以你要珍惜此身,并以身为天下;物也是稀少的,所以要珍惜已有之物,并常设想那奥妙的可能性。

就人而言,人存在于此世间,先见到的是有形之物,例如先见到杯子、房子和车轴,其中有临在也有不临在,人发现了形器中有无,才能自觉而返回内心,感受到内心中的无和自由。因着心中无所执、自由,进而才能发现宇宙虽然纷纭有物,但还有更多无限的可能性。在此更要进而默观无限的可能性来自那终极真实——道。

就这点来讲,老子的"道"是在"有"、"无"之先,因为"万物生于有,有生于无",至于无则是来自于道。换句话说,道先揭露为无穷的可能性,其中有一部分落实成为万物;在万物当中兴起了人;人可以辨识、赏析"有"与"无",甚至透过"无"而怀想自由,以致透过无而观想"道"。

相较之下,海德格尔所理解的"无"只是 Nicht Seiendes 或 Leere。他说:希腊的瓮之所以能够站立,是代表了大地里面有中空。海德格尔这样理解的"无",有点接近老子的"三十辐共一毂,当其无"或"埏埴以为器,当其无"或"凿户牖以为室,当其无"的"无"字,只是形器层面的有无,并没有讲到精神层次的虚灵与自由。不过,海德格尔在《与一位日本教授关于语言的谈话》里曾表示,他所说的"无"很接近日本佛教说的"空"。我觉得海德格尔对于佛教比较没有研究。佛教讲空。按照我的分析,"空"(sunyata)有三层主要的意思:

其一,在本体层次,空是指"缘起性空",所有的存在物此生则彼生,此灭则彼灭,彼此相互依赖、互为因果,所以没有任一物有其实体或自性,也因此缘起性空,凡物皆无自性,不是实体。

其二,在灵修层面,"空"意指不执着、无所得,比较接近老子心灵层面的"无"。心中无执、不执着,既不执着于感性层面眼耳鼻舌身等,也不执着于心理层面,譬如不执着于喜怒哀乐等心理状态,不以其中任何状态为自我。此外,也不执着于先验的自我,在唯识言是第七识。既不执着于法,也不执着于我。无法无我。心不执着,心就自由了。甚至不能执着于"空";若一定要执着于空,那就成了"顽空",因为人若非空不可,也是不自由。

其三,在语言哲学层面,"空"是意指"名不当实、实不当名"。人所使用的语言名相都是人构造的,并没有实际的指涉。譬如我说"桌子"、"杯子",并没有实际的桌子和杯子来作为它的指涉(reference)。佛教认为,语言是人所建构的,包含"身体"。当然,对我而言,就人的存在来讲,人先有身体才进而学习语言,"身体"一词作为语言当然是空的,不过人真正的身体则是由于父母所生,有"缘起性空"之意。换言之,"身体"一词可以名不当实,然身体本身则是缘起所生,先于语言而生,并非空无。有了身体,才可以进而建构语言。换言之,在存有学上,身体有对于语言建构的优先性。

比较起来,海德格尔的"无"较接近道家的无,不像日本佛教的"空"。

第七讲 欲近还远:马丁·布伯与马丁·海德格尔

可以说,心灵上对"无"的体验比较接近道家所言心灵的自由,与存在的可能性。不过,当海德格尔举希腊的"瓮"为譬,他的意思比较是从形器(ontic)层面来讲。虽然如此,我也同意海德格尔在精神上应能体会道家所讲的"无",且可以因着心向可能性展开而得到自由。海德格尔应也可以体会佛教的灵修层面的"空",心不执着之意。例如他所谓的 Abgründ 颇类似"无所住"之意,接近《金刚经》所言"应无所住,而生其心"之意。总之,海德格尔所言的"无",除了形器之空以外,也可以有不执着的自由之意,但无论如何,它并没有佛教所言"缘起性空"之意,也没有明言老子以"无"作为"可能性"的意思。

海德格尔引述老子第十一章,把"有之以为利,无之以为用"当作存有物与存有的区分;之后,他提出了一个想法,认为"空"或"无"是在"之间"(in between)。他举希腊的瓮中空隙为例来说明,他说所有物之间都有空隙,就是它"无"的所在,就像有开口、中空的瓮站立在土地上所显示的那样。海德格尔指出:物与物之间(das Zwischen)都有空隙,而"无"就是在"之间"展开的。"之间"首先展开自己,并且在距离和领域揭露的部份降临,然而,此时你和领域之间仍有个距离,还没揭露成为领域,那就是"之间"。对我们来讲,太过熟悉、太过容易者,经常会被忽略,因而显得无意义。然而,海德格尔认为,"无"才是最重要的。

海德格尔的"间"有点像庄子庖丁解牛"以无厚入有间"的"间",所有筋脉骨骼都有"间",解牛者若能够顺着这间,轻微一拨就开了,也因此庖丁的刀,用了十九年还如初发于硎那般锐利。不过,海德格尔的"间"比较不像《人间世》的"间"。《人间世》讲的人间是政治社会的复杂性,颜渊要去卫国任官,向孔子辞行,孔子和他讲伴君如伴虎的道理。不过,不同于海德格尔的是,我认为,无论是《人间世》的"人间"或《养生主》的"以无厚入有间"的"间",都有一个基本假定,我称之为"动态关系的存有论":存有界是由动态关系形成的,在关系中有自由,在自由中有关系。也因此,庖丁解牛能达到"以无厚入有间"的自由,能够"官欲止而神欲行。依乎天理,批大郤,导大窾,因其固然。枝经肯綮之未尝,而况大軱乎。"可是另一方面,每一大郤、枝经、肯綮等等其实仍然都是彼此相连起来,成为整体,只是在整体之中仍有间隙,容许庖丁"以无厚入有间"。

在我看来,《养生主》也可以视为是《人间世》的引言,先以寓言讲出现实存在(包含政治社会存在),就如同庖丁所解之牛体那样复杂,然而,经过一段时间,了解了动态的关系的实况并能在其中自由实践,就可以悠游其中,在关系中有自由,在自由中仍有关系。至于《人间世》更进一步由孔子之口,讲政治社会体系中的复杂性,若拼命致力其间,将如"以火救火,以水救水,名之曰益多。……顺始无穷,若殆以不信厚言,必死于暴人之前矣"①。于是,孔子教颜渊以心斋:"若一志。无听之以耳而听之以心,无听之以心而听之以气。……气也者,需而待物者也。唯道集虚。虚者,心斋也。"②

总之,我在前面检讨海德格尔对于老子第十一章的理解,从比较的脉络看出,他的诠释观点仍是在强调自己的思想,虽有些地方接近庄子,且也受老子的启发,然而说到底,他只是利用他们来讲自己而已。海德格尔的心灵还没真正进入东方。他缺少外推的精神,也无法真正以物付物。他虽然会说"任其存有"(Seinslassen),但他自身缺少自我走出,接纳多元他者,并让多元他者成其自身的慷慨。针对于此,后来列维纳斯

---

① 《庄子集注》,页64。
② 同上,页67—68。

和德里达提倡慷慨,也就是接待客人到家里,使客人感觉好像回到自己的家一样。这我称之为"被动的慷慨",意不在于给予,而在于接纳。

我另外提出"主动的慷慨"概念,也就是主动赠送,不求回报的赠与,而不是强迫赠送。就像耶稣为了拯救世人而死亡,赠送世人他自己的生命。这是基督的精神。又如利玛窦等人,九万里而来,带来西方的科学、哲学、宗教,把自己最好的赠送给中国。相比之下,海德格尔一点都没有自我走出,缺乏赠送而不求还报的主动慷慨。从利玛窦到海德格尔,或许哲学增加了深度,但却少了慷慨。当然,我也认为,海德格尔的思想本身也是一种对于二十世纪世界哲学的赠送,不过这是他在思想与写作上的赠送,虽然他本人不一定有慷慨赠送之意,或许他只想把自己所思所想表达出来。不过,海德格尔显然只愿意留在自己的家园,不愿走出,也无意与中国或日本交往。

七、科技与艺术的斗争

除了以上的引述,海德格尔还引用了《老子》第9章"功遂身退,天之道"。1965年8月7日,海德格尔的老朋友西格弗里德·博斯(Siegfried Böse)庆祝七十岁生日,第二天组织了一场中国艺术展览,请海德格尔讲话。海德格尔就在那天做了一个简短的演讲来表示庆贺之意。海德格演讲一开始就引用老子的一段话:"功遂身退,天之道。"该章老子的整段话是这样的:

"持而盈之,不如其已;揣而锐之,不可长保。金玉满堂,莫之能守;富贵而骄,自遗其咎。功成身退,天之道也。"[①]

[①] 《老子四种》,页7。

原文的意思是说：凡事不要过火，若想持而盈之，终会消失；揣而锐之，想越琢磨越锐利，也不能常保。所以说，功成身退才合乎天之道。在文本脉络中，老子本意应该是将人事与天道作类比，讲功成身退之道。话说回来，海德格尔用这一段话在一个寿诞之后的中国艺术展庆祝会上，也许隐含了对于老友的劝诫，多少含了点酸意：不要太得意。若果如此，海德格尔总缺少一点人情上的体贴、缺少伦理上的敦厚与敏感。不过，他接着又说，这个中国的艺术展之所以能够成功演出，是因为从四千年以来（按：中国艺术传统其实不只四千年）的传统，累积深刻的历史经验，然后在这场合涌现出来。然而，海德格尔指出，此四千多年的历史传统，早在19世纪开始，已经进入了科技时代。而且，这次的展出本身就发生在科技已宰制人的经验的时刻，显示出艺术与科技的斗争。

我想，海德格尔更喜欢欣赏那站立着——或更好说横躺着在那里——的希腊古瓮。然而，这次中国艺术展览可能有灯光照明、保险、科技之类的配套。于是他就说成是艺术与科技之间的斗争。对此，海德格尔建议艺术不应该追随科技，不断地追求创新发明。他认为：艺术应该是浊、暗、宁静，而在宁静中透显光明，可光明仍不离黑暗，并借此来与吵杂疯狂的科技世界抗衡，要不然艺术就会输掉这场战争，反被科技化了。他认为《老子》的思想"功遂身退，天之道"，已经用自己的方式预先思考了中国文化现在面对的一场战斗。

我认为，海德格尔在此真想要说的，不只是功遂身退、天道与人道的类比，或是人应该保留与黑暗的关系而已。他真正想要说的，其实是他自己对于科技的思想：科技的本质是 Gestell，"上架"，所有东西都会被科技变成资源，可以随时取用，"上架列陈"。他批评科技的"上架列陈"，欲长保胜利与宰制的态势。他认为人应该学习艺术，任其存有，保持与宁静、黑暗和混浊的关系。就如同庄子批评"滑疑之耀",像惠施那般耀眼的聪明,然仅会耗费生命在辩论上;海德格尔认为人应该要有浊、有清,有明、有暗,如同艺术,要能止于暗示,随即撤退。

在这次演讲中,海德格尔随后又引述了《老子》第十五章,意思也是志在清浊之间,"孰能浊而静之徐清,孰能安而动之徐生"。这时海德格尔完全按照 Ulenbrook 的翻译。不过,我在前面曾提到,另一版本是"孰能浊以静之徐清",意思与此不同,"浊而静"的意思是先浊而后静;"安而动"的意思是先安而后动。但如果是"浊以静",那么意思就变成:原来是混浊的,再透过静来把它沉淀下来;"安以动",是说原来是安止的,于是透过动因而能徐缓而生。萧师毅的思考,比较属于这个意思。

八、道与路

以上所讲,最后应凝聚在老子对于"道"的概念的理解,所以我拿这一节当作总结,来检查海德格尔对于老子的理解以及他的诠释思路。记得海德格尔在 1957 到 1958 年之间,曾在弗莱堡大学总共做了三次演讲。按照他的说法,这三次演讲的目的是为了带听众面对面体验语言的可能性。在此一主导路线下,他的第一讲主要是聚焦在斯特凡·格奥尔格(Stefan George,1868—1883)的诗,主要是贯串于诗与思想之间,透过诗来思想,思想如诗。

第二讲是把"方法"(Method)和"路"(Way)加以对比。海德格尔有一种想法,认为科学和技术使用的"方法"是衍生的、次等的。《存在与时间》是这样想的。不过,"方法"的意思并不一定不好。我们不必把科学和技术使用的方法,视为是对更原初的思想的败坏。海德格尔认为方法(Me-thodos)更原初的意思,是走出路来。无论如何,人的反省和思想,应该先能走出路来,而且由于能走出路来,才能推展出思想和科学,乃至科学和技术的有用性,都是如此衍生出来的。所以,在某种意义下,方法和道路结合起来了。方法本身就是在引出路来。海德格尔用一个德文语词来说"引出路来"(Be-wegung)。

海德格尔更深入地说:引出路来是在存有开显的领域当中,既释放又覆盖的历程。这一思维和前面讲的浊、清,光、暗,存有的开显与遮蔽等思想,是联系起来的。原初的开显一方面释放出领域,同时也会不断地遮蔽,这是一个引出路来的经验。正因为能引出路来,路才可能让人去达到其所关切的领域,也能呼应对他的召唤,而且才能够在路上走向召唤。在引出路来的过程中,语言就是那最原初的开显,所以他说:"语言是存有的安宅",而那最原初的语言就是诗。语言就是那推动一切使其存在者;推动一切者以其所说来推动。在这里,"路"与"说"是海德格尔所懂的最基本的经验,也因此,他说要带我们面对面体验到语言的可能性,而语言的可能性与引出路来有关。

总结起来,海德格尔所想要理解的道,也就是路与说。基本上,这是古希腊哲学对于路的经验,可是仍然没办法涵盖老子所说的"道可道,非常道",因为道还有超越言说的其他意义。不过,在此仍可以看出海德格尔的思想方向。对于人"存有在此"(Dasein)来讲,语言的意义来自于那推动一切的言说,所以海德格尔把道路和话语连结起来,道路就是有关人体验到推动一切的话语。一方面,他有古希腊人对于 logos, legein(说话)的经验,但另一方面,也有基督宗教像《若望福音》里所说"太初有道"的经验。"道"就是说话,在基督宗教称为"圣言"。"若望福音"已经是把希腊思想和基督宗教结合的结果。无论如何,道与言也是基督徒的根本经验。海德格尔在此还是走在同一条路子上,并未背离。

第七讲 欲近还远:马丁·布伯与马丁·海德格尔

海德格尔在第三讲一开始,就讨论"道"。他解释说,Be-wegung 的意思应该是许许多多的路的原初给予者和奠基者。紧接着他说,"路"一词或许是言语中的原字(Urwort),原字会对有反省之心的人说话。他认为《老子》诗的思想的主导词(Leitwort)就是"道",原指"路"的意思,但人们在思考路的时候,往往倾向于肤浅,视"路"为联系两地的中间延展线,也就是所谓的"路径"。所以,有人会认为"路"不适合表达"道"之所说,为此"道"就被翻译为理性、精神、理由、意义、逻各斯等等(《在通向语言的途中》第三章)。

海德格尔在两段重要的话里讨论道,他在第二段说道:然而,道可以视为是使一切的路成其为路的原路,借此使我们能有可能去思考理性、意义、逻各斯,有可能适当地说话,也就是按本性而说话,或许这思维之说(denkenden Sagen)的奥秘之秘,是隐蔽自己在道的语词中,我们只能让这些名称返回其所未说。若我们能如此,且能任它们如此,或许今天"方法"之所以统治学界,其神秘能力也是特别明显地来自此一事实:各种方法无论如何有效,都只是隐蔽地推动万物于其所勾勒之路的大洪流的种种渠道之一而已。换言之,为什么方法在今天那么吸引我们?其实也是因为透过各种方法,存有能不断地推动涌现,而方法只是种种推动万物向前的渠道而已。至于那原初的推动者,是跟着话语联系在一起的,也就是道(Weg)。

从以上所说,我们可以看出,老子的"道",在海德格尔来讲,是"话语"和"路"在原初的结合。因为在他看来,话语的揭露,不仅是语言性的,而且是存有性的。存有的揭露,同时也就是引出路来;重点在于引出路来、说出话语,即使说引出路来与话语同时有开显和遮蔽两个面向。也正因为如此,"道"被翻译为理性、精神、理由、意义、逻各斯等等。这里可以想到过去哲学史上的德文翻译,当黑格尔在讲老子的道时,就说"道"就是理性、精神、逻各斯。海德格尔在这样讲的时候,他说"路"不就是"道",而"道"被翻译为理性、精神、理由、意义等,他是意指前此德国的翻译传统。另方面,他也想表明,他自己所懂的是更为原初的,因为引出路来,或"成路",要比了解为理性、精神,更为原初。

这使我想到海德格尔对"原初朗现"(Ereignis)一词的讲论。当他在1957年讲《论同一性原理》时,讲到以 Ereignis 当作为思想服务的主导语词。他说,若一定要翻译的话,只能将之翻译为希腊文的 logos 或中国的道。由此可见,他心里真正想的是将原初开显作为语言,同时引出路来,他就在这个意义下,用 Weg 一词来理解道。虽然其中已经增加了语言的意思,但他心里真正想的,是自己提出的 Ereignis 作为主导语词,而不是把"道"作为主导语词。当他说"Ereignis 可以翻译为中国的道"之时,他并不是想以"道"作为主导语词。

就此而言,海德格尔有可能是故意的,也有可能没有完全意识到,无论如何,他的思想基本还是原初希腊思想的延伸和发展。在古希腊思想里,logos 是来自 legein"说话"。当人在说话的时候,要说得让别人能够懂,能开显出有意义的话语和世界,就得把它说得有条有理。也因此,"揭露"本身应是更为原初的,且为了揭露,就必须要有逻辑,说得有条理,为此"逻各斯"和"语言"是联系起来的。海德格尔这个想法还是一古希腊经验的延伸。至于在中国哲学方面,儒家遵循孔子所言"词达而已矣",重视的是语言的表达性。在道家,则要思考语言的局限性,所以老子说"道可道,非常道",或庄子所说:言只能说用来物,至于"道"则是不可言说的,所以"言而不足,则终日言而尽物;道,物之极,言默不足以载。"这想法也是老子精神的延伸。也正因为言语的局限性,在《老子》文

第七讲　欲近还远：马丁·布伯与马丁·海德格尔

本里说的都是"恍兮惚兮"、"惚兮恍兮",或说遮拨式的言语,用否定方式来说,"正言若反",如此一来,所表达的不是语言的开显性,而是语言在开显上的限制性。

在中文里,"道"一直都有"路"的意思。《说文解字》说,"所行道也"。此所谓"路",并不只是物理上的道路,也可以是社会、文化、国家、民族和世界可走的道路,总是可以走出一个方向的路。"道"这个字在字源上是由"首"和辶("之")构成。"首"字本是某种神的图腾,后来转变成人面;至于辶("之")旁表示走、走向,加起来表示人首可以走出一个方向来。中国文字因为它的形象化,图像是与思想联系起来的。中国没有纯粹抽象的概念或理念,所思考的都是图像式的观念,或观念型的图像。也因此,中国人在思考"道"的时候,不会抛弃"路"这个意思。可以说,"道"虽然不就是"路"而已,然而"道"总要走出个方向、走出个出路来。"道"也有说话、言语的意思,不过,道家对于说话、言语,都是遮拨式地说,用否定方式来说。如老子言"强为之名曰道",是勉强说它是道。对于这层意思,海德格尔并没有充分了解。

更重要的是,以上这两层意思其实都是就经验上的"道"而言,可还不是"道"的哲学意义。"道"作为老子思想的术语,其意义有三：

其一,"道"是指宇宙的规律,或说自然的规律。尤其当"道"和"天"或"天地"合成复合词,如"天道"、"天地之道"时,讲的就是自然的规律。前面我曾提到海德格尔请萧师毅用书法写出《老子》第十五章："孰能浊而静之徐清,孰能安而动之徐生",萧师毅加上横批"天道"(Himmels Weg)。从此,海德格尔就把"天道"当成存有的开显本身,其实,那只是自然的规律而已,这是"道"一词的哲学意义最起码的层面。对此我们可以追问：为什么宇宙会有法则？ 这时,我们就必须想到,必须先产生宇宙,然后在宇宙中才会有法则可言。那么,是谁产生了宇宙呢?

这个问题把我们带到"道"更高一层的意思。道就是那能生宇宙者,道是原初能生的根源。这意思有点像海德格尔所要讲的根源开显,只不过老子讲的是在宇宙论上,道开显为宇宙,一如老子所说"道生一,一生二,二生三,三生万物"。换言之,道是能生的根源,它生出宇宙来,然后又内在于宇宙之中,成为其规律,这时才有"天道"的意思出现。可见,"能生的根源"要比"自然的规律"更高一层。在我看来,"能生的根源"是从本体论到宇宙论之间的过渡。但在哲学上,我们还可以追问:为什么能够生发出宇宙来?为什么会有能生的根源?显然,在由本体论过渡到宇宙论之前,应该先有个本体在,换言之,"道"有其存有学上的意义。这就是道的最高、最原初的意义。

在存有论上,"道"就是指那能够不断自行开显、生生不已的存在活动本身。这是"道"的最高层的意思,以道作为终极真实,由于这存在活动能不断地自行开显,为此它在开显过程中它才能变成能生的根源,首先开显出种种可能性,称之为"无";然后在种种可能性里面有一部分实现成为存有物,称之为"有"。在生出万物之后,道又内在于万物之中,成为其所遵守的规律,因此而有了"天道"。

以上三个意思:自然的法则、能生的根源、终极真实作为生生不息不断自行开显的存在活动本身,这三层意义构成了老子作为术语的"道"。至于海德格尔所说的"天道",其实只是其最起码的意义,是将老子所讲的"道"与"天"或"天地"合起来,成为"天道"、"天地之道",指的是宇宙里面的规律、法则而已。海德格尔由于不熟悉中文,对以上几个层面都没有进一步分辨和统合,没能在原典脉络里去读出虽相关而不同的意思。这是他与老子的距离之一。

第七讲　欲近还远:马丁·布伯与马丁·海德格尔

其次,海德格尔忽视了道家语言的可遮拨性,如老子所言"道可道,非常道","强为之名曰道"等所表示的。海德格尔所懂的原初语言或引出路来,忽略了老子哲学语言的严格意义,例如"道"作为哲学术语的严格意义,也因此他把老子当作诗性的思想。其实,《老子》是一部很严谨的哲学论述。有如此误会的原因之一,是海德格尔认为只有希腊哲学传统才堪称为哲学,其他传统只堪称为思想。进而他将《老子》视为诗性的思想。

关于老子思想里以"道"作为能生的根源或生生不息、不断开显的存有本身,我们不能完全肯定说海德格尔没有意识到这两层。不过令人不解的是:海德格尔硬要把最原初的根源和语言的原初朗现(Ereignis)的结合去思考,想成原初的语言,或说出话语就是引出路来,这并不是老子的本意。海德格尔的重点是放在说出、开显出、原初开显等意思,至于"道可道,非常道"的部份,他或许只懂成有开显就有遮蔽了。

相较起来,在老子那里,道开显出种种可能性,而所有的可能性都只有部份被体现,而且不断地复杂化、分殊化。老子的无或可能性是更为丰富的,而所有的开显都仍然是有限的。海德格尔所理解的只是开显的那部份,而且所有的开显,同时是既开显又遮蔽。老子说:道首先开显出来的是无,是无穷的可能性;其中能实现为有的只是很少的一小部分。所以,有是稀少而罕有的,因此值得珍惜;无是奥妙无穷的,因此常需加以观想。人要常珍惜既有的开显,也要常思考无的可能性,这正是老子的智慧所在。

海德格尔讲的是既开显又遮蔽,就好像夜间开车,灯光照在前面,同时不断留下背后都一大堆黑暗。海德格尔说的"引出路来",就好像车灯一面向前照亮,同时会一面遮蔽。有如我们夜间在森林里开车,便有如此的体验。

老子讲的,是有来自于无,已经体现为有的部分,是来自无穷奥秘的可能性;而无限的可能性又是来自那生生不息、自行开显的存在活动本身。就此而言,实况并不是即开显即遮蔽,而是无穷奥妙的可能性只能开显一部分,且已开显者终究又要复归于道。

海德格尔在《在通向语言的途中》一文里,把存有理解为是老子第二十五章所讲的"有物混成",只能说有某物,不能说它是什么。他用法文 Il y a 来表达此意,而所谓"有物"就是在开显中有遮蔽,一如前面说的浊与清、光与暗。在《迈向语言之路》中,他说:

> 此一未知而又熟稔之某物,言说所指向那迅然鼓动于其间的一切,对于在现前和不在现前存有者而言,有如黎明的第一道曙光,日夜循因之而成为可能,它既是最早近亦是最古旧者。吾人无以名之,它亦无缘讨论,因它正是一切场所所在之境域,一切时空场域之场。……何谓道?道常使吾人能达到某物。言说,若加以倾听,则能使我们达到语言之所说。①

可见,海德格尔把"道"理解成引出路来和言说。在另一段文本中,他又指出,关于赋予这一切的源头,我们至多只能称之为"有物",至于此"有物"的显化,只能体验为其礼物。他说:

---

① M. Heidegger, *On the way to Language*, translated by P. Hertz, San Francesco: Harper & Row, 1982, p. 127.

（存有与人的）共同隶属，由言说所显所见，不能当做一发生/事件般提呈出来，只能体验它是由言说所生恒久之礼物……其赋予者为一"有物"(Il y a)，此"有物"即便存有本身亦需借以呈现自己。①

换言之，若连"有物"都不说，就不知道到底能说什么了。可见，海德格尔为什么重视原初的语言、诗的语言，那是因为诗可以用最原初的方式来揭露，总不能不说，因为"语言所缺少之处，无物能是。"海德格尔这话虽然非常艰奥，有某些意思是颇接近老子，可是也有些意思离开了老子。两者最大的差别，在于老子不认为道就是言说，对他来讲"道可道，非常道"，道也并不就是"路"，即使是最原初的路，引出路来，都不是老子所想的道。虽然说，老子也很愿意把"道"称之为"有物"——"有物混成"，可是，对于海德格尔来说，道就是那最原初的言说，它所指向的是一迅然鼓动于其间的一切，因为道可以揭露出其他一切。

---

① M. Heidegger, *On the way to Language*, translated by P. Hertz, San Francesco: Harper & Row, 1982, p. 127.

第八讲　结语

在前面各章里,我从跨文化互动的脉络,讨论了中西哲学自利玛窦等人引进亚里士多德哲学以来,直到二十世纪海德格尔试图翻译并运用老子思想,其间中西哲学相互翻译、相互诠释、相互接近或远离的演进情况。在这结论里,我想针对跨文化哲学再做些探讨,间或也对中国哲学做一些自省。

跨文化哲学有一个假定,就是哲学是出自于文化;也因此不同的文化会有不同的哲学,或至少各个文化皆有能力发展自己特色的哲学,也因此没有哪一个传统的哲学可以霸占哲学论坛;相反的,不同的文化传统皆应明说自己的哲学,并透过相互外推,以便达到相互丰富。

然而,这似乎并非我们当前所见。追溯起来,可以说,在西方现代性成熟并开始宰制世界各地,同时也就逐渐宰制了世界的哲学论坛至今;换言之,从衍生了资本主义的经验主义和自由主义对其他文明传统漠不关心开始,[1]到了黑格尔以降的西方哲学界,似乎认为唯有秉承古希腊哲学传统的西方哲学才是哲学。尤其明显的是,从我在第七讲所论海德格尔对于老子思想的理解与挪用,可以看出,虽然海德格尔的确从老子

---

[1] 如洛克欲将一切传统纳入"白板",或如今罗尔斯欲将之纳入所谓"无知之幕"。

思想获得启发,但他的解读还是依据自己所理解的先苏时期的哲学,以及西方哲学传统,加上他自己的原创思想,来对《老子》的文本和思想加以翻译、改订、理解和利用。换言之,他并不留意中国哲学的原意,也不在乎对于中国经典的基础了解,只图按照自己的思想关切,从浊与清,暗与明,技术与艺术,乃至于道路与言说加以解读,并在如此的背景下形成思想的张力。海德格尔本人曾经在《什么是哲学》里表示,哲学的存在本身就是希腊的,而且当他讲到老子时,他认定老子属于诗意的思想,而不是哲学。对他来说,哲学仍属于希腊传统。这一态度也继续出现在尔后接受他思想滋润的思想家,包含德里达和利科。现在让我简单地说一下。

德里达的思想颇受到海德格尔的启发,算是海德格尔思想在法国的延续与变奏。我在讲到黑格尔时,已经提到德里达对逻各斯中心论(logocentrism)的批判。其实他所谓的"逻各斯中心论",意在指出西方语言的口说性、声音和字母型语言的优位,以及在论述上主词与名词的优位。回溯到前面我对于莱布尼兹思想的讨论,莱布尼兹因为受到索隐派(figuralist)的启发,在中国《易经》和文字的书写,以及易卦的二值逻辑,找出中国的书写方式本身就具有其理性和逻辑,借以印证并发展他所谓的普遍数理(mathesis universalis)计划,甚至想做出一世界性的普遍语法(universal grammar)。他所侧重的,不是口说,而是书写,并且认为即使图像也有其理性在。

然而,德里达对莱布尼兹这种想法加以批判,认为莱布尼兹本质上不属于西方以口语或声韵优先的传统。在德里达看来,西方的语言都是按照字母顺序,以拼音方式(如 mama, baba 等等)来发音,可谓声韵优先或说话优先的语言。然而,在德里达看来,无论如何,莱布尼兹并没有能够干扰逻各斯中心主义在历史上的发展。我认为德里达这一批评或许是受到黑格尔对莱布尼兹批评的影响,也可以说是一种偏见。其实,莱布尼兹不但引发了尔后普遍逻辑被纳入计算机从而得到扩充,也因此是实际上介入了西方科技文化史,只不过这点到底有没有深刻介入西方哲学史,则是可以讨论的;毕竟,计算机语言的确是整合了图像语言与数位语言,且哲学必须与时俱进,否则终必被时代所淘汰。

不过,莱布尼兹另有一个长处,那就是他有一种恢宏的跨文化视野,他能理解别的文化。诚然,在莱布尼兹、沃尔夫时期,中国思想仍深深影响欧洲,甚至引发欧洲的启蒙运动。可以说,在当时他们是中国哲学的赞颂者。虽然如此,这并不是时代的偏见而已。因为莱布尼兹的确相信,天意如此,使得同一块陆地的两端,欧洲和中国,代表着世界最好的文明,理当结合西方近代的理论之知与中国古代的实践之教。总之,最好的文明应该彼此拿出自己的最佳所长,相互济补,相互丰富。

当然,诚如我随后的讨论所指出的,黑格尔和马克思等人可以说从中国的赞颂者转变为欧洲中心主义,并以欧洲为主体对中国进行批判性的阅读。无论他们在某些个别议题上对中国有所同情,譬如马克思对于鸦片战争时中国文明的地位与命运颇有同情,然而他这是基于批判资本主义的立场,并不代表他们在思想上曾经探究中国文化的深度及其可能影响。基本上,黑格尔和马克思都是以欧洲为主体来批判中国,他们都是不折不扣的欧洲中心主义者。

在我看来,莱布尼兹具有跨文化关怀,不是前述的欧洲中心主义者。他有一种在更高度、更普遍的计划之下,不同文化(或至少中、西文化)可以相遇的想法。虽然普遍数理或普世语法的计划,是在普遍性(universality)的计划下,让不同的文化相逢。这样的计划当然会有困难。我认为在有限而发展的时间之中,并不存在一个纯粹的普遍性(universality)。人类的建构物至多只有可普性(universalizability)。人类追求的可普性,并不代表在历史中已经呈现某种普遍之物。在历史性的世界中,是没有任何东西是纯粹普遍的,所有的至多只是越来越高程度的可普性。大家都努力摆脱殊相、个别相,尽量提出彼此能够相互分享的更高的可普化性。无论如何,我们可以说,莱布尼兹有跨文化的气度,愿意接受中国所有更大的优长,虽然他的目的是要建立一套普遍数理、普世语法,而这点是可以接受挑战的。我认为:人至多只能提出可普性,而没有普遍性。

德里达批评莱布尼兹的普遍数理计划并未以任何方式干预逻各斯中心主义,我认为这失之于偏。可以说,德里达的基本精神和黑格尔、海德格尔一样,都是欧洲中心主义者,即使德里达志在批评欧洲中心论,但他自己也是不折不扣的欧洲中心论,没有足够的跨文化视野。这就让我们想到黑格尔对中国语言的批判,认为中国的语言并不是精神的历史性,它是属于自然感性与直觉的,因为他看中国的象形字,鱼字就像鱼,鸟字就像鸟,这种象形的符号和自然感性与直觉关系太过密切,于是认为中国语言属于自然感性,还没有精神性的发展,而唯有精神才具有历史性。所以,中国语言还没有到达精神自由的地步。中国的语言还没有能形成概念。所谓"概念"(Begrif)一方面具有普遍性,另方面具有主体的自觉。然对他来说,中国的语言没有什么主体性可言,没有主体的自觉。这是黑格尔的偏见,认为中国语言文字没有经过概念和主体的中介,因此没办法产生辩证性的思想。其实,对于我而言,中国哲学里是有辩证性的思想的,像易经的"阴阳消长",老子的"正言若反"等,只不过是不一样的辩证。无论如何,我要指出:德里达虽然对逻各斯中心主义、欧洲中心主义多所批评,但终其一生仍认为哲学是属于希腊的、西方的,这跟海德格尔是一样的,非常可惜。过去吉卜林(Rudyard Kipling,1865—1936)曾经说过:"哦,东方是东方,西方是西方,永不相遇。"虽含着文明互动的悲观主义,至少他还承认有东方、有西方,虽然他们永不相遇。然而,单就哲学而言,海德格尔断言哲学只属于希腊,而这态度也被德里达所继承,于是,我们甚至都不能说东方、西方永不相遇,因为西方哲学根本没有对手可以相遇,哲学就是西方的,其他的文明传统只有思想,没有哲学。德里达说:

> 今天有一种众所周知的现象,说是有一种中国哲学,有一种日本哲学等等,我要抵抗这种争论,我想哲学中有太多特殊的欧洲性,特别是希腊的东西,不能简单地说遍在都有哲学,我说了这点,我可以说每一种思想多少都有一点哲学,然而我要区别哲学和思想,哲学是一种思想方式,但我要指出,哲学与欧洲有一种特权的关系,当我这样说,我不是欧洲中心主义地说,而是说我们要严肃地看待历史。至于说遍在都有哲学,那只是一种诱惑。[1]

可见,德里达仍然承袭了海德格尔"只有希腊的才是哲学"的偏见。虽然德里达在别的地方似乎对东方有所让步,对图像式的语言,非逻各斯中心主义的文字,像埃及和中国的象形文字,另有肯定。但是,无论如

---

[1] Derrida, J., *Ethics, Institutions and Right to Philosophy*, Lanham: Rowman & Littlefield, 2002, p. 22.

何,他仍然继续黑格尔以降一直到海德格尔的"唯有希腊哲学"的想法。虽然德里达拐弯抹角地说,他不是欧洲中心主义者,他只是严肃地看待历史。但是他如此看待世界历史,其实并不是严肃地,更不是公平地。其实,各文化传统皆有它的历史;至于德里达所看的,仍然只是西方主导的历史,而且用西方哲学的定义来界定什么是哲学。在这样的界定之下,当然毫无其他哲学可以来与西方哲学相遇。可以说,西方哲学提剑四顾,独立自雄于天地之间;虽然说这只剑已经慢慢在生锈了,但它在茫茫视野当中,仍然是没有对手的。

这种独尊希腊哲学的态度,即使对心胸开阔的利科而言,也是一样的。利科的著作都是西洋哲学的著作,当然我们也不能要求他有中国哲学的著作,但他在态度上也没有觉察到西方哲学有必要放在跨文化脉络来重新评估,因为他也认为:哲学就是希腊的。我在贝当古(Raul Fornet-Betancourt)所编《哲学何处去:哲学家的答复》(Quo Vadis, Philosophie: Antworten der Philosophen)一书中读到利科同样的言论,很令我感到失望。①

贝当古在上个世纪末邀请近百位哲学家来就以下五个问题做个人的回答。第一个问题是:在20世纪中,哪些历史事件曾影响了哲学发展?哪些历史事件应该成为哲学反省的主题?第二问题是:20世纪有

---

① 拉丁文 Quo Vadis 本来是《圣保罗轶传》中,暴君焚城,罗马大火,圣保罗怕被捕,惨受十字架刑,正要逃离罗马,在路上碰见已复活的耶稣,就问他 Quo Vadis,("你要往哪里去?")耶稣回答说"*Romam vado iterum crucifigi*"(我正要回罗马再被钉上十字架),于是圣保罗勇敢留城,照料教友。故事后来被波兰作家显克维奇(Henryk Sienkiewicz)改写成小说《暴君焚城录》(*Quo Vadis: A Narrative of the Time of Nero* in 1895),后来改拍成电影。

哪些事件最影响你的哲学发展？有哪些事件改变了你的哲学立场？第三,你认为哪些议题、观念、流派或作品对 20 世纪最为重要？第四,你认为本世纪有哪些哲学传统应该在未来继续发展？第五,你认为在 21 世纪初期哲学应该有哪些优先性？

利科也是在百位哲学家被邀请之列,虽然他的心胸很开放,但他在这书里面明确表示,从古希腊诞生的哲学,是唯一曾经构成完整的信念与批判,而且对所继承的过去思想不断进行重新诠释的传统。利科强调的是唯有古希腊以降的哲学不断发展、诠释与批判。对照起来,海德格尔在《什么是哲学》里也曾表示,哲学存在本身就是希腊的。而像利科如此开放的人,也采取同样的想法。

该书给予答复的西方哲学家虽有几位能够态度开放,[1]但主要的西方哲学家都守着从黑格尔到海德格尔的路线,认为哲学仅只是希腊的。

这本书后来在德国的 Concordia 系列出版,其中的受访者包含 20 世纪下半叶之后,21 世纪之交,尚存的代表性哲学家所提供的答复,其中包含了 Apel、Biemel、Bunge、Cauchy、Coreth、Dussel、Hans Lenk、Panikkar、Passmore、Ricoeur、Schaff、Wadenfeld 等人,我本人也在受邀之列。该书选择的标准是对象的作品曾经指出本世纪哲学的方向。[2] 当然,该书本身便是将来研究或评论的对象。让我在此重述我在当时针对最后一个问题所提供的的答复,总共包含三点,其中第二点是这样的:

---

[1] 像杜赛尔(Enrique Dussel)便是非常开放的哲学家。他批判西方主义、资本主义,有一个非西方的视野,他跟马当古一样,有着对非西方传统的尊重,我很佩服他。只不过,他反对西方的意识太强,虽有其历史背景,但平心而论仍应平等相待。
[2] Raul Fournet-Betancourt, *La philosophie interculturelle-penser autrement le monde*, Paris: Les Editions de l'Atelier/Editions des Ouvrieres, 2011, p. 13.

第八讲 结语

应该思索并提出一套跨文化的哲学,借着它多元的文化和宗教的交谈可以有哲学的构想和方法来进行,更重要的是,在多元文化的脉络下,每个文化传统既可以保存自我认同、彼此相互尊重,而且透过语言的习取、学习、外推和对比使彼此相互丰富。①

贝当古后来出版了一本《跨文化哲学》专书,从拉丁美洲的观点来讲跨文化哲学。我猜也有可能是响应我的提议并加以落实。该书在 2010 年译为法文出版,我曾对该书做过书评。我的回答还包含了将科技人文化、深刻化,而不是肤浅化;此外,也应对人在自然中地位的重新界定。不过,我基本的想法和杜赛尔、贝当古一样,认为哲学并不只是希腊的传统,像中国哲学便有其源远流长的传统。很可惜的是,西方一些重要哲学家,如海德格尔、德里达、利科,即使有一点向其他文化开放之心,甚至向中国学习获得启发,然而这些专业的西方哲学家,仍有着"唯一的哲学传统就是希腊"的偏见。如今,从跨文化哲学的高度看来,这并不是健康的想法。

今天,全世界的人都应该承认:不同的文化里面各有不同的思想,甚至会发展出哲学,就像印度哲学与中国哲学,不能再像德里达那样说"只有些许的哲学",这种话是在客套之中抹杀别人。在我看来,中国哲学、印度哲学都是很严肃的哲学传统。当然,我也必须表明,全球化不就等

---

① Raul Fournet-Betancourt, edit. *Quo vadis, Philosophie? Antworten der Philosophen*, Aachen: Mainz, Concordia, 1999, p. 298.

于普遍性，我只主张一种可普性（universalizability），而不同意在有限的时空中有现成的普遍性（universality），甚至以某个传统，例如西方哲学、中国哲学或印度哲学，作为普遍性的独占者。杜赛尔和贝当古是从拉丁美洲历史上曾受殖民和剥削的经验出发，也就是遭受资本主义剥削的惨痛经验，所以他们具有批判的态度，尤其是解放神学的背景。可见，他们之所以反对西方，是有其创伤的历史背景的，也因此影响他们会采取二元对立的看法。

我认为，世局正迈向全球化，然全球化不就等于获取了普遍性。我认为必须区分"普遍性"和"可普性"。在人类的历史过程当中，哲学不能宣称它拥有普遍共相或普遍性。西方哲学虽然对此也有所反省，不过，像莱布尼兹提倡普遍数理、普世语法的计划，而海德格尔和德里达则提倡欧洲哲学的特权地位，虽然一方面说普遍性，另一方面说特权地位，说来他们都是在霸占哲学。我认为，无论是中国哲学或西方哲学，都是一种追求可普性、甚至迈向更高可普性的努力。

记得亚里士多德曾在《形上学》里指出，哲学从"经验"到"理论"到最高的"存有论"的追寻，是要打破在物理、数学的藩篱，走出物理或数学里的不足或特殊性。他说真知（episteme）要打破意见（doxa/opinion）的偏私。所有的人都会有一些意见，但意见不就是哲学，因为意见里面有特殊性。亚里士多德指出：为什么不要只停留在行动（praxis）层面，而要进而进入理论（theoria），主要就是为了追求更高的可普性，因为在行动中都不得不受限于某种特殊性。例如，在行动中都必须扮演某个角色，于是就受限了。当老师的，行动上须尽师职；当父母的，行动上须尽父母之职。可见，在行动中都有个殊性的限制，为此，理论（theoria）要脱离角色行动的限制，要无私地观看。然但这并不代表理论就可以获取普遍性。

其实,理论的作用只是获取更高的可普性,跨出较低的特殊性。如果大家都停留在某种特殊性里坚持己见,大家就会不断彼此冲突。为此,要转而追寻共同可分享的可普性。

在中国哲学里,《易经·系辞》说,"作易者,其有忧患乎"。按照《系辞》所说,《易经》的兴起是在中古之世,作易者有忧患,所以不像亚里士多德讲的,哲学开始于安逸,不必为生活而奔忙。相反地,中国哲学始于忧患,起于一种关怀个人和群体的命运。譬如文王因于羑里,会担心自己和族群的命运。所以哲学并不是一种超然的、与世无关的事业。在这点上,中国哲学的确是与希腊哲学不同。然而,《易经》又说:"其道甚大,百物不废。"换言之,易之道有必要扩大,要能够包含所有万物,百物不废,皆可适用,也就是说它也要具有最大的可普性。然而,这是一种实践上的可普性。人在关怀当中,要去实践以优化命运,必须知道自己的命运,而其实践之道应具有可普性。

换言之,希腊哲学开始于知的惊奇(wonder),其所追求的是理论上的可普性;中国哲学开始于情的关怀(concern),追求的是实践上的可普性。可见,它们所关注的都是可普性,而不能说有现成的、纯粹的普遍性。虽然说旨趣不同,西哲在理论,中哲在实践,但他们都追求最大的可普性,则是一样的。

在寻求更高可普性的视野下,我们也须调整自己的历史意识。譬如说,从我们的讨论中,我们可了解到,中、西的文化与哲学的互动,是中国自十六世纪末自利玛窦带来西方哲学、科学与宗教以来的一件大事。我宁愿视之为中国哲学开启了一个新的时期。所以,从这个论点看来,中国哲学的分期,可也一定要将这一时期列入考虑。为此,我提议,在现有的第一时期,先秦的经典与诸子的形成,以及第二时期佛家的传入与发展,乃至第三时期,宋元明的新儒学的发展之外,列入第四时期,也就是西方哲学的引入与融合互动时期。这一时期仍在进行之中。要到哪一天,中国哲学足够意识到跨文化哲学重要性,于是进入了第五时期,也就是中国哲学的跨文化发展。本书只是提议:当那一天到来,我们与世界各文化哲学传统,应以平等友谊相待,从相互的外推,走向相互的丰富。我盼能为此中哲新境,做一谦虚的开端。

所以,我愿意以跨文化的思维来作总结。我们是从中西相互的互动与交谈来看,从利玛窦主动来华,引进文艺复兴时期的亚里士多德主义于中国,也把中国的经典翻译到西方,从此开始的整个过程,一直到海德格尔及其后,都应该要有一跨文化的视野来重新看待。在跨文化视野之下,各个文化中都有其思想的传统,尤其中、西、印等这些哲学思想传统,都应该彼此互动、交谈,共同追求更高的可普性。

在我看来,互动的原则,在其最基本面,应该让每个文化和哲学传统、宗教传统都能保存自我认同,彼此相互尊重,进而透过相互学习彼此的论述和语言,透过相互外推,在既差异又互补、既断裂又联系的对比当中,彼此相互丰富,迈向更高的可普性前进。然而,也不要自囿于特殊的历史、政治的文化背景所引发的对抗和批判意识。像贝当古和杜赛尔,他们虽然有跨文化视野,令人钦佩;但是他们在拉丁美洲也是采取对抗的策略,对于西方的一切,他们都要反抗。我想,相互丰富和对更高可普性的追求,假定了一个动态关系的本体论,这也是面对今天新的宇宙论的本体论视野,是今天人类生存与发展的基本要求。我们不能再把人类的地位与发展放在孤立的状况,只思考人跟人之间的文化差异和对立。相反地,不同文化传统的人都必须一起来共同思考共同隶属的整体,将人的地位放在整个宇宙与自然的脉络中去思考。因为顾及整体,所以才会讲理（reasonable），而不只是讲究结构严谨和立竿见影的理性（rational）。如果缺乏讲理的整体思考，而偏入理性的一边，就会认为哲学只在西方。但如果主张跨文化却又心存对抗，这样的跨文化哲学也会只是偏于一隅，甚至自我封关闭在浩瀚宇宙中渺小的地球角落。在今天，各大小文化传统都必须百尺竿头，更进一步，以更大的外推努力，跨出界域，扩大各自的历史视域和宇宙的视域，在"相互外推"的过程中追求相互丰富之境。

图书在版编目(CIP)数据

从利玛窦到海德格尔/沈清松著.—上海:华东师范大学出版社,2016.4
(中西对话)
ISBN 978-7-5675-4657-8

Ⅰ.①从… Ⅱ.①沈… Ⅲ.①哲学-文化交流-文化史-中国、西方国家 Ⅳ.①B2②B5

中国版本图书馆 CIP 数据核字(2016)第 085189 号

中西对话
从利玛窦到海德格尔

著　　者	沈清松
策划编辑	王　焰
项目编辑	朱华华
特约审读	刘　龙
责任校对	陈晓红
版式设计	卢晓红
封面设计	崔　楚

出版发行	华东师范大学出版社
社　　址	上海市中山北路 3663 号　邮编 200062
网　　址	www.ecnupress.com.cn
电　　话	021-60821666　行政传真 021-62572105
客服电话	021-62865537　门市(邮购)电话 021-62869887
地　　址	上海市中山北路 3663 号华东师范大学校内先锋路口
网　　店	http://hdsdcbs.tmall.com
印　刷　者	苏州美柯乐制版印务有限公司
开　　本	890×1240　32 开
印　　张	8.75
字　　数	205 千字
版　　次	2016 年 4 月第 1 版
印　　次	2016 年 4 月第 1 次
书　　号	ISBN 978-7-5675-4657-8/B·995
定　　价	34.80 元

出版人　王　焰

(如发现本版图书有印订质量问题,请寄回本社客服中心调换或电话 021-62865537 联系)